AF630388

Kai Möller

Tisch- und Kleindestillen

stv

Kai Möller

Tisch- und Kleindestillen

Essenzen, Brände und ätherische Öle selbst erzeugen

Leopold Stocker Verlag
Graz – Stuttgart

Umschlaggestaltung:
DSR Werbeagentur Rypka GmbH, 8143 Dobl/Graz, www.rypka.at
Titelbild: Stephan Friesinger, Graz

Bildnachweis:
Alle übrigen Bilder wurden, so nicht anders angegeben, dem Verlag freundlicherweise vom Autor zur Verfügung gestellt.

Der Inhalt dieses Buches wurde vom Autor und Verlag nach bestem Gewissen geprüft, eine Garantie kann jedoch nicht übernommen werden. Die juristische Haftung ist ausgeschlossen.

Bibliografische Information der Deutschen Nationalbibliothek
Die Deutsche Nationalbibliothek verzeichnet diese Publikation in der Deutschen Nationalbibliografie; detaillierte bibliografische Daten sind im Internet unter http://dnb.d-nb.de abrufbar.

Hinweis: Dieses Buch wurde auf chlorfrei gebleichtem Papier gedruckt. Die zum Schutz vor Verschmutzung verwendete Einschweißfolie ist aus Polyethylen chlor- und schwefelfrei hergestellt. Diese umweltfreundliche Folie verhält sich grundwasserneutral, ist voll recyclingfähig und verbrennt in Müllverbrennungsanlagen völlig ungiftig.

Auf Wunsch senden wir Ihnen gerne kostenlos unser Verlagsverzeichnis zu:
Leopold Stocker Verlag GmbH
Hofgasse 5/Postfach 438
A-8011 Graz
Tel.: +43 (0)316/82 16 36
Fax: +43 (0)316/83 56 12
E-Mail: stocker-verlag@stocker-verlag.com
www.stocker-verlag.com

ISBN 978-3-7020-1556-5
Alle Rechte der Verbreitung, auch durch Film, Funk und Fernsehen, Fotomechanische Wiedergabe, Tonträger jeder Art, auszugsweisen Nachdruck oder Einspeicherung und Rückgewinnung in Datenverarbeitungsanlagen aller Art, sind vorbehalten.
© Copyright Leopold Stocker Verlag, Graz, 5. Auflage 2022
Layout und Repro: DSR Werbeagentur Rypka GmbH, 8143 Dobl/Graz

Inhalt

MALT

Vorwort

Liebe Freunde der Destillation!

Es freut mich sehr, dieses Buch schreiben und veröffentlichen zu dürfen, denn es war mir schon lange ein Wunsch aufzuzeigen, wie toll man, trotz der meistens sehr strengen gesetzlichen Einschränkungen im privaten Bereich, noch destillieren kann. Als ich nach der Veröffentlichung meines letzten Buches „Die hohe Kunst des Destillierens" im Stocker Verlag erzählte, wie gerne ich etwas zu den Tischdestillen schreiben würde, hatte ich nicht damit gerechnet, tatsächlich gleich wieder ein Buch schreiben zu dürfen. Trotzdem erhielt ich schon im Frühjahr darauf einen Anruf mit der Bitte, mein persönliches „Wunschbuch" zu schreiben. Als Termin für die Veröffentlichung wurde der Frühling 2016 angepeilt.

Der Autor Kai Möller

Ich dachte, das Buch gemütlich während der sonst für mich stressfreieren Wintermonate nach Weihnachten schreiben zu können und stand nun unverhofft vor der gewaltigen Aufgabe, das Buch neben meiner normalen Arbeit und vor allem während der Hauptsaison meiner Firma und der Erntezeit schreiben zu müssen. Aus der wundervollen „romantisch verklärten Idee", noch ein Buch schreiben zu dürfen, wurde echte Fleißarbeit mit festem Abgabetermin.

Welch ein Glück, dachte ich, ich muss nicht erst noch versuchen, neue Rezeptideen zu finden, oder spezielle Funktionen der einzelnen Destillieranlagen ausprobieren. Die Prozesse rund ums Destillieren sind tief in meinem Innersten verwurzelt und die Inhalte, die ich gerne vermitteln möchte, sind schon lange da. Ich mache ja kaum etwas anderes, als mich mit der Funktion von Destillieranlagen auseinanderzusetzen und zu destillieren. Ich muss mein Wissen nur noch aufschreiben, ein zeitintensives Handwerk.

Kai Möller beim Bierbrauen und Verkosten

Ich brauche ungestörte Ruhe zum Schreiben, das ist nicht einfach. Auch nicht für mein Umfeld! Ich möchte mich deswegen gleich vorneweg bei meinen Kindern, Freunden, Mitarbeitern und bei meiner Partnerin für das Verständnis bedanken, das sie mir alle entgegenbrachten. Ich hoffe, dass dieses Buch am Ende für alle eine Bereicherung an Wissen und Verständnis und zugleich etwas völlig Neues auf dem Markt der Bücher zum Thema sein wird.

Alle Bücher im Bereich der Destillation handeln bisher fast ausschließlich vom Destillieren mit großen Destillen oder mit Laborgeräten. Auch wenn die Prozesse dahinter ähnlich sind, sind die Beschreibungen, Rezepte und Gefahrenhinweise für die meisten Privatpersonen schwer nachvollziehbar. Niemand darf in Deutschland, Österreich oder der Schweiz legal und nur zum Spaß mit einer größeren Destille experimentieren! In den meisten Fällen erzählen die bereits existierenden Bücher vom gewerblichen Destillieren oder im englischsprachigen Raum vom Schwarzbrennen, dem sogenannten „Moonshining"! Es ist schon lange an der Zeit, dass jemand ein Buch zum legalen Brennen schreibt. Ein Buch zum Schnapsbrennen als Freizeitvergnügen, zur Herstellung ätherischer Öle als Hobby. Zum Destillieren im legalen Rahmen, ebenso wie man das in Österreich, in der Schweiz oder in Deutschland auch privat zu Hause darf, ohne mit dem Gesetz in Konflikt zu kommen.

Ein schwieriges Unterfangen, vor allem in der hier vorliegenden überarbeiteten Auflage zum neuen Alkoholsteuergesetz 2018. Dieses Buch wurde 2016 geschrieben, als wir in Deutschland nur mit den winzigen 0,5-Liter-Destillen destillieren durften. Dank dem neuen Alkoholsteuergesetz dürfen wir mittlerweile deutlich größere Destillen benutzen, aber leider keinen Alkohol mehr damit herstellen. Der gesamte Inhalt zum Thema Alkohol ist daher nur noch für Österreich gültig, es sei denn, Sie möchten zum „Schwarzbrenner" werden.

Mein Traum – ein Buch zum Vergnügen

Ich möchte an dieser Stelle nicht versäumen, auf das Buch von Bettina Malle und Helge Schmickl mit dem aussagekräftigen Titel „Schnapsbrennen als Hobby" hinzuweisen. Ein tolles Buch mit vielen Rezepten, Bildern und Ideen, welches ich gerne als Zusatzlektüre zu meinem Buch weiterempfehlen möchte. Vor allem wenn Sie genaue Rezepte und Mengenangaben wünschen, sollten Sie sich dieses Buch etwas näher ansehen. Die meisten Beschreibungen und Rezepte passen gut zu den handelsüblichen 2-Liter-Hobby- und Tischdestillen und der in Österreich erlaubten 2-Liter-Grenze. Als zweites Buch, welches sich gezielt mit dem legalen Destillieren im Hobbybereich beschäftigt, möchte ich noch das ausführlich recherchierte „Handbuch für Hobby-Whiskybrenner" von Dirk Gasser empfehlen. Vor allem wenn Sie gerne Whisky selber herstellen möchten, können Sie mit diesem Buch, dank den Versuchen und den verständlichen Beschreibungen von Herrn Gasser, schnell zu beachtlichen Ergebnissen kommen.

Mit diesem Buch möchte ich aufzeigen, was in den beiden anderen Büchern zu kurz kommt oder völlig fehlt. Nämlich wie Sie trotz der gesetzlichen Beschränkungen zu wirklich guten und vorzeigbaren Ergebnissen kommen und was Sie überhaupt alles destillieren können. Auch in Deutschland, wo wir nun auch endlich mit Destillen bis zu 2 Litern Brennkesselvolumen hantieren dürfen, wie es bereits vorher in Österreich oder in der Schweiz (bis 3 Liter) legal war. Diese große deutsche Gesetzesänderung ist auch der Grund, warum Sie heute eine erweiterte Version meines Buches in den Händen halten.

Ich experimentiere seit vielen Jahren im Rahmen meiner Firma UNICOBRES, aber auch aus persönlichem Interesse im Rahmen meines Hobbys mit den unterschiedlichsten Kleindestillen und bin dabei etlichen Geheimnissen auf die Spur gekommen. Ich kann Ihnen zeigen, wie Sie den Ertrag maximieren, die Qualität beim Destillieren zu Hause verbessern und dabei noch Spaß haben können. Eines ist garantiert: Neben allen Auflagen und Gesetzen, die wir beachten müssen, bleibt uns im Hobbybereich eine Menge Freude am Tun. Vor allem wenn Sie das Wort „arbeiten" an der Destille durch „Spaß" an der Destille ersetzen, werden Sie schnell erfolgreich sein. Sobald Sie beginnen, die Destillation als Hobby zu sehen, beginnt das Vergnügen nicht nur beim späteren Verkosten und Genießen, sondern auch schon bei der Herstellung Ihrer zukünftigen selbst gemachten Köstlichkeiten.

Man lernt nie aus! Kai Möller im Museum „Musée de l'Alambic", Saint Désirat, Frankreich

Einleitung

Kann man ernsthaft mit einer Minidestille arbeiten?

Destillieren ist ein Hobby, kein Verbrechen!

Was kann man wirklich mit einer so kleinen Destille anfangen?

Fazit

Kann man ernsthaft mit einer Minidestille arbeiten?

Oftmals werden die kleinen Tisch- und Hobbydestillen kaum ernst genommen oder sogar verspottet. Dabei funktionieren sie genauso gut wie ihre großen Brüder. Jede der heutzutage auf dem Markt erhältlichen Minidestillen ist in der Lage, wirklich zu destillieren. Das beginnt bei den winzigen „Spaßdestillen" aus Glas mit nur wenigen hundert Millilitern Fassungsvermögen und endet bei perfekten und voll ausgestatteten Miniaturbrennereien, wie beispielsweise der neuen „CopperGarden®"-Whiskydestille. Destillieren können sie alle. Sie können jede Menge unterschiedlicher Schnäpse und Spirituosen herstellen, aromatische Hydrolate, destilliertes Wasser und sogar ätherische Öle und Treibstoffe. Und das nicht nur theoretisch!

Das glauben Sie nicht? Dann lassen Sie sich von diesem Buch überraschen. Ich habe beruflich täglich mit den verschiedensten Hobbybrennereien und deren Besitzern zu tun und kann auf viele Jahre gesammelter Erfahrung zurückblicken. Tatsächlich existieren etliche Modelle sogar nur deshalb, weil ich sie gemeinsam mit dem Hersteller entworfen und bis zur Perfektion weiterentwickelt habe. Die kleinen Arabia-Destillen mit dem integrierten Aromasieb, vermutlich heute die meistverkaufte Kleinbrennerei weltweit, würde es beispielsweise ohne meine Entwicklungsarbeit gar nicht geben. Ich beschäftige mich seit Jahrzehnten mit kaum etwas anderem als der Destillation, seit ich in Deutschland lebe auch verstärkt mit den Miniaturanlagen in der 0,5-Liter-Größe und seit 1. Januar 2018 dank dem neuen deutschen Alkoholsteuergesetz ganz besonders viel mit der 2-Liter-Größe. Es ist doch ein großer Sprung, wenn die Destille das vierfache Volumen haben darf. Sie ahnen es, auch ich muss mich an das Gesetz halten. Das funktioniert glücklicherweise sogar sehr gut. Nicht nur wenn man wie ich stets auf jedes nur denkbare Zubehör zurückgreifen oder etliche verschiedene Destilliermodelle benutzen kann. Das Destillieren mit den Minidestillen funktioniert vor allem dann besonders gut, wenn man weiß, was man alles anstellen kann und wie man das am besten tut. Genau das möchte ich Ihnen mit diesem Buch gerne zeigen.

Lassen Sie sich überraschen! Destillieren können Sie auch im kleinsten Maßstab!

Destillieren ist ein Hobby, kein Verbrechen!

Mit diesem Spruch kämpften wir jahrelang gegen das frühere Branntweinmonopolgesetz, um wenigstens ein paar kleine Erleichterungen zu erstreiten. Leider waren wir nur teilweise erfolgreich. Das neue Alkoholsteuergesetz ist ein zweischneidiges Schwert. Wir dürfen zwar neuerdings auch in Deutschland Destillen bis zu 2 Litern Brennkesselvolumen anmeldefrei erwerben, aber dafür keinen Alkohol mehr herstellen. Näheres dazu schreibe ich am Ende des Buches bei den rechtlichen Hinweisen, hier geht es zunächst um die Frage, ob es überhaupt möglich ist, mit den kleinen Destillen etwas Brauchbares herzustellen. Eine Frage, die ich klar mit einem „Ja" beantworten kann. Das glauben Sie nicht? Dann denken Sie doch nur kurz an ein Chemielabor. Die dort verwendeten Destillen sind selten größer als das, was wir legal benutzen dürfen.

Wunderschöne Mini-Kolonnenbrennerei vor orientalischem Hintergrund

HINWEIS **Verwendete Destillen**

Ich werde mich in diesem Buch überwiegend an der 0,5-Liter-Größe orientieren. Die meisten Fotos zeigen 0,5-Liter-Anlagen, ebenso wie die meisten Rezepte und Erlebnisse in diesem Buch aus der Welt der früher in Deutschland erlaubten Minidestillen stammen. Warum auch sollte ich es mir einfach machen, wenn es auch schwierig geht?

Falls Sie eine der 2-Liter-Destillen besitzen, dürfen Sie großzügiger denken und alle Ergebnisse oder Zutaten einfach in der Menge vervierfachen. Es destilliert sich tatsächlich wesentlich besser, wenn man etwas mehr Volumen zur Verfügung hat. In Österreich dürfen Sie mit den 2-Liter-Anlagen auch Alkohol destillieren, was im Vergleich zur neuen deutschen Gesetzgebung schon fast großzügig erscheint. In der Schweiz dürfen Sie Anlagen bis zu 3 Litern anmeldefrei erwerben, aber genau wie in Deutschland nicht mit Alkohol benutzen. Glücklicherweise kontrolliert niemand, was Sie zu Hause tun und es bleibt Ihnen selbst überlassen, inwieweit Sie Ihre Destille „zweckentfremden".

Wir destillieren in diesem Buch knallhart legal.

Sollten sich die Gesetze eines Tages doch noch zu unseren Gunsten lockern und wir vielleicht sogar 5-Liter-Destillen benutzen dürfen, dann sind Sie nach der Lektüre dieses Buches auch dafür bestens vorbereitet. Die Grundlagen und Prinzipien der Destillation sind immer die gleichen und es schadet sicher auch bei größeren Destillen nicht, den einen oder anderen Trick zu kennen, um Menge oder Qualität zu steigern. Wenn Sie mit einer 0,5- oder 2-Liter-Destille gearbeitet haben, dann wird es Ihnen leichtfallen, später auch mit einer 5-Liter- oder noch größeren Destille zurechtzukommen.

2-Liter-Destillen sind möglich, aber nur in Österreich für Alkohol. Größere Destillen müssen beim Zoll angemeldet werden.

Nach dem neuen deutschen Recht dürfen Sie als Privatperson auch größere Destillen zur Herstellung von destilliertem Wasser, Hydrolaten oder ätherischen Ölen erwerben, müssen diese aber, sobald sie die 2-Liter-Größe übersteigt, bei Ihrem zuständigen Zoll anmelden, genauso wie der Händler. Gleiches gilt in Österreich oder der Schweiz. Leider sind viele Feinheiten im neuen deutschen Alkoholsteuergesetz auch heute, ein halbes Jahr nach dem Inkrafttreten, noch unklar.

So oder so, wir beschränken uns im Buch auf die Klein- und Tischdestillen und arbeiten in fast allen Beispielen mit der 0,5- oder der 2-Liter-Größe. Falls Sie ein anderes Brennkesselvolumen benutzen, so können Sie die Mengen sicher einfach umrechnen.

Was kann man wirklich mit einer so kleinen Destille anfangen?

Ich will nicht übertreiben mit meinen Versprechungen, Sie können aber in der Tat eine ganze Menge unterschiedlicher Dinge auch mit einer sehr kleinen Destille herstellen. Um etwas abzukürzen und gleich zum Beginn für mehr „Klarheit" zu sorgen, beginne ich am besten zunächst damit zu erklären, was man aufgrund der zu geringen Größe nicht destillieren kann! So können wir falsche Vorstellungen von Anfang an ausklammern.

Als Erstes streichen wir die Destillation der traditionellen und alternativen Treibstoffe. Daran sollten wir uns mit einer Miniaturdestille gar nicht erst versuchen. Benzin, Diesel oder Ethanol in ausreichender Menge und Reinheit herzustellen, um damit später ein Fahrzeug betreiben zu können, ist definitiv nicht mit einer Minidestille möglich. Ich hoffe, Sie verstehen das nicht falsch. Es ist nicht unmöglich, hochprozentige Treibstoffe selber herzustellen. Das Ergebnis wäre nur in der Menge extrem bescheiden. Der Aufwand würde sich nicht lohnen, nicht einmal für einen Miniaturverbrennungsmotor, wie er in einem Modellfahrzeug verwendet wird. Sie müssten ein ganzes Wochenende arbeiten, um am Ende vielleicht einen Liter übrig zu haben. Das ist nicht besonders effektiv. Der gewonnene Brennstoff würde von der Menge her nicht einmal ausreichen, um damit den Brenner für die Destillation zu betreiben. Destillieren mit einer Tischdestille ist ein Hobby und sollte dementsprechend vielleicht sogar vor allen anderen Dingen Spaß und Erfolgserlebnisse mit sich bringen. Es wäre aber vermutlich langfristig recht deprimierend, würde man viel Arbeit in eine Sache stecken, bei der am Ende kaum etwas Nennenswertes herauskommt. Falls Sie aus privaten Gründen mit alternativen Antriebsmitteln experimentieren oder etwas Bestimmtes erforschen möchten, dann ist das sicher eine Ausnahme, für die meisten von uns aber eher uninteressant. Eventuell wäre es bei manchen Anwendungsfällen tatsächlich nötig, den durch die Bürokratie gewünschten „Pfad der Tugend" zu verlassen und es den alten Alchemisten oder Kräuterkundigen gleichzutun. Alchemisten mussten damals gelegentlich ihre bis heute hilfreiche Forschung im Geheimen tätigen, weil man sie ansonsten der Hexerei bezichtigt und schwer bestraft hätte. Das ist heute noch ähnlich, wenn auch aus anderen Gründen und mit wesentlich milderen Strafen.

Was wir nicht in einer Minidestille herstellen können ...

Schnell landen wir im Bereich der Alchemisten und Hexen.

Als Nächstes, nach dem Treibstoff, muss ich gestehen, dass es in der Tat schwierig wäre, hochprozentigen Alkohol oder reine ätherische Öle in größeren Mengen herzustellen. Aber halt ... Wir geben bei diesem interessanten Thema keinesfalls schon auf. Schwierig meint nicht unmöglich und was sind schon „größere Mengen"? Wir destillieren im Hobbybereich. Aus

Spaß und Interesse! Da sind die „größeren" Mengen meistens nicht nötig. Mehr als ein paar Tropfen ätherischer Öle benötigen wir zu Hause nur selten. Und eine Flasche vom liebevoll hergestellten edlen Selbstgebrannten sollte auch genügen. Das sind Mengen, die wir mit einer handelsüblichen Tischdestille, ja selbst mit einer der 0,5-Liter-Miniaturdestillen, ohne Weiteres herstellen können.

Wir tricksen ein wenig, damit der Spaß und Erfolg nicht ausbleiben.

Bei manchen schwierigeren Produkten, wie beispielsweise dem Whisky oder den ätherischen Ölen, werden wir ein wenig tricksen, damit der Spaß bleibt und die Menge sich etwas erhöht. Im Grunde ist die Lösung meistens einfach und naheliegend. Alles ist logisch und passt zusammen, wenn man sich erst einmal mit den Grundlagen befasst hat. Ich verrate Ihnen im Laufe des Buches etliche kleine Tricks, die Ihnen in allen Bereichen schnell zu stattlichen Erfolgserlebnissen verhelfen werden.

HINWEIS **Beispiel**

Wussten Sie, dass ätherisches Rosenöl mit zu den kostbarsten Destillaten zählt und 1 ml, das sind vielleicht zehn, maximal 20 Tropfen, schon um die 50,– Euro kosten kann? Das liegt daran, dass man zur Herstellung von 1 ml Rosenöl etwa 5 kg zarte und frisch geerntete Rosenblütenblätter destillieren muss! Diese Menge in eine 0,5-Liter-Destille zu pressen und zu durchdampfen, ist völlig unmöglich! Die Blätter würden nicht einmal richtig feucht werden, falls Sie es doch versuchen würden. Ich kann Ihnen garantieren, Sie werden niemals mit einer 0,5-Liter-Destille echtes Rosen- oder Jasminblütenöl herstellen! Dazu benötigen Sie eine Destille mit einem hundertfach größeren Brennkessel.

Aber: Uns bleibt die Möglichkeit, in einem einzigen Durchgang aus den gleichen Ausgangsmaterialien, nämlich Wasser und frisch geernteten Rosenblättern, bequem 300 ml Rosenwasser herzustellen. Rosenwasser ist eine bereits in der Antike berühmte Kostbarkeit und wesentlich einfacher in der Herstellung. Das können wir!

Wenn wir doch reine ätherische Öle selber herstellen, dann verwenden wir stärker ölhaltige Pflanzen wie etwa Nelken, Lavendel oder Wacholder. Schauen Sie einfach im Internet oder im Katalog eines Anbieters, welche ätherischen Öle teuer und welche eher günstiger zu kaufen sind. So erhalten Sie eine Idee davon, ob diese einfach oder schwierig zu destillieren sind. Mit einer 0,5-Liter-Kolonnenbrennerei können Sie durchaus erfolgreich ätherische Öle herstellen, wenn Sie die richtigen Pflanzen und die richtige Destille verwenden. Mit den neuerdings erlaubten 2-Liter-Destillen wird es zum Kinderspiel. Ich habe das zigfach ausprobiert und bewiesen. Doch dazu schreibe ich später im Buch noch mehr.

Beim Alkohol ist es etwas umständlicher, an größere Mengen zu kommen. Vor allem wenn der Alkohol sehr hochprozentig und rein ausgebrannt werden soll, muss man mehrfach hintereinander destillieren oder schon von Anfang an stark rektifizieren. Hier hilft nur organisiertes Arbeiten. Mit der richtigen Methode kann man dann im Laufe eines Nachmittags oder eines Wochenendes das eine oder andere Fläschchen füllen – selbst vom sehr Hochprozentigen, dessen Herstellung den eingangs erwähnten Treibstoffen ähnelt. Im Gegensatz dazu ist ein Liter vom 92%igen relativ viel, solange wir ihn nicht ins Auto tanken, sondern zu Likören, Angesetztem, Heilmitteln oder Parfums weiterverarbeiten.

Kai Möller – unterwegs beim Destillieren im Wohnmobil

Auch spezielle Kostbarkeiten wie einen eigenen Whisky können Sie in Österreich im legalen Rahmen selbst herstellen. Mein „Hobbybrennerkollege" Dirk Gasser hat es bewiesen und erklärt das ausführlich in seinem „Handbuch für Hobby-Whiskybrenner". Das Schwierigste beim eigenen Whisky wird es sein, sich an die Gesetze und Traditionen zu halten, laut Gesetz muss ein Whisky nämlich mindestens drei Jahre in einem Eichenholzfass reifen. Traditionell darf aber auch wesentlich länger gelagert werden. Der Whisky profitiert davon. Hier liegt dann die eigentliche Leistung! Wer wird es schaffen, das mühselig in einer Minidestille hergestellte Getränk später noch in einem kleinen Holzfass drei oder noch besser zwölf Jahre reifen zu lassen? Abgesehen vom „Angels' Share", dem Anteil, der jährlich während der Lagerung in die Luft verdunstet, dürfte das Fass nach zwölf Jahren alleine durch gelegentliches Verkosten schon lange leer sein. Wer kann schon widerstehen und verzichtet darauf, die eigenen Getränke zu probieren? Ein Gutes hat das Ganze aber sicher, selbst wenn das Fass durch die Lagerung am Ende leer sein sollte: Sie kommen dann in den Himmel, denn Sie haben den Eintritt bereits an die Engel bezahlt. Jedenfalls behauptet man das in Schottland. Der Angels' Share kann übrigens gerne einen halben Liter pro Jahr in einem kleinen Fass betragen, ein 2-Liter-Fass wäre also spätestens nach vier Jahren leer.

Der Anteil der Engel – oder warum Whiskybrenner in den Himmel kommen

Hier in der Einleitung ist aber noch nicht der richtige Platz für diese Erklärungen. Ich werde Ihnen später im Buch noch etliche Tricks verraten. Etwa wie Sie den Anteil der Engel in einem kleinen Fass reduzieren oder sogar völlig verhindern können. Lassen Sie sich überraschen, ich darf aber jetzt schon versichern, Sie können auch echten Whisky mit einer Minidestille selber herstellen.

Viel einfacher und deutlich ergiebiger als das Whiskybrennen ist die Geistherstellung. Hier können Sie je nach den verwendeten Zutaten jederzeit starten und selbst mit der kleinsten Minidestille innerhalb kürzester Zeitspannen zu fantastischen Ergebnissen kommen. Im Destillieren edler Geiste finden wir Hobbybrenner unsere wahre Bestimmung. Hier überzeugen die Tischdestillen schnell jeden Freund alkoholischer Köstlichkeiten. Es bleibt uns sehr viel Spielraum, um entweder Bewährtes, wie beispielsweise Himbeergeist oder Gin, in bester Qualität zu destillieren – oder um durch eigene Kreationen aus dem Kräuter- und Gewürzregal einzigartige und ungeahnte Gaumenfreuden zu erleben. Wären die Gesetze nicht so streng, wäre es sogar möglich, in einem Restaurant, sozusagen als Nachspeise, eine Destille mit Zubehör serviert zu bekommen und sich einen leckeren Drink bei Tisch zu destillieren.

Falls Ihnen die Hobbymengen allesamt zu gering erscheinen, so will ich Ihnen gleich vorneweg verraten, dass es durchaus möglich ist, mit ein paar Tricks an deutlich größere Mengen zu gelangen. Beim Gin beispielsweise ist– zumindest in Österreich – alles erlaubt und uns bleibt die Möglichkeit als Destillateur, bis zu zehn Liter Gin an einem einzigen Nachmittag legal mit einer Minidestille herzustellen! Hierbei verstehen wir uns dann nicht als „Brenner", sondern als „Destillateur". Der Brennmeister kann aus eigener Maische einen feinen Alkohol herstellen – der Destillateur dagegen extrahiert und vermischt die einzelnen Aromen und zaubert so besondere Geschmackserlebnisse. Wenn wir das Brennen der Grundlage den eigentlichen Brennmeistern überlassen und uns mit unserer legalen Minidestille auf die Herstellung der Aromen konzentrieren, so können wir bequem mehrere Liter eines günstigen Korns in edlen Gin verwandeln und es in Qualität und Aroma mit den professionellen Gin-Destillateuren aufnehmen.

Auf der Spur der Destillateure – oder wie wir tatsächlich bis zu zehn Liter Gin legal herstellen!

Fazit

Leider ist nicht alles mit den kleinen Destillen möglich. Was uns bleibt, ist aber jede Menge echter Spaß sowie ein spannendes Hobby mit extrem viel Potenzial, um Neues zu entdecken. Den Kreativen unter uns bleiben unendlich viele Möglichkeiten offen, um völlig eigene Gaumenfreuden zu schaffen. Alle anderen können auf bereits Bewährtes zugreifen und aus dem riesigen Bestand bestehender Rezepte und deren Variationen sich ihre Hausbar – ebenso wie ihren Medizinschrank oder die Kosmetikartikel – in bester hausgemachter Qualität selbst herstellen.

Was garantiert bleibt, ist der Spaß bei der Sache!

Die Brennereien

In der maximal erlaubten, aber noch legal zu erwerbenden Hobbygröße ist die Auswahl an verschiedenen Destillieranlagen relativ groß. Es ist im Hobbybereich wirklich sinnvoll, sich die Unterschiede zwischen den einzelnen Brennereien genau anzusehen. Je nach Verwendungszweck kann das Ergebnis Ihrer Brennversuche mit verschiedenen Anlagen stark unterschiedlich ausfallen. Gerade wegen der eingeschränkten Größe (Kleinheit) der Minidestillen lohnt es umso mehr, sich die perfekte Destille für den jeweiligen Verwendungszweck anzuschaffen. Im vom Gesetz beschnittenen Maßstab einer legalen Tischbrennerei kann man nur mit dem richtigen Gerät optimale Ergebnisse erzielen. Falls Sie beispielsweise daran denken, ätherische Öle und hochprozentigen Alkohol zugleich herzustellen, um etwa alle Grundlagen für ein eigenes Parfum selbst zu kreieren, dann empfehle ich Ihnen, gleich zwei oder sogar drei verschiedene Modelle anzuschaffen.

Glücklicherweise sind die Anschaffungskosten aufgrund der geringen Größe nicht allzu hoch. Die Preise der meisten Minidestillen bewegen sich zwischen 100,– und 500,– Euro und somit weit unter dem Niveau vergleichbar aufregender Hobbys. Selbst wenn man Zubehör wie Wasserschläuche, Pipetten, Alkoholmeter, Behälter oder kleine elektrische Kocher dazurechnet, bleiben die Ausgaben insgesamt zumeist deutlich unter dem, was man für Dampfmaschinen, Werkzeuge, Musikequipment, Drohnen oder ferngesteuerte Modellautos auszugeben bereit wäre. Und glauben Sie mir, es ist einfacher und langfristig viel spannender, die Möglichkeiten rund um das Destillieren zu erforschen, als beispielsweise zu lernen, wie man einen ferngesteuerten Hubschrauber fliegt. Das Destillieren kann man eher mit dem Fliegen einer Drohne gleichsetzen. Diese stabilisieren sich selbst in der

Was kostet das Hobby?

... Geistherstellung

... Obstbrände & Brandy

... Whisky, Wodka & Korn

... Ätherische Öle & Hydrolate

Günstiges Hobby dank relativ niedrigen Anschaffungskosten

Luft und erlauben daher schon vom ersten Tag an Spaß und Flugerfolge ohne teure Bruchlandungen.

Was kostet das Hobby?

Geistherstellung

Die Destille mit Aromakorb: vielseitige Anwendungsmöglichkeiten

Für einen einfachen Einstieg ins neue Hobby „Geistherstellung" sollten Sie sich am besten eine Destillieranlage mit einem integrierten Aromakorb zur Dampfdestillation besorgen. Aufgrund der höheren baulichen Komplexität sind solche Destillen meistens ein klein wenig teurer, dafür aber wesentlich vielseitiger in der Anwendung. Empfehlenswert ist beispielsweise die Destillieranlage „Arabia", wie sie in der 0,5-Liter-Version zum Teil schon für 149,– Euro angeboten wird. In der 2-Liter-Variante rechnen Sie mit Preisen um die 300,– Euro, also doppelter Preis für die vierfache Größe. Der Unterschied lohnt sich. Dazu empfehle ich einen Satz Schläuche sowie eine Schüssel mit Kühlwasserpumpe als Zubehör. Das wären noch einmal etwa 30,– Euro, wenn Sie die Artikel im Set dazu bestellen. Außerdem wäre ein Messzylinder und ein Alkoholmeter sehr empfehlenswert, damit Sie Ihre eigenen Geiste auch auf die richtige Alkoholstärke mischen können. Dazu benötigen Sie noch Früchte und Kräuter aus dem Gewürzregal oder aus

2-Liter-Arabia zur Geistherstellung

der Natur sowie einen gekauften Alkohol als Grundlage. Hier können Sie die Reste Ihrer Hausbar verwenden oder günstigen Korn, Brandy oder Wodka kaufen. Im Discounter erhalten Sie eine Flasche billigen Wodka schon für unter 7,– Euro. Je nachdem, ob Sie den Geist dann direkt trinken oder lieber aufheben möchten, benötigen Sie noch kleine Spirituosenflaschen und eventuell Etiketten zum Beschriften. Wenn Sie Ihre Ergebnisse für später festhalten möchten, empfiehlt sich noch ein Buch für Eintragungen. Sie sehen, alles in allem kommt nicht viel zusammen. Wenn Sie bereit sind, einmalig zwischen 200,– und 400,– Euro auszugeben, dann sind Sie bestens gerüstet, um in die Welt der Geistherstellung einzutauchen.

Obstbrände & Brandy

Eine einfache Alembik-Destille. Der Klassiker seit 500 Jahren

Zur Destillation eigener Obstbrände genügt eine einfache Alembik-Destille. Der Einstieg in die Welt der Edelbrände wäre theoretisch also ein Stückchen günstiger als bei der oben beschriebenen Geistherstellung, wäre da nicht das Problem mit der Grundlagenbeschaffung. Wenn Sie es sich einfach machen möchten, dann genügt es schon, einen gekauften Fruchtwein zu destillieren. Ein Kirschwein wird sicher ein leckerer Kirschbrand und lässt sich ohne großen Aufwand beschaffen, einen Apfelwein wandeln Sie bequem in Apfelschnaps. Die Königsdisziplin ist es aber, eigenes Obst einzumaischen und so auch den Alkohol, den Sie zuerst benötigen, selbst herzustellen. In diesem Fall benötigen Sie diverse Gärbehälter. Ideal eignet sich die 20- bis 30-Liter-Größe. Entsprechende Behälter mit Zubehör wie Deckel, Stöpsel und Gärspunde kosten 30,– bis 40,– Euro pro Stück. Sie sollten am besten mehrere parat haben, um verschiedene Früchte einmaischen zu können, um später mit diesen zu experimentieren. Zusätzlich brauchen Sie noch pH-Messstreifen, Säure, Hefe, Hefenährsalz und eventuell eine Mostwaage. Da können schnell noch ein paar Euro zusammenkommen. Alles in allem ist aber ein Einstieg in die Obstbrennerei mitsamt der Herstellung eigener Maischen und allem nötigen Zubehör ohne Weiteres ab etwa 300,– Euro möglich.

Whisky, Wodka & Korn

Leider etwas aufwendiger: die Herstellung von Whisky, Wodka und Korn

Für die Herstellung eigener Getreide- oder Kartoffelschnäpse benötigen Sie zusätzlich zu den bei den Obstbränden beschriebenen Geräten noch mindestens ein gutes Thermometer sowie einen großen Topf. Die verwendeten Zutaten enthalten Stärke und die müssen wir zuerst mit Enzymen in Zucker umwandeln, bevor wir sie vergären können. Dabei muss die Maische bei zwei verschiedenen Temperaturen jeweils über einen längeren Zeitraum gerührt werden. Im großen Topf kann man beim Erreichen der benötigten Temperatur die Befeuerung abstellen und versuchen, die Mischung mittels

Isolierung oder rechtzeitigem Nachheizen entsprechend heiß zu halten. Einfacher wird das mit einem Einkochtopf mit eingebautem Thermostat, den Sie für unter 200,– Euro kaufen können und der die Temperatur automatisch auf dem richtigen Niveau halten kann. Wer sich ernsthaft mit dem Getreide- oder Kartoffelbrennen beschäftigt, wird sich früher oder später vielleicht einen Brauautomaten wie den „Braumeister" von Speidel zulegen. Beim Brauautomaten lassen sich die einzelnen Schritte und Temperaturen einprogrammieren und auch das spätere Abläutern und Filtern der Maische wird deutlich vereinfacht. Leider kostet so ein Gerät je nach Größe und Ausstattung deutlich über 1.500,– Euro. Wenn Sie bedenken, dass man damit aber auch eigenes Bier herstellen kann, lohnt sich die Anschaffung schnell. Wer Bier brauen kann, der kann auch Whisky brennen, denn die grundsätzlichen Prozesse beim Einmaischen und Brennen sind hier die gleichen.

Für die Destillation ätherischer Öle am besten eine Destille mit großem Dampfraum

Ätherische Öle & Hydrolate

Zur Herstellung ätherischer Öle sollte es wie bei der Geistherstellung oben eine Destille mit Aromasieb oder möglichst großem Dampfraum sein. Hier heißt es: Umso größer der Dampfraum, desto ergiebiger können Sie destillieren. Entsprechende Destillen in der 0,5-Liter-Größe erhalten Sie schon für unter 15,– Euro, wobei es sich gerade hier wirklich lohnt, gleich in größere Dimensionen zu investieren und sich ein 2-Liter-Model mit allem Zubehör zuzulegen. Eine gute Kühlung ist ebenfalls sehr wichtig, um Ertrag und Qualität steigern zu können. Komplette Sets mit Vollausstattung sind für unter 400,– Euro zu haben. Außerdem empfiehlt sich eine Sammlung kleiner Fläschchen, Reagenzgläser, Pipetten und ein schlanker Messzylinder, damit Sie die ätherischen Öle vom Hydrolat abtrennen und lagern können.

Legale Whisky-Destille mit Zubehör

Destillenkunde

Bevor wir gleich die einzelnen Destillen auf dem Markt durchleuchten, sollten wir uns zuerst mit der Theorie der Destillation vertraut machen. Dann können Sie die Unterschiede zwischen den einzelnen Destillieranlagen gut erkennen und die Zusammenhänge richtig verstehen. Ich sage: „Erst informieren, dann destillieren."

Wenn Sie dieses Buch in den Händen halten, dann sind Sie schon dabei, sich zu informieren. Falls Sie bereits eine Destillieranlage besitzen, ist das sehr gut, aber bitte lesen Sie das Kapitel trotzdem. Auch wenn Sie unerwartet eine Destille als Geschenk erhalten haben und sich sicher keine zweite kaufen werden, die Informationen aus diesem Buch in ihrer Gesamtheit wer-

Ein großer Wunsch geht in Erfüllung: eine Destille unter dem Weihnachtsbaum

den Sie zu einem Meister an der Destille machen. Es sind letztendlich nicht die vielen einzelnen technischen Aspekte, die ein „rundes Ganzes" abgeben, sondern es ist das Grundverständnis, das letztendlich zum Erfolg führt.

Das Grundprinzip

Diese Grundlagen sollten Sie kennen ...

Wir sollten uns zunächst ein wichtiges Grundprinzip verinnerlichen, bevor wir uns an eigene Destillationen oder den Kauf einer Destille wagen. Die Theorie ist sehr einfach zu verstehen und natürlich auch bei den kleinen Hobbybrennereien gültig.

WICHTIG **Die Grundlage**

Je schwieriger es für den Dampf ist, aus dem Brennkessel bis in den Kühler zu gelangen, desto reiner, hochprozentiger, aber auch schwächer im Aroma wird das Ergebnis sein. Oder umgedreht: Je leichter es dem Dampf fällt, bis zum Kühler zu gelangen und an der kalten Oberfläche desselben wieder zu kondensieren, desto aromatischer, aber niedrigprozentiger wird das Ergebnis ausfallen.

Von feinen Aromen und störrischen Eseln ...

Stellen Sie sich die Aromen einfach als etwas Schweres vor, das nach oben transportiert werden muss, beispielsweise als einen Korb voller Sand und Kieselsteine. Wenn Sie sich jetzt den Dampf als eine Karawane störrischer Esel und bockiger Kamele vorstellen, dann wird schnell klar, dass bei einem geraden kurzen Weg die meisten Kieselsteine unbeschadet am Ziel ankommen, während bei einem holprigen Weg durchs Gebirge ein großer Teil verloren gehen wird und vor dem Ziel aus den grob geflochtenen Körben rieselt. Aus diesem Grund gibt es Destillieranlagen mit einem extrem kurzen und geradlinigen Weg, etwa wenn der Kühler direkt über dem Brennkessel sitzt. Wir kennen aber auch das Gegenteil, nämlich Anlagen, die mit hohen Kolonnen oder kompliziert geformten Steigrohren und Hüten ausgestattet sind. Im Extremfall werden die Kolonnen mit sogenannten Raschigringen oder kleinen Edelstahlplättchen befüllt, damit der Dampf auch das letzte Aroma abschüttelt, bevor er wieder kondensieren darf. Hier müssten die Kamele komplizierte Sprünge über Hindernisse vollbringen und steile Passagen erklettern, bevor sie oben ankommen.

Wenn Sie sich dieses Grundprinzip beim Kauf einer Destille vor Augen halten und wissen, was Sie eigentlich am liebsten herstellen möchten, dann sollte es ein Leichtes sein, die perfekte Destille für Ihren Zweck zu beschaffen. Es ist nur logisch, dass man bei einem selbst hergestellten Zwetschgenschnaps versuchen wird, möglichst viel vom edlen Aroma der liebevoll eingemaischten Früchte in das fertige Getränk zu lotsen, und hier eine eher „unkomplizierte" Destille verwenden möchte. Bei einem klaren Wodka wird man hingegen eher danach trachten, dass sich der Dampf möglichst vieler Nebenaromen auf dem Weg zum Kühler entledigen kann. Hierzu wäre eine Destille mit sogenannten Verstärkereinrichtungen[1] zum Abschütteln der Aromen und schwereren Bestandteile der Maische geeigneter.

Mit der richtigen Destille werden Sie auch im Hobbybereich schnell zu hervorragenden Ergebnissen kommen. Das Destillieren wird Ihnen mehr Spaß machen. Die Ergebnisse werden Ihnen schmecken und guttun. Darüber hinaus werden Sie sich jedes Mal, wenn Sie etwas Selbstdestilliertes verwenden (oder auch nur sehen), gerne daran erinnern, mit welchem Gefühl Sie das Produkt hergestellt haben. Sicher werden Sie im Laufe der Zeit eine stattliche Sammlung an Hydrolaten, ätherischen Ölen und verschiedenen leckeren alkoholischen Hausspezialitäten aufbauen und vielleicht sogar neue einzigartige Duft- oder Getränkekompositionen entdecken.

Großes Aromasieb in einer 2-Liter-„Pot-Still"-Destille

Dampfdestillation?

Sie sollten sich auch vorab überlegen, ob Sie durch Dampf destillieren möchten. Mit einer Destille in einfacher Bauform, ohne Dampfraum, lassen sich wunderbare Hydrolate (Pflanzenwasser) sowie die meisten Edelbrände (Whisky, Brandy, Obstbrände etc.) herstellen.

Wenn Sie sich für eine Destille mit Dampfraum entscheiden, dann können Sie zusätzlich auch noch allerlei **feine Geiste** (Gin, Himbeergeist, Haselnussgeist etc.) und bestimmte **ätherische Öle** (Lavendel, Pfefferminze) destillieren. Meistens schadet der Dampfraum nicht, wenn man einfach nur so destillieren möchte, während man eine Destille ohne Dampfraum oder Aromasieb später kaum erweitern kann. Generell würde ich Ihnen wegen der deutlich vielseitigeren Anwendungsmöglichkeiten in den meisten Fällen zu einer Destille mit Kolonne oder Aromasieb raten. Falls Sie sich sicher sind, „nur" Whiskys oder Obstbrände herstellen zu wollen, dann wäre der einfache Alembik oder gleich eine spezielle Whiskydestille die beste Wahl. Wenn Sie aber eher dazu neigen, mit Gewürzen und Kräutern zu spielen

[1] Im 0,5-Liter-Bereich wird es aufgrund der geringen Mengen kaum entsprechende Anlagen mit Dephlegmatoren oder Rektifizierungseinrichtungen geben.

und sich eher als Destillateur denn als Brenner verstehen, dann wäre eine Destille mit Dampfraum die bessere Wahl. Doch dazu später mehr.

Wissen Sie schon, was Sie destillieren möchten?

Sie sollten sich rechtzeitig im Klaren darüber sein, was Sie am liebsten destillieren würden, und dementsprechend das richtige Modell auswählen. Bei einer Destille mit kurzem Dampfweg ist es später schwierig, hochprozentigen Alkohol zu destillieren, und in einer hohen und stark verstärkenden Refluxdestille kann man keine ätherischen Öle herstellen. Bei ausreichend großen Destillieranlagen kann man relativ einfach improvisieren und beispielsweise das Geistrohr kühlen (oder auch heizen) oder ein improvisiertes Aromasieb zur Dampfdestillation nachträglich einhängen. Bei kleinen Destillen ist das kaum mehr möglich, deswegen sollte die Anlage von Anfang an optimal zu Ihnen und Ihren Vorstellungen passen. Mit der optimalen und auf das spätere Ergebnis abgestimmten Bauform können Sie nicht nur im Hobbybereich wesentlich bessere Ergebnisse erzielen. Theoretisch sind alle Destillen gleichermaßen zur Herstellung von Alkohol geeignet. Deswegen ist auch der Besitz aller Anlagen gleichermaßen von den Behörden reglementiert. Als angehender Hobbybrenner kann es sich schnell lohnen, eine zweite oder gar dritte Destille anzuschaffen, auch zum Experimentieren und um Unterschiede im Ergebnis feststellen zu können.

Mini-Destillen in großer Auswahl – welche ist die richtige?

Nachstehend erkläre ich die unterschiedlichen Destillieranlagen und Bauformen, die ich auf dem Markt finden konnte, etwas ausführlicher.

Kaufberatung

Zunächst unterscheiden wir zwischen den freistehenden Minidestillen und den mit Ständer und Brenner komplett ausgestatteten Destillieranlagen. Auf dem Bild auf Seite 26 aus dem Aromamuseum in Buchenau erhalten Sie vielleicht schon einen kleinen Vorgeschmack darauf, wie viele unterschiedliche Modelle und Varianten es geben könnte.

Eine freistehende 0,5-Liter-Alembik-Destille

Freistehende Minidestillen

Die freistehenden Minidestillen entsprechen bis ins Detail ihren großen Brüdern, wie sie in professionellen Brennereien oder in gewerblichen Betrieben verwendet werden. Sie sind frei und flexibel an jedem Ort aufstellbar und können wahlweise auf einem Feuer, einem elektrischen Brenner, Spiritusbrenner oder Gasbrenner betrieben werden. Beim Kauf einer freistehenden Destille sollten Sie sich im Klaren darüber sein, dass **weiteres Zubehör nötig** ist, bevor Sie die Destille in Betrieb nehmen können. Machen Sie sich am besten gleich ein paar Gedanken darüber, wo Sie die Destille betreiben möchten und auf welche Art Sie den Kessel beheizen werden.

Sicher müssen Sie beim Aufbau etwas improvisieren, indem Sie beispielsweise einen passenden Ständer für den Kühler oder die Destille basteln. In der Regel stehen der Brennkessel und der Kühlkessel der Destille auf gleicher Höhe. Das, was in einem Regal dann höchst dekorativ aussieht, ist beim Destillieren kein Vorteil. Denken Sie daran, dass der Brennkessel irgendwie beheizt werden muss. Er wird daher in der Regel deutlich höher stehen, wenn er auf einer Elektrokochplatte oder einem anderen Brenner sitzt. Diese Höhe müssen Sie auf der anderen Seite am Kühlkessel wieder ausgleichen. Am besten legen Sie sich immer ein paar Holzbrettchen oder Fliesen bereit, um die Destille überall sicher und stabil aufstellen zu können.

Des Weiteren möchten Sie das gewonnene Destillat sicher auch auffangen und nicht sinnlos auf den Tisch tropfen lassen! Dazu ist es meistens nötig, die Destille noch höher aufzubauen. Sie sollte zumindest so hoch stehen, dass Sie ein Reagenzglas, einen Messzylinder oder eine Flasche darunterstellen können.

0,5-Liter-Alembik-Destille auf einer Minikochplatte

Beim Destillieren von Wasser oder Alkohol können Sie auch einen Schlauch am Auslauf des Kühlers befestigen und das Destillat so durch den Schlauch in eine Flasche leiten. Das funktioniert bei mir zu Hause sehr gut, wenn ich am Küchenschrank eine Schublade geöffnet habe und die Flasche so eine „Etage" unterhalb der Arbeitsplatte auf einem Brett aufstelle. Eine ebenfalls praktische Lösung ist es, von einer Theke auf einen Barhocker oder von einem Tisch auf einen Stuhl zu destillieren. Beachten Sie aber, dass sich diese Methode nur bei Wasser oder Alkohol empfiehlt. Bei der Destillation ätherischer Öle sollten Sie unbedingt darauf achten, alle Leitungen und Schläuche möglichst kurz zu halten, da sonst die geringen Mengen an ätherischen Ölen irgendwo an den Leitungen haften bleiben und die Ausbeute deutlich geringer ausfällt. Beim Destillieren ätherischer Öle sollten Sie Ihre Destille also nach Möglichkeit deutlich höher aufbauen – oder entsprechend viele kleine Behälter bereitstellen, um das Destillat auffangen zu können. Alkohol und Wasser können Sie in der Regel direkt in einen größeren Behälter, beispielsweise eine Flasche oder einen Messzylinder, destillieren. Auch Hydrolate können bequem direkt in einen größeren Behälter destilliert werden. Falls Sie aber tatsächlich ätherische Öle herstellen möchten, dann sollten Sie darauf achten, einen möglichst schlanken Behälter zu verwenden, was meistens in einem noch höheren Aufbau endet. Hierzu schreibe ich später im Kapitel über die ätherischen Öle noch ausführlicher.

Whisky-Destille in Aktion

Komplette Destillieranlagen

Die meistens komplett mit Brenner und Ständer ausgestatteten Destillieranlagen scheinen zunächst praktischer und einfacher aufzubauen und können oftmals direkt nach dem Auspacken verwendet werden. Möchte man einen Wein in Weinbrand oder Bier in Bierschnaps verwandeln, sind fast alle Tischdestillen gut geeignet und können sofort benutzt werden. Im einfachsten Fall verstopfen Sie einfach den Kühlwasserzulauf[2] unten am Kühler mit einem Kaugummi, einem Stück Korken oder etwas Silikon und füllen den Kühler mit Eiswasser. Das genügt normalerweise für eine kurze und unkomplizierte Alkoholdestillation. Im schlimmsten Fall geben Sie einfach später nach Gefühl noch ein paar Eiswürfel dazu und lassen das heiße Wasser oben mit einem kurzen Schlauchstückchen überlaufen. Auf diese Weise benötigen Sie keine komplizierten Aufbauten und können tatsächlich nahezu an jedem Ort destillieren.

Wenn wir aber mehr erwarten, dann stoßen wir auf fast die gleichen Probleme wie bei den freistehenden Anlagen und müssen ebenso selber

[2] Achten Sie schon beim Kauf einer Destille auf die geeigneten Anschlüsse. Manche einfachen Destillen haben keinen Kühlwasserzulauf und Sie müssen später improvisieren. Einen Kühlwasserüberlauf sollte Ihre Destille in jedem Fall haben.

noch etwas improvisieren. Das Problem mit der Höhe ist das gleiche. Auch hier müssen wir das Destillat entweder über einen Schlauch nach weiter unten ableiten oder eben die gesamte Anlage vielleicht auf einem Stein oder Holzklotz höher setzen.

Beim Aufbau beider Varianten empfehle ich Ihnen von Anfang an, an eine **geeignete Kühlung** zu denken. Es ist zwar, wie oben kurz angesprochen, gut möglich, bei einzelnen Destillationen den Kühlwasserzulauf zu verstopfen und den Kühler mit Eiswasser zu füllen, wenn Sie es aber von Anfang an perfekt haben möchten, dann sollten Sie einen richtigen Kühlkreislauf anschließen! Dazu benötigen Sie eine Spüle oder Schüssel, passende Schläuche und am besten eine Pumpe. Denken Sie daran, dass eine 0,5-Liter-Destille auch mit befülltem Kessel kaum mehr als ein halbes Kilogramm wiegt, während die langen mit Wasser befüllten Schläuche sich durch Druck leicht bewegen und versuchen werden, die Destille vom Brenner zu drücken. Ich habe hier sehr gute Erfahrungen mit kleinen Klammern gemacht. So kann auch der „wackeligste" Aufbau durch die richtige Führung und Fixierung mit Klammern an den Kühlschläuchen stabilisiert werden.

Der Kühler mit den angeschlossenen Kühlwasserschläuchen

Mehr zur richtigen Kühlung und zum optimalen Aufbau der Destillen verrate ich Ihnen noch am Ende dieses Kapitels. Jetzt betrachten wir erst einmal die unterschiedlichen Baureihen und deren besondere Eigenheiten, um ein besseres Gefühl für die Formen und Funktionen zu bekommen. Auf

Lassen Sie sich nicht überwältigen von der Auswahl.

dem Bild auf der vorigen Seite sehen Sie einen Verkaufsraum in Andorra. Dort ist es erlaubt, Destillen in jeder beliebigen Größe einzukaufen. Sie sehen aber zugleich auch, wie schwierig es aufgrund der gigantischen Auswahl sein kann, sich für die richtige Anlage zu entscheiden.

Die Destillen und Destillieranlagen

Der Alembik

Der Alembik: eine universell verwendbare Destille für fast jeden Zweck

Die Alembik-Destille (auch Alambik) ist ein traditioneller Klassiker und vermutlich die am meisten verwendete Grundform überhaupt. Warum sollte man auch etwas, das bereits seit über 500 Jahren optimal für die meisten Einsatzbereiche funktioniert, verändern. Ein echter Alembik wird immer mit einem **blasen- oder kugelförmigen Brennkessel** hergestellt, denn diese Bauform verteilt die Temperatur am besten über den gesamten Inhalt. Dadurch wird die Maische gleichmäßiger erhitzt, was beim Abtrennen eventueller Schadstoffe ein Vorteil ist, aber auch einem Anbrennen beim Destillieren mit „grober" Maische vorbeugt.

Voll funktionsfähige Alembik-Minidestille aus der CopperGarden®-Schmiede

Wenn Sie daran denken, eigene Maische herzustellen, dann sollten Sie diese runde Kesselform wählen, damit Ihnen nichts anbrennen kann. Auch wenn Sie eigenen Wein oder Obstweine destillieren, sollten Sie diese Form wählen, damit Sie durch die gleichmäßigere Temperatursteigerung im Brennkessel aus allen Bereichen der Maische die möglicherweise enthaltenen Schadstoffe gleichmäßiger aufheizen und später sicher abtrennen können.

Und dann haben wir noch einen dritten Grund für einen blasenförmigen Kessel: die Tradition! Auch in den größten Whiskybrennereien wird traditionell mit einer Alembik-Destille gebrannt. Wenn man in berühmte Großbrennereien spitzt, dann finden wir traditionelle Alembiks in gigantischen Größen. Als Beispiel habe ich hier ein Bild aus der schottischen Glenfiddich Distillery für Sie genehmigt bekommen. Dort werden in zwei großen Hallen zehn Alembik-Destillen mit jeweils 9.100 Litern für den Raubrand und nochmals 18 Anlagen mit 4.500 Litern durch Dampf von unten im Boden beheizt. Die Grundformen der Brennkessel entsprechen dabei unseren 18.000-fach verkleinerten 0,5-Liter-Alembik-Destillen.

(Mit freundlicher Genehmigung der Glenfiddich Distillery)

Exrem große Alembiks in der modernen Whiskybrennerei

Über dem kugeligen Brennkessel sitzt in der Regel ein **glockenartig ausgeformter**, zunächst weiter werdender **Hut oder Helm**, der sich bald schlanker werdend, oftmals formschön, in ein feines **Geistrohr** verjüngt und schließlich in einem **Schlangenkühler**[3] endet. Je nach Kupferschmied könnten die Bauformen hier leicht abweichen. Die Grundform des kugelförmigen Kessels mit dem „glockenartigen" Aufsatz bleibt aber allen Alembik-Destillen gemein.

Seit Jahrhunderten gereifte und perfekte Bauform für jeden Zweck

Dank dieser ausgereiften Bauform kann der Dampf beim Destillieren relativ breit direkt über dem Brennkessel aufsteigen und eine Menge Aromen mitschleppen. Alembik-Destillen eignen sich daher optimal zum Übertragen aller in der Maische enthaltenen Aromen. Die Dampfwege bleiben kurz und das Destillat darf relativ schnell wieder kondensieren. Genau die richtige Destille für alle Edelbrände, aber auch zur Herstellung von Hydrolaten oder zum Entgeisten von angesetzten oder stark aromatischen Geisten wie Anis oder Kümmel.

HINWEIS **Eignung**

Um es abschließend noch einmal zusammenzufassen: Ein Alembik ist eine großartige Destillieranlage, vor allem zur Herstellung von Edelbränden und Hydrolaten.

[3] Schlangenkühler (engl.: *worm tub*): Spiralförmig gewundenes Kupferrohr am Ende des Geistrohres in einem Kessel oder Fass voller kaltem Wasser

Sehr hochprozentiges Destillieren über 75 Vol.-% erfordert eine andere Destille.

Aufgrund der eindeutig dem Aroma förderlichen Bauweise ist der Alembik trotzdem nicht für alles geeignet. Falls Sie einen Alkohol aromaneutral, also sehr hochprozentig ausdestillieren möchten, dann benötigen Sie eine andere Destille. Mit einem Alembik empfiehlt sich in der Edelbranddestillation das traditionelle doppelte Brennen[4], um etwa 60%igen[5] Alkohol zu erreichen. Egal wie oft Sie destillieren, es wird Ihnen mit einem Alembik schwer fallen, mehr als maximal 75 Vol.-% Alkohol zu erreichen. Ebenso ist es kaum möglich, mit einem Alembik durch Dampf zu destillieren und feinere Geiste oder ätherische Öle herzustellen. Auch hierzu wäre eine Dampfdestille mit besonders großem Dampfraum die bessere Wahl.

Whisky-Destille

Auch die Whisky-Destille ist ein Alembik.

Im Wesentlichen sind Whisky-Destillen, egal ob „Wash Stills" oder „Spirits Stills"[6], mit den vorher beschriebenen Alembik-Destillen identisch. Sie können ohne Weiteres sehr gute Whiskys in normalen Alembik-Destillen als auch in speziellen Whisky-Destillen brennen. Der Unterschied liegt einzig und alleine in der **speziellen Form im Hut** der Brennerei und ich wage zu bezweifeln, dass irgendjemand diesen Unterschied später schmecken kann. Eher liegt das an dem besonderen Touch, dem eigenen Stil, den eine Whisky-Brennerei durch ihre besondere Form erhält. Glenfiddich beispielsweise leistet sich noch einen eigenen Kupferschmied, um die Anlagen zu pflegen und in Form zu halten.

Man legt viel Wert auf Traditionen in der Whiskybrennerei, weswegen ich Ihnen unbedingt auch eine Whisky-Destille empfehlen würde, nicht nur wenn Sie sich auf Whiskys spezialisieren möchten. Ebenso wie Sie mit einer Alembik-Destille Whiskys brennen können, eignen sich die Whisky-Destillen auch zur Herstellung von Obstbränden oder Brandys.

Als kleine Besonderheit möchte ich aber noch auf die neue „CopperGarden®"-Whisky-Destille verweisen. Wie die großen gewerblichen Brennereien hat die CopperGarden®-Whisky-Destille nämlich eine zusätzliche Einfüllöffnung am Brennkessel, was uns einen großen Vorteil gegenüber den meisten anderen legalen Tischbrennereien verschafft. Die 0,5 Liter fassende Destille wird dadurch größer! Dabei wird nicht gemessen, was man tatsächlich destillieren kann, sondern wie groß die Füllmenge des Brennkessels bis zum Überlaufen ist. Sie können in einer normalen Destille

---

[4] Raubrand & Feinbrand: Destillieren Sie zwei- oder dreimal einen ersten Raubrand und sammeln Sie das Destillat für eine abschließende Feinbranddestillation mit Abtrennung der Schadstoffe.

[5] Bei einem 60%igen Destillat hat man die optimale Mischung aus Reinheit und Aroma. Später wird mit Wasser auf etwa 40 Vol.-% Trinkstärke gemischt.

[6] Bei uns würde man „Raubrand- oder Feinbranddestille" sagen. In der Whiskybrennerei werden diese beiden Schritte traditionell in zwei verschiedenen Destillen absolviert.

Copyright William Grant & Sons Ltd. (Mit freundlicher Genehmigung der Glenfiddich Distillery)

Whiskybrennereien – die Brennblase liegt ein Stockwerk tiefer und wird durch Dampf beheizt.

also niemals 0,5 Liter destillieren – in einer Destille mit der zusätzlichen Öffnung aber schon. Die Destille misst, wie es der Zoll verlangt, 0,5 Liter bis zum Überlauf der Öffnung. Dadurch bleibt Ihnen die Möglichkeit, bei fest verschlossener Verschraubung tatsächlich 0,5 Liter abzubrennen, was bei Whisky aufgrund der eher niedrigen Prozente der Ausgangsmaische auch empfehlenswert ist.

Cognac-Brennerei „Charentais"

Nach der speziellen Whisky-Destille darf natürlich auch die Cognac- oder Brandy-Destille nach französischer Bauart nicht fehlen. Genau genommen ist auch diese nach dem Landstrich der „Charente" rund um die Stadt „Cognac" benannte Charentais-Destille zunächst ein Alembik. Allerdings können Sie sicher schon einen gravierenden Unterschied beim Betrachten der Anlage auf dem Bild feststellen: Die Charentais hat **zwei Kessel**!

Dies hat einen kleinen Vorteil, denn das Destillat wird beim Durchdampfen durch den ebenfalls mit Wein befüllten mittleren Kessel zunächst gekühlt. Dabei lässt sich anfangs der Vorlauf etwas genauer abtrennen, was später dem Aroma guttut. Zugleich wird aber auch der Inhalt im mittleren Kessel vorgewärmt und kann nach und nach in den eigentlichen Brennkessel eingeleitet werden. Man hat also auch noch ein größeres Kesselvolumen, was sich im kleinen Maßstab der legalen Minidestillen durchaus bezahlt machen kann. Wenn Sie sich eine Charentais zulegen möchten, achten

Die Charentais-Destille – eine filigran gearbeitete Besonderheit

Die Charentais-Destille mit dem zweiten Brennkessel kennen wir in allen Größen – so wie hier in der Calvados-Brennerei von Christian Drouin.

Sie auf den neuen größeren Zulaufhahn. Bei den alten Modellen mit dem kleinen Hahn gab es öfters Probleme mit der Dichtung am Hahn.

Im Hobbybereich ist die Charentais vor allem eine auffällige Schönheit und sicher eine Zierde in jeder Wohnung. In der praktischen Handhabung bleibt sie aufgrund der filigranen Bauweise dafür deutlich komplizierter. Ich würde Ihnen die Charentais nur empfehlen, wenn Sie sich ernsthaft für Cognacs und Brandys interessieren und deswegen stilecht mit einer ebensolchen Anlage arbeiten wollen. Die Charentais eignet sich optimal zur Brandy-Destillation aus Wein, aber auch zur Destillation von Apfelschnaps aus Apfelwein oder anderen Fruchtschnäpsen aus Obstweinen. Es muss nicht immer Cognac sein, in der großen Charentais im oberen Bild wird der leckere Calvados des Christian Drouin gebrannt.

Arabia-Destille

Die Arabia: aus gutem Grund die meistverkaufte Destille

Die Arabia-Destille ist bei Destillatio nicht ohne Grund der Bestseller. Aufgrund der einzigartigen Bauform mit dem **hohen Hut** bleiben alle Vorteile der ursprünglichen Alembik-Destille bestehen, der Hut kann aber komplett mit Kräutern oder Gewürzen befüllt und mit einem Aromasieb gesichert werden. Dadurch ist diese Destille zusätzlich noch zur **Dampfdestillation** geeignet. Die Arabia wird meistens komplett als Anlage angeboten und ist eine der vielseitigsten und zugleich unkompliziertesten Destillen auf dem Markt. Wenn Sie eine Kaufempfehlung brauchen, dann würde ich in den meisten Fällen zu diesem Modell raten, denn hier können Sie kaum etwas falsch machen und auch als Anfänger schnell und effizient destillieren.

Mit der Arabia können Sie nahezu alle Arten von Alkohol herstellen und mit etwas Improvisationstalent sogar hochprozentig destillieren. Sie sehen den hohen Hut auf dem Bild? Diesen können Sie auch mit Kupferwolle oder Raschigringen befüllen, um ein wesentlich alkoholhaltigeres Destillat zu erhalten. Erinnern Sie sich: Je schwerer es dem Dampf fällt, die Aromastoffe durch den Hut bis zum Kühler zu tragen, desto mehr davon wird er unterwegs verlieren. Der Hutaufsatz der Arabia-Destille bietet reichlich Platz, um dem aufsteigenden Alkohldampf „Steine in den Weg" zu legen, damit er alles, was anhaftet, unterwegs abschütteln kann. Sie sehen, die Arabia bietet viele Möglichkeiten, wenn man etwas weitergehen und experimentieren möchte.

Ein Größenvergleich: Alquitara (links), Arabia (Mitte) und Kolonne (rechts)

Auch in Miniatur ist die Arabia-Destille eine wunderschöne Zierde mit voller Funktion.

Meine 0,5-Liter-Arabia

Einzig bei der Herstellung ätherischer Öle könnte der Dampfraum noch etwas zu knapp ausgelegt sein, um wirkliche Erfolge zu erzielen. Hydrolate oder Kleinstmengen an ätherischen Ölen sind aber auch ohne Weiteres möglich. Wenn Sie sich hauptsächlich auf die Herstellung ätherischer Öle konzentrieren wollen, dann wäre eventuell eine richtige Kolonnenbrennerei eine noch bessere Wahl. In allen anderen Fällen sind Sie mit der Arabia gut beraten.

Die Kolonnenbrennerei

Kolonnenbrennereien sind die am vielseitigsten einsetzbaren Destillieranlagen und für nahezu alle Zwecke geeignet. Leider ist mir bisher noch keine Tisch-Kolonnenbrennerei mit Ständer und Brenner bekannt, es bleiben aber die freistehenden Minikolonnen, die sich vor allem für ätherische Öle, aber auch für die meisten anderen Zwecke gut eignen. Wenn Sie ohnehin mit dem Gedanken spielen, sich lieber eine freistehende Destille anzuschaffen, dann ist die Kolonnenbrennerei sicher eine gute Wahl.

Die Destille kann auch ohne Kolonne als einfacher Alembik wie vorher beschrieben betrieben werden. Mit dem Zwischenstück (der Kolonne) eignet sich die Anlage perfekt zur **Dampfdestillation** oder zum hochprozentigen Ausdestillieren von **neutralen Alkoholen**.

Die Kolonnenbrennerei: eine Destille der Königsklasse

Aufgrund der geringen Größe und des niedrigen Gewichtes der Destille sollten Sie sich beim Aufbau bemühen, damit während der Destillation nichts wackelt oder umfallen kann. Ich kann in meiner Küche die Kühl-

Die Kolonnenbrennerei: der Traum aller Hobbybrenner

Schön zu sehen sind hier die einzelnen Bauteile der Kolonnenbrennerei.

wasserschläuche wackelfrei unter den gusseisernen Topfträgern am Herd verlegen und bei Bedarf zusätzlich an den Gewürzkörbchen an der Wand festklammern. Die Destille steht auf dem Brotkasten, der Kühler ist durch einen Holzklotz und ein paar Fliesen auf der richtigen Höhe aufgebaut, der Hut ist von außen mit etwas Teflonband fixiert und abgedichtet. Das ganze System ist so rundherum gut zu erreichen und praktisch zu bedienen. Wenn Sie bereit sind, sich vor jeder Destillation etwas um den Aufbau Ihrer Anlage zu kümmern, dann ist die Kolonne sicher eine gute Wahl für Sie.

Meine Lieblingsdestille in der Küche

Die Alquitara

Als große Destille ist die Alquitara aufgrund der kurzen Dampfwege sehr beliebt und kann ebenfalls sehr vielseitig eingesetzt werden. Traditionell wird in Portugal oder Italien Tresterschnaps (Grappa) mit den Alquitaras gebrannt. Auf dem Markt existieren eine große Menge unterschiedlicher Bauformen mit ebenso unterschiedlichen Namen[7], die aber letztendlich alle eines gemeinsam haben: Der **Kühler** sitzt **direkt über dem Brennkessel**.

Am besten stellen wir uns wieder bildlich vor, wie der Dampf hier aufsteigt und schon nach wenigen Zentimetern an der gekühlten kupfernen Oberfläche des wassergefüllten Destillierhutes kondensiert und direkt zur Seite abgeleitet wird. Einen kürzeren Dampfweg kann es kaum geben, der Dampf kann ungehindert Aromastoffe und andere schwerere Bestandteile mitschleppen.

Schon sehr frühzeitig kam man auf die Idee, ein Tuch über den Kessel zu hängen, ein zusätzliches Aromasieb einzubauen oder wie bei der Leonardo-Destille von Helge Schmickl mit einem zusätzlichen Dampfeinsatz als Aromakorb im Kessel zu improvisieren, um ätherische Öle zu destillieren. Tatsächlich sind die Alquitaras in der 2-Liter-Größe relativ unkompliziert und aufgrund der verkürzten Dampfwege bestens dazu geeignet, Hydrolate und ätherische Öle auf platzsparende Weise und zugleich in guter Qualität selber zu destillieren.

0,5-Liter-Alquitara-Destille mit Spiritusbrenner

Zwischenzeitlich konnte ich viel mit den unterschiedlichsten 2-Liter-Modellen destillieren und auch der Leonardo des verehrten Kollegen Schmickl aus Österreich meinen vollen Respekt zollen. Aufgrund der breiteren Bauweise des Brennkessels kann man bei ihr sehr viel Pflanzenmaterial einfüllen, was letztendlich zu einer hohen Ausbeute und einem starken Hydrolat führt.

Ich würde Ihnen empfehlen, die winzigen 0,5er-Miniaturalquitaras und die traditionellen Alquitaras nur für einfache Hydrolate oder Brände zu benutzen, die größeren Modelle mit speziellen Dampfräumen oder Kup-

[7] Alquitara, Alquitara Plus, Leonardo, Destillierpilz, Mohrenkopfdestille

Verschiedene Modelle der Alquitara-Destille

fersieben, wie die Leonardo oder die Alquitara Plus, können Sie dagegen sehr gut auch für ätherische Öle und hochwertige Hydrolate verwenden.

Rosenhutdestille

Die Rosenhutdestille aus der CopperGarden-Schmiede ist noch ein Sonderfall und eignet sich ebenfalls hervorragend zur Herstellung von **Hydrolaten**. Die Besonderheit liegt in den **erweiterbaren Dampfsieben**, die Sie zwischen Hut und Kessel der Anlage setzen und mit Kräutern befüllen können. Auf diese Art ist es ähnlich wie bei den Kolonnenbrennereien möglich, größere Mengen an Kräutern zu durchdampfen.

Modern ausgerüstete Rosenhutdestille mit Aromasieb

Als weitere Eigenheit befindet sich im Hut eine **Auffangrinne**, die frühzeitig am Hut kondensierendes Destillat direkt zum Geistrohr ableitet. Auch hier sind die Dampfwege extrem kurz, was eine hohe Destillatsqualität und Menge verspricht, vorausgesetzt Sie schaffen es, den Hut entsprechend stark zu kühlen. Hier liegt der Nachteil bei der Rosenhutdestille! Es handelt sich um ein historisches Destillenmodell aus einer Zeit, als noch **mit Luft gekühlt** wurde. Der hohe spitze Hut bietet die Möglichkeit, in einem kalten Raum oder mit Wasser befeuchtet den Dampf ausreichend herunterzukühlen, damit dieser kondensiert und aus dem seitlichen Ablauf tropft. Für eine wirklich gute Qualität und Menge an ätherischen Ölen ist aber eine wesentlich stärkere Kühlung nötig. In früheren Zeiten hatte man beispielsweise feuchte Tücher auf den Hut gelegt, was bei der kleinen Oberfläche der 0,5-Liter-Variante aber nicht wirklich sinnvoll ist. Die Tücher heizen sich zu schnell auf und müssten daher ständig gewechselt werden. Ich würde empfehlen, nur im Winter zu destillieren und Schnee auf den Hut zu geben oder den Hut während der Destillation mit reichlich kaltem Wasser zu besprühen.

Möchten Sie eher nach alchemistischen Traditionen wie in früheren Zeiten destillieren, dann ist die Rosenhutdestille sicher eine gute Wahl. Auch wenn Sie nur Hydrolate herstellen oder in einer kalten Umgebung destillieren, können Sie sich für dieses Modell entscheiden. Wirklich gut geeignet ist die Rosenhutdestille auch, um die Prozesse beim Destillieren besser verstehen zu können, sozusagen als Lernobjekt, um verschiedene Kühlungen auszuprobieren. In den meisten Fällen würde ich Ihnen aber lieber zu einer anderen Anlage raten.

Die Aromasiebe der Rosenhutdestille im Detail

Retorten, Glaskolben und Pelikane

Die Auswahl an gläsernen Destillen ist enorm, trotzdem möchte ich hier trotz der Unterschiede alle Glasgeräte in einem zusammenfassen. Historisch gesehen wurde Glas schon immer gerne zum Destillieren verwendet[8], vor allem natürlich weil man sehr gut zusehen kann und dadurch besser versteht, was eigentlich genau in einer Destille passiert. Das wäre dann auch der Hauptgrund, warum ich Ihnen als **Zweit- oder Drittdestille** zu einer Anlage aus Glas raten würde.

Glasgeräte sind optimal für Versuchsaufbauten und Experimente geeignet.

Am Markt sind eine Menge kleinerer Spaßdestillen aus Glas erhältlich. Aufgrund der geringen Größe und des zur Alkoholdestillation eher ungeeigneten Materials sind diese Modelle eigentlich nur dazu geeignet, um gelegentlich, vielleicht im Freundeskreis bei Tisch, ein Glas alten Wein in Weinbrand zu verwandeln. Bei der Alkoholherstellung ist Kupfer als Material relativ wichtig. Kupfer kann die unangenehm schmeckenden Schwefelwasserstoffe, die sonst das Aroma beeinträchtigen, neutralisieren. Aus diesem Grund wird Alkohol im gewerblichen Bereich immer in Brennblasen mit kupfernen Destillierhüten gebrannt. Falls Sie Alkohol im Hobbybereich selber destillieren, dann sollten Sie idealerweise ebenfalls immer eine kupferne Destille benutzen. Alternativ, falls Sie lieber in Glas destillieren möchten, hilft ein kleiner Trick. Füllen Sie den Bereich über dem Glaskolben, eventuell eine separat aufgesetzte kleine Glaskolonne, mit Kupferwolle und jagen Sie den Dampf durch diese hindurch, um einen höherprozentigen, aber auch appetitlicheren Alkohol zu brennen.

Ein zweiter Grund, um in Glas zu destillieren, mag auch die historische Nähe zu den frühen Alchemisten sein. Neben den oben beschriebenen

Klassische Pelikandestille aus modernem Laborglas

[8] Im authentischen Prager Alchemielabor „Speculum Alchemiae“ beispielsweise kann man heute noch die angrenzende unterirdische „geheime“ Glasbläserei aus dem 16. Jahrhundert bewundern.

Komplizierter Aufbau von Glasgerätschaften zur Aromaextraktion im Museum „Erichs Schnapsbrände" im Schwarzwald

Spaßdestillen kenne ich etliche historische Nachbauten von Retorten und Kolben, etwa wie die auf Seite 39 abgebildete 0,5-Liter-Pelikandestille aus stabilem Duran® Laborglas von Al-Ambik®. Diese Gerätschaften werden glücklicherweise heutzutage aus modernem und relativ bruchfestem Glas gefertigt und eignen sich ideal zum Beobachten der einzelnen Prozesse beim Destillieren. Falls Sie aus spirituellen Gründen destillieren und den Pflanzen (oder anderen Materialien) aus Ihrem Umfeld „Geist, Körper und Seele" herausziehen und in geläuterter Form als heilkräftige Essenz wieder zusammenfügen[9] möchten, dann können die klaren und gut nachvollziehbaren einzelnen Arbeitsschritte in einer formschönen Glasretorte durchaus dazu beitragen, auch für sich selber etwas an Weisheit zu erleben und philosophische Grundwahrheiten zu erkennen.

Zu guter Letzt bleiben uns die optimal aufeinander abgestimmten Laborgerätschaften[10], die leider meistens sehr teuer sind und passendes Zubehör wie spezielle Laborheizer oder Stative benötigen. Vor allem kann man mit den Laborgeräten gut experimentieren und sehr genau zusehen oder bemessen. Falls Sie an exakten Ergebnissen und Mengeneinheiten interessiert sind, dann sind die Laborgerätschaften die beste Wahl. Sicher sind auch die genormten Steckverbindungen ein großer Vorteil. Es bleibt jederzeit die Möglichkeit, defekte Bauteile zu ersetzen und eventuell eines Tages auf einem Flohmarkt sogar einen größeren, von den Behörden übersehenen Kolben zu entdecken. Zugleich will ich aber auch die vielen Nachteile nicht verschweigen. Abgesehen von den Kosten und der doch relativ hohen Bruchgefahr ist es aufgrund der engen Halsweiten nur erschwert möglich, einen Glaskolben zu reinigen. Vor allem wenn einmal etwas anbrennt, bleibt oftmals nur der Kauf eines neuen Kolbens.

Reflux- und „Easy-Moonshine"-Destillen

Echte Refluxdestillen sind in Miniatur eher selten und zumeist für sehr hochprozentigen Alkohol gedacht. Bei einer Refluxdestille sitzt zumeist ein **gerade verlaufendes kupfernes Geistrohr direkt über dem Kessel**. Das Wort Reflux bedeutet „Rückfluss", weil zumeist die Kühlung schon durch zwei kleine eingearbeitete Röhrchen durch den Dampf der Destille geleitet wird und dieser dadurch zum Teil vorzeitig kondensiert und wieder zurückfließt. Refluxdestillen sind bei Selbermachern beliebt, denn man kann sie mit ein wenig Talent gut in größeren Dimensionen selber bauen und dann sehr gut hochprozentige und neutrale Alkohole destillieren.

[9] Die Weisheit der alten Alchemisten: *Solve y Coagula* = Trenne und füge zusammen.
[10] Das Foto der Labordestillen stammt aus dem wunderbaren Museum bei Erichs Schnapshäusle im Schwarzwald.

In legaler Größe kenne ich nur die beiden „Easy-Moonshine"-Destillen, wobei vor allem das neue 2-Liter-Modell mit der befüllbaren Kolonne nach der neuen Gesetzgebung für uns interessant ist. Dank dem Liebigkühler kann man **durchgehend Kühlwasser durchpumpen** und die Destille schnell entleeren und neu befüllen. Zugleich erachte ich die Destille wegen des massiven Schnellverschlusses als besonders sicher und würde sie deswegen in Kombination mit einer elektrischen Kochplatte empfehlen, wenn Ihnen das Hantieren mit den anderen Anlagen zu unsicher erscheint und Sie auf Nummer sicher gehen wollen. Die 2-Liter-Easy-Moonshine wird zurzeit noch in einer Variante mit vierfach größerer Kolonne gebaut und wird sicher schnell im Bereich der ätherischen Öle ihre Liebhaber finden.

Die 0,5-Liter-Destille „Easy Moonshine" aus der CopperGarden®-Schmiede

Die 2-Liter-Easy-Moonshine

Rumdestille

Als weiteres Unikat unter den 0,5-Liter-Destillen möchte ich gerne noch die sogenannten Rumdestillen vorstellen. Genau genommen handelt es sich um **Vorläufer der heutigen Kolonnenbrennereien**, nur mit dem Unterschied, dass die Kolonnen nicht über dem Brennkessel, sondern seitlich davon befestigt sind. Der Name ist irreführend, denn diese Anlagen werden zwar im großen Maßstab heute noch gerne in der Karibik zur Destillation von Rum verwendet, Ähnliches finden wir aber auch in Europa bei der Destillation von anderen Alkoholen, wie beispielsweise Armagnac. Dieser wird im Gegensatz zum Cognac in einem einzigen Brennvorgang destilliert und daher werden die Kolonnen als Verstärker zum höherprozentigen Destillieren benötigt. So gesehen könnte man diese Destille auch Armagnac- oder Kolonnenbrennerei nennen.

Mehrkolonnenbrennereien wurden früher gerne in der Industrie verwendet.

Wenn Sie sich die Destille auf Seite 43 oben ansehen und dabei vorstellen, wie der Dampf aus dem Brennkessel aufsteigt, durch das dünne Geistrohr dringt, um sich bald darauf in der ersten Kolonne auszubreiten und etwas sammeln zu können, nur um erneut durch ein kleines Geistrohr zu strömen und sich in einer weiteren Kolonne zu sammeln, bevor es endlich in den Kühler geht, dann können Sie sich vielleicht vorstellen, wie wenige Aromen am Ende noch übrig bleiben. Tatsächlich ist die Destille mit den Kolonnen ja dafür geschaffen, um im ersten Durchlauf schon ausreichend hochprozentige Ergebnisse zu erzielen. Zudem sollten wir noch wissen, dass in der industriellen Brennerei diese Art der Destillationsanlagen kontinuierlich betrieben wird. Der Kessel wird im laufenden Betrieb immer weiter nachgefüllt und durchgehend beheizt. Dadurch erreichen auch die Kolonnen durchgehend gleichbleibende Temperaturen, die dabei helfen, den Dampf weiter bis zum Kühler zu geleiten.

Große Mehrkolonnenbrennereien

Bei unserem Modell ist das aber anders. Uns bleibt ein 0,5-Liter-Brennkessel und wenn wir Pech haben, kondensiert die aufdampfende Flüssigkeit schon in den Kolonnen, bevor sie den Kühler erreicht. Das bedeutet, dass wir am Ende des Kühlers, je nach Alkoholgehalt der abzudestillierenden Flüssigkeit, dem Luftdruck und der Außentemperatur, eventuell so gut wie gar kein Ergebnis erhalten. Dieses kann aber extrem hochprozentig sein. Dafür erhalten Sie zwei weitere Fraktionen aus der Destille, welche sich in verschiedenen Reinheitsgraden und Mengen in den seitlichen Kolonnen sammeln. Ein interessantes Spiel, vor allem wenn Sie gerne mit alkoholischen Prozenten experimentieren möchten. Es bleibt Ihnen auch zusätzlich die Möglichkeit, die Kolonnen beispielsweise mit einem Spiritusbrenner oder einer Schale Brennpaste aufzuheizen, um ein völlig anderes Ergebnis zu erzielen.

So eine Mehrkolonnenbrennerei eignet sich vor allem als Zweitdestille zum Experimentieren.

Mit all diesen Möglichkeiten ist die „Karibik"-Destille aus der CopperGarden-Schmiede ein einzigartig vielseitiges Gerät zur Alkoholdestillation, welches ich aber nur empfehlen würde, wenn Sie bereits Erfahrungen mit anderen Anlagen gesammelt haben.

Theoretisch wäre die Karibik sogar zur Herstellung ätherischer Öle geeignet. Mir sind eine Menge Kolonnenbrennereien ähnlicher Bauart in großem Maßstab bekannt, in denen die Kolonnen mit Pflanzenmaterial befüllt und abschließend mit heißem Wasserdampf durchdampft werden. In Portugal wird auf diese Weise auch Tresterschnaps im industriellen Maßstab hergestellt. Auf Seite 42 sehen Sie ein Foto einer großen, fahrbaren, 3-Kolonnenanlage[11].

Pot-Still-Tischdestillen

Der Name „Pot Still" bedeutet letztendlich Topf-Destille und bezieht sich im deutschen Sprachgebrauch[12] meistens auf selbst gebaute Destillen, bei denen ein normaler Topf als Brennkessel dient, aber auch auf die vielen verschiedenen Destillieranlagen auf dem Markt mit **flachem Brennkessel**.

Dabei ist die Auswahl und unterschiedliche Formgebung bei den Tischdestillen enorm. Die rechts gezeigte Destille von Ferrari beispielsweise zeichnet sich durch einen Glaskühler aus. Ein durchaus interessantes Modell mit einem Brennkessel, der einen Lister fassen kann. Fast alle Pot-Still-Tischdestillen weisen ähnlich große Kessel auf. Eine Ausnahme bildet die auf Seite 44 abgebildete (oben links), ebenfalls von Ferrari aus Italien stammende 0,4-Liter-Destille, die aber leider nicht mehr lieferbar ist.

Wunderschöne Miniaturdestille „Kristall" mit Glaskühler

[11] Das Bild stammt aus dem überaus sehenswerten Musée de l'Alambic in Saint-Désirat in Südostfrankreich.
[12] Im Englischen wird der Name auch für die großen Whisky-Destillen benutzt.

Typische Pot-Still-Tischdestille für den Hobbybereich

Relativ bekannt ist die „Classic"-Destille von Helge Schmickl aus Österreich, die sich mit dem eingesetzten zusätzlichen Aromakorb aus Edelstahl auch zur Dampfdestillation eignet. Das ist ein bewährter Trick, den Sie bei fast allen Pot-Destillen mit ausreichender Kesselweite anwenden können. Sie benötigen dazu nur einen Dämpfeinsatz, wie Sie ihn in fast jedem Haushaltswarenladen finden können, und drei Edelstahlschrauben, um den Einsatz erhöht aufbauen zu können. Danach können Sie den oberen Bereich des Kessels mit Pflanzenmaterial füllen. Ein weiterer Vorteil der „Classic" ist auch der austauschbare Brennkessel. Dadurch wäre es verbotenerweise beispielsweise in Österreich möglich, die Destille in der legalen 2-Liter-Größe zu kaufen und den Kessel später durch einen größeren zu tauschen.

Der „Classic"-Destille sehr ähnlich sind die italienische „Hobby"-Destille von Ferrari oder die portugiesische Variation, die „Hobby II" aus der Copper-Garden-Schmiede, die es zusätzlich zu der Variante mit dem Spiritusbrenner auch noch in einer elektrischen Variante wie auf dem nachstehenden Foto zu kaufen gibt. Beide haben gleiche Funktionen und sind mit dem Aromakorb zur Dampfdestillation geeignet. Den zusätzlichen größeren Brennkessel gibt es nur bei der „Classic".

Es muss nicht immer Spiritus sein. Tischdestillen können auch elektrisch oder mit Gas beheizt werden.

Ebenfalls sehr beliebt ist die sogenannte „Italia"-Destille, die bereits serienmäßig mit einem Aromasieb aus Kupfer geliefert wird. Wegen des hohen spitzen Huts wird die Anlage auch manchmal „Tipi-" oder „Zeltdestille" genannt. Leider fasst die Destille drei Liter und darf daher nur noch in die Schweiz legal zur Destillation ätherischer Öle verkauft werden. Dank dem Aromasieb und dem großräumigen Hut kann man mit dieser Destille auch sehr gut destillieren.

Noch eine schöne Minidestille aus meiner Sammlung

Wasser-Destillationsanlage

Destillieranlagen zur Herstellung von destilliertem Wasser sind aufgrund ihrer Größe bei uns in Deutschland meistens verboten. Das Volumen liegt oft bei vier oder fünf Litern und der deutsche Zoll ist der Meinung, man könne mit einer solchen Destille auch Alkohol destillieren, weil man das allem Anschein nach in Schweden und Norwegen manchmal tut. Ich möchte Ihnen davon abraten! Alkohol sollte nach Möglichkeit immer in Kupfer destilliert werden, um Schwefelwasserstoffe zu neutralisieren und ein weiches Aroma zu erhalten. Trotz der strengen deutschen Gesetze werden etliche dieser Anlagen von „unwissenden" Händlern als normales Küchengerät verkauft. Dafür wurden sie auch entwickelt und gebaut. Man füllt abends Wasser in den Kessel, die Maschine läuft über Nacht und liefert bis zum nächsten Morgen eine Kanne voll mit reinem und von allen Schadstoffen befreitem, destilliertem Wasser. Aufgrund der Unwissenheit der Händler ist es relativ einfach, eine entsprechende Anlage in einem Elektromarkt oder im Internet zu finden und ohne Anmeldung bei den Behörden zu kaufen.

Eine elektrische Wasserdestille als Küchenmaschine

Die italienische GAGGIA

Mit etwas Glück finden Sie auf einem Flohmarkt oder bei Ebay vielleicht auch noch eine elektrische Destille des bekannten italienischen Kaffeemaschinenherstellers „Gaggia".

Die Gaggia-Destille war ein Versuch in den 70ern, das Destillieren einem breiteren „Massenmarkt" schmackhaft zu machen. Leider wurde die Produktion aus mir unbekannten Gründen wieder eingestellt. Eventuell war die Zeit noch nicht reif für so ein fantastisches Produkt und der Verkauf deswegen schleppend, vielleicht lag es auch an der Gesetzgebung, die international gesehen deutlich schwieriger zu verstehen ist, als ein Kaffeemaschinenhersteller das vielleicht auf sich nehmen möchte.

Bei der Gaggia-Destille wurde ein nach italienischem Recht legaler 2-Liter-Kupferkessel elektrisch von unten beheizt. Dazu geliefert wurde ein mit Schläuchen anstelle eines Geistrohres befestigter Glaskühler. Das Besondere an der Gaggia-Destille war die volle Ausstattung und die wirklich sichere Aufbaumöglichkeit dank dem massiven Unterbau und dem Stativ. Dazu lieferte der Hersteller eine extrem nützliche Gebrauchsanleitung mitsamt einem schönen Übersichtsposter zur Herstellung von Aromen und Essenzen für die Verwendung in Küche, Kosmetik und Medizin. Eine wirklich einmalige Destille – und sehr schade, dass es sie heute nicht mehr gibt.

Espresso-Destille

Hiermit wird Kaffee destilliert!

Habe ich eben die italienische Gaggia-Destille erklärt, so bleibt mir zuletzt noch die „normale" Espresso-Destille, wie wir sie alle kennen. Genau betrachtet sind die vielen kleinen Cafeteras und Espressokannen auch kleine Destillieranlagen. Hier wird im Kessel Wasser erhitzt und dann in ein darüberliegendes Aromasieb mit Kaffee geleitet, allerdings ohne Kühlung, denn wir mögen unseren Kaffee lieber heiß. Eigentlich ist es das gleiche Prinzip wie bei einer Alquitara-Destille. Ohne Weiteres lässt sich an der Destille ein Silikonschlauch anschließen und durch einen Kühler leiten. Wenn wir dazu noch die metallische Wasserzuführung aus dem Kessel in das Kaffeesieb absägen, dann haben wir eine Destille, die auch zur Herstellung von Alkohol geeignet wäre. Und seltsamerweise erlaubt der Zoll den Kauf von Espressomaschinen auch in größeren Dimensionen.

Noch eindeutiger zu erkennen ist das an der belgischen Kaffeedestille. Hier wird das Wasser in einem separaten Brennkessel erhitzt und eindeutig durch ein Geistrohr in ein nebenstehendes Glas mit Kaffee geleitet. Der Clou bei dieser Destille ist die ausgeklügelte Mechanik über ein Gegengewicht. Sobald der Kessel leer ist, senkt sich das Gewicht nach unten und hebt den nur leichten Brennkessel hoch. Der Brenner unten klappt zu, die Flamme erlischt und durch den Unterdruck im Kessel und den Höhenunterschied beginnt der Kaffee wie durch Zauberhand wieder zurück in den Kessel zu laufen, wo man dann am Ablaufhahn den frisch gebrühten Kaffee in die Tasse füllen kann. Einmalig.

Destillen über 0,5 Liter müssen beim Zoll gemeldet werden. Trifft das auch auf Espressodestillen zu?

Seit 1.1.2018 legal: Destillieren mit der 2-Liter-Destille. Ohne Zollmeldung jederzeit und direkt an Ort und Stelle. Hier haben wir den tatsächlichen Dampfraum der einzelnen Modelle miteinander verglichen und nach Größe von links nach rechts aufgebaut. Arabia, Kolonne, Alquitara Plus und die Leonardo sind unsere Testsieger bei der Herstellung von ätherischen Ölen und Hydrolaten.

Der Aufbau einer Destillieranlage

Ich werde immer wieder gefragt, wie man eine Destille am besten aufbaut. Hier litt ich offensichtlich über Jahre an einer gewissen Fachblindheit, denn ich war davon ausgegangen, dass der Aufbau logischerweise nur eine Möglichkeit offenlässt. Für mich war der Aufbau eine einfache Routine und ich musste nur selten darüber nachdenken. Dank einigen besonders netten Kunden und vielen Freunden, die sich die Mühe machten und mir ihre Probleme ausführlicher schilderten, wurde mir mit der Zeit klar, dass ein Linkshänder die Destille zum praktischen Arbeiten vermutlich anders aufstellen würde als ein Rechtshänder. Und noch etwas: Ich baue Destillen aus Gewohnheit von links nach rechts auf. Wir schreiben von links nach rechts, die Uhr läuft rechts um den Kreis und Wasserströmungen drehen ebenso wie Tiefdruckgebiete auf der Nordhälfte unseres Planeten nach rechts. Vermutlich ist es dank dem Kulturkreis, in dem ich aufgewachsen bin, für mich logisch und in meinem Innersten verwurzelt, von links nach rechts zu destillieren. Technisch gesehen besteht da kein Unterschied, jemand aus einem anderen Kulturkreis würde aber vielleicht lieber von rechts nach links destillieren wollen.

Ein Karton voller Einzelteile: Kessel, Kühler, Hut, Geistrohr? Darf es noch etwas mehr sein?

Wenn ich mit den Augen meiner Kunden auf eine frisch gelieferte Miniaturanlage schaue, dann sehe ich je nach Anlage eine Menge verschiedener Teile in einem Karton, mit denen ich zunächst nicht viel anfangen kann. Wenn ich alle Bauteile mitsamt dem Zubehörset vor mir ausbreite, dann wird auch mir klar, dass es tatsächlich eine Menge zu beachten gibt. Ein falscher Aufbau oder eine mangelnde Vorbereitung auf das, was kommen wird, könnte im schlimmsten Fall sogar gefährlich werden. Vielleicht sogar besonders bei den Miniaturanlagen, wir müssen ja ständig irgendwo improvisieren. Aufgrund der „Kleinheit" kann eine legale Destille mit ihren teilweise winzigen Anschlüssen nicht immer so stabil aufgebaut werden, wie es eigentlich beim Umgang mit Überdruck oder mit brennbaren Stoffen sein sollte. Der Aufbau der Destille benötigt alleine schon aus Sicherheitsgründen besondere Aufmerksamkeit. Aus diesem Grund beschäftigen wir uns jetzt erst einmal mit dem richtigen Aufbau unserer Destille.

Die Grundbauteile einer jeden Destille

Da liegen nun also all diese Bauteile offen vor uns. Wenn wir uns im Vorfeld schon etwas informiert oder dieses Buch aufmerksam bis hierhin gelesen haben, dann können wir sicher den Brennkessel, den Destillierhut und den Kühler identifizieren und richtig zusammenstecken. Das ist der einfachste Teil, denn die Variationsmöglichkeiten sind nicht allzu groß. Kommt Ihre Destille mit einem Ständer? Dann ist es Ihnen sicher auch ohne Weiteres möglich, den einen (bei manchen Destillen auch die beiden) Ständer an die richtige Stelle zu setzen. Der Brenner sollte auch klar zuzuordnen sein. Egal welchen Brenner Sie verwenden, er sollte unter dem Brennkessel stehen, nicht unter dem Kühler.[13]

Wir sind jetzt bei der „Trockenübung", denn bevor wir später ernsthaft mit dem Destillieren beginnen, sollten wir die Destille wenigstens einmal richtig aufgebaut haben. Wann immer Sie destillieren, gehen Sie am besten sorgfältig die Checkliste auf Seite 55 durch. So wie ein Pilot sein Flugzeug

[13] Ein kleiner Witz. Ich habe aber tatsächlich ein Bild aus dem Videospiel „Far Cry", bei dem das Feuer einer Destillieranlage unter dem Kühler sitzt und falsch herum destilliert wird.

Ein erhöhter Aufbau auf Holzklötzen während eines Brennseminars

vor dem Abflug auf alle Punkte auf seiner Checkliste kontrolliert, so sollten auch Sie es sich zur Gewohnheit machen, vor dem Befüllen oder Anheizen zu kontrollieren, wie alles passt und ob Sie mit Ihrem Aufbau sicher und sinnvoll arbeiten können. Vor allem als Anfänger werden Sie Kleinigkeiten, die sich im laufenden Betrieb als wichtig erweisen, leicht übersehen.

WICHTIG **Vorsicht – Umstellen während der Destillation**

Achtung: Explosiv, brennbar und ganz schön heiß!

Es ist mitunter problematisch, einen Aufbau während der Destillation umzustellen. Die Anlage kann beim Destillieren sehr heiß werden! Denken Sie daran! Sie sollten alleine aus diesem Grund immer einen Handschuh oder einen Topflappen bereitlegen! Dann können Sie nötigenfalls im laufenden Betrieb eingreifen, ohne sich die Finger zu verbrennen. Aufgrund der unterschiedlichen Materialeigenschaften bei einer heißen Destille kann es schwierig sein, während der Destillation Verschraubungen oder gesteckte Teile zu lösen. Bei einem 0,5-Liter-Modell ist es nicht möglich, mit einem gezielten Handkantenschlag schnell den Hut vom Kessel zu lösen. Die gesamte Destille würde quer über den Tisch fliegen. Wir müssen bei den legalen Kleinbrennereien deutlich behutsamer vorgehen und den Kessel gut festhalten, wenn wir den Hut oder eine Verschraubung vorzeitig lösen wollen. Zugleich sollten wir uns eines stets vor Augen halten: Im Kessel wird gekocht! Es steigt Dampf auf! Es entsteht Druck. Im schlimmsten Fall kann sich sogar starker Überdruck aufbauen, der den Hut vom Kessel sprengt. Denken Sie bitte daran, einen Dampfdrucktopf öffnet man auch nicht mitten im Kochen. Sicher möchten Sie sich nicht Ihre Hände oder das Gesicht verbrennen? Aber keine Angst, das klingt jetzt schlimmer, als es ist. Ich möchte nur, dass Sie wirklich wissen, worauf Sie sich einlassen und entsprechende Sorgfalt walten lassen.

Stimmt Ihre Aufbauhöhe?

Die Destille steht zwischenzeitlich fertig aufgebaut auf dem Tisch und Sie fragen sich vielleicht, was daran so schwer gewesen sein soll. Sehen Sie sich die Destille genau an. Haben Sie die Aufbauhöhe bedacht? Wäre Ihre Anlage so, wie sie jetzt aufgebaut ist, tatsächlich in der Lage zu destillieren? Könnten Sie das Destillat aus dem Kühler auffangen und sinnvoll in einen entsprechenden Behälter ableiten? Auf dem Bild auf Seite 49 sehen Sie, wie wir bei Destillatio zu bestimmten Anlässen im Team zu Schulungszwecken destillieren. Betrachten Sie bitte, wie wir die Anlagen mit einem Holzbrett höher gestellt haben, um den Auffangbehälter unterstellen zu können.

Hier habe ich den Kühler mit Bausteinen erhöht aufgebaut.

Aufbauhöhe

Tatsächlich besitzen die wenigsten Tischdestillen einen Ständer in der richtigen Höhe. In fast allen Fällen ist es nötig, die Anlage erhöht aufzubauen – oder den Ablauf entsprechend durch einen Schlauch nach unten zu verlegen. Es ist wichtig, sich vorher ausreichend Gedanken zu machen, damit Sie nicht im laufenden Betrieb umbauen müssen. Auf dem Bild unten mit der Glasdestille können Sie sofort sehen, dass man fast immer etwas improvisieren muss, sofern man nicht ein perfekt ausgestattetes Laboratorium zur Verfügung hat.

Alleine weil der Glaskolben auf einer Elektrokochplatte erhöht steht, muss man etwas Passendes finden, um auf der anderen Seite der Destille den Auffangbehälter auch entsprechend höher legen zu können. In diesem Fall war es ein Schleifstein aus der Küchenschublade, der zufällig die richtige Höhe hatte.

Auf dem Bild links sehen Sie den Aufbau einer 0,5-Liter-Kolonnenbrennerei. Hier steht die Destille selbst auf einer Mini-Elektrokochplatte, der Kühler wurde mittels einiger Bausteine[14] und einer Glasplatte passend höher gelegt, damit der Glaskolben, der zum Auffangen des Hydrolats dient, dar-

[14] Auch hier habe ich improvisiert. Die Bausteine waren nicht gut geeignet! Durch das Austarieren der optimalen Kühlwassermenge wurden die Steine nass. Die Farbe löste sich und hinterließ überall schwer entfernbare orangefarbene Farbflecken.

Stabilisierung durch einen zufällig bereitliegenden Schleifstein

unter Platz findet. Ein kurzes Stück Schlauch leitet das Destillat direkt in den Kolben. Auf dem Bild rechts sehen Sie, wie ich das Problem mit der Höhe normalerweise in meiner Küche löse. Hier steht eine Arabia-Destille auf dem mitgelieferten Ständer. Ich leite aber mit einem passenden Schlauch das Destillat eine Etage tiefer. Dort liegt ein Brett quer auf der geöffneten Küchenschublade und darauf steht stabil und sicher ein Messzylinder zum Auffangen des Destillates.

Sie sind beim Aufbau gefordert, sich Gedanken zu machen und entsprechend Ihrer Destille und Ihrer Wohnsituation etwas Passendes zu finden, um später zügig und sinnvoll destillieren zu können. Das „Höherlegen" der Destille sollte zur Routine werden.

Das Destillat läuft hier bequem durch den Schlauch eine Etage tiefer.

Kühlung

Neben dem richtigen Aufbau müssen wir uns Gedanken über die Kühlung machen. Mitunter ist eine gut funktionierende Kühlung entscheidend für das Gesamtergebnis, und nicht immer ist es einfach, die Kühlschläuche so zu verlegen, dass die Destille stabil und sicher stehen bleiben kann. Das ist ein Grund, warum wir uns vorher ernsthaft überlegen sollten, welche Kühlmöglichkeiten für die anstehende Destillation in Betracht kommen. Im einfachsten Falle bauen Sie die Anlage einfach **ohne Kühlkreislauf** auf. Dazu können Sie so wie auf dem nachfolgenden Bild einfach einen

Hier habe ich den Kühlwasserauslauf mit dem Zulauf umbunden, damit nichts ausläuft.

Hier kommt das Kühlwasser dank einer Pumpe in einer Wasserschüssel.

Optimal ist ein echter Kühlwasserkreislauf!

Einige wenige der Miniaturdestillen, wie beispielsweise die Easy Moonshine, sind mit Liebigkühlern oder geschlossenen Schlangenkühlern ausgestattet. Bei diesen geschlossenen Systemen kann man nach Belieben Wasser durchpumpen, da es nur am Kühlwasserablauf wieder entweichen kann. Das feine Einstellen der Durchflussgeschwindigkeit entfällt.

Schlauch zwischen Kühlwasserzu- und -ablauf stecken oder alternativ den unteren Zulauf mit Knetmasse, Kaugummi, Korken oder Silikon verstopfen.

Wenn wir uns an dieser Stelle noch überlegen, wie wir nötigenfalls nachkühlen, kann fast nichts mehr danebengehen. Normalerweise genügt es bei einfachen Destillationen, den Kühler mit kaltem Wasser zu füllen und zwischendurch ein- bis dreimal nachzufüllen. Haben Sie einen Überlauf am Kühler, ist dies sehr einfach, Sie können dann schlicht kaltes Wasser mit einem Krug nachgießen. Das überschüssige heiße Wasser läuft bequem, eventuell über einen Schlauch, bis zu einer Spüle oder einem Eimer ab. Auch sehr gut möglich ist es, bei Bedarf Eiswürfel zuzugeben oder noch besser gecrushtes Eis einzufüllen. Mit etwas Übung können Sie auf diese Weise ohne umständliche Schlauch- und Pumpenkonstruktionen auch einfach an einem Tisch oder im Garten destillieren.

Noch besser geeignet ist natürlich ein **echter Kühlkreislauf**, den wir am besten mit einer kleinen Wasserpumpe am Laufen halten. Auf dem Bild oben sehen Sie eine Kolonnenbrennerei auf einer Theke mit einer tiefer stehenden Schüssel. Das Kühlwasser läuft oben ab und plätschert in die Schüssel, die auf einem Barhocker steht. Sehr praktisch, aber vielleicht fragen Sie sich, warum die Schüssel so tief steht? Wir kommen hier zu einem weiteren Problem im Umgang mit kleinen Destillen, zu einem Bereich, den wir vorher ausprobieren müssen und bei dem es einiges zu improvisieren gibt. Die Kunst ist es, einen Kühlkreislauf zu schaffen, bei dem die Pumpe genug Wasser liefert, um den Kühler und alle Schläuche mit ausreichend kühlem Wasser zu beliefern. Zugleich muss das in den Kühler gepumpte Wasser aber auch wieder ablaufen können! Oftmals wird das Wasser schneller in den Kühler hineingepumpt, als es oben durch das oftmals sehr dünne Röhrchen wieder ablaufen kann. Wir müssen dann die Pumpgeschwindigkeit verlangsamen. Viele Pumpen bieten die Möglichkeit, den Wasserstrom zu regulieren, oftmals genügt das aber noch nicht und die Pumpe liefert selbst auf kleinster Stufe noch mehr Wasser, als am Kühler überlaufen kann. Dann verlangsamen wir weiter, indem wir die Destille höher aufstellen als die Pumpe. Die von mir verwendete Pumpe kann nur auf eine Höhe von ca. 60 cm pumpen. Wenn ich sie auf den Barhocker unter der Theke stelle, läuft deswegen weniger durch, als wenn sie ebenfalls auf der Theke stünde. Das sind Feinheiten, die man aber kennen und beachten sollte.

Probedestillation

Die Destille steht nun sicher und Sie sind gut vorbereitet zu einer ersten Destillation. Um Ihre Anlage besser kennenzulernen und die einzelnen Prozesse wenigstens einmal vorher ausprobiert zu haben, empfehle ich

CHECKLISTE — Notwendiges Zubehör für das Destillieren

Sie benötigen zum Destillieren eine Reihe von Dingen, die stets bereitliegen sollten. Vielleicht richten Sie sich einen Destillierkoffer oder eine Kiste mit dem Zubehör und Werkzeug ein.

- ☐ Handschuh/Topflappen
- ☐ Wischlappen/Tücher
- ☐ Teflonband zum Abdichten
- ☐ Ausreichend kaltes Wasser oder Eis
- ☐ Messzylinder
- ☐ Kleine Flaschen
- ☐ Schnapsgläser
- ☐ Etiketten/Stifte zum Beschriften
- ☐ Brennbuch für Notizen
- ☐ Kurzes Alkoholmeter
- ☐ Pipette
- ☐ Schläuche mit verschiedenen Durchmessern
- ☐ Klammern zum Befestigen von Schläuchen
- ☐ Feuerlöscher/Löschdecke

CHECKLISTE — Vor dem Beginn des Destillierens

- ☐ Ist das Geistrohr frei? Können Sie Luft durchblasen oder Wasser durchlaufen lassen?
- ☐ Sind alle Bauteile fest verbunden und sicher?
- ☐ Ist die Höhe geeignet, um das Destillat aufzufangen?
- ☐ Ist die Kühlung vorbereitet? Kühlwasserkreislauf zur Probe laufenlassen oder Wasser und Eiswürfel vorbereiten. Überlauf prüfen.
- ☐ Ist der elektrische Brenner angeschlossen oder der Spiritus-/Gas-/Benzin-Brenner befüllt? Liegt ein Feuerzeug zum Anzünden bereit?
- ☐ Stehen ausreichend Auffangbehälter für das Destillat zur Verfügung?
- ☐ Halten Sie Dichtmaterial bereit (Silkonband, Ton, Roggenmehlpaste)?
- ☐ Können Sie nötigenfalls schnell mit einem Lappen wischen?
- ☐ Haben Sie einen Topflappen oder Handschuh, um auch etwas Heißes sicher fassen zu können?
- ☐ Könnten Sie notfalls ein Feuer löschen (Löschdecke/Feuerlöscher in der Nähe)?
- ☐ Ist das, was Sie destillieren wollen, eingefüllt? Ist der Kessel voll Flüssigkeit?
- ☐ Liegen Messinstrumente bereit?
- ☐ Haben Sie Stifte oder Etiketten in der Nähe, um das Destillat beschriften zu können?

Haben Sie alle Punkte der Checkliste überprüft, dann können Sie den Brenner anzünden und mit dem Destillieren beginnen.

Rosenhut ohne Kühlung – Dampfaustritt (links) und mit einer Kühlung durch eine Sprühflasche (rechts)

Ihnen zunächst einmal ganz simpel, Wasser zu destillieren. Auf den beiden Bildern oben verwende ich, um die Destillation noch einmal klar zu veranschaulichen, eine 0,5-Liter-Rosenhutdestille, ein Modell, welches sich aufgrund der historischen Bauweise gut zum Lernen und Vorführen eignet.

Destille als Raumbeduftung und Aromalampe?

Sie sehen auf dem linken Bild, wie der Dampf direkt aus dem Geistrohr strömt. Leider können Sie es nicht riechen, aber hier verwende ich die Destille als Duftlampe mit ein klein wenig gekauftem Vanilleöl und selbst gemachtem Zimthydrolat. Sehr aromatisch strömt der Duft durch den Raum. Der Siedepunkt für Hydrolat liegt wie beim Wasser bei 100 °C. Sobald das Wasser zu kochen beginnt, steigt der Dampf auf und strömt durch das Geistrohr, was man hier wirklich gut sehen kann. Normalerweise möchten wir beim Destillieren den Dampf aber wieder auffangen und diesen behalten, anstatt ihn einfach in die Luft zu verströmen. Der Dampf trägt die Inhaltsstoffe, auf die es uns ankommt. Wir müssen uns also etwas einfallen lassen, wie wir den Dampf einsammeln können und das geht am besten durch Kühlung. Sobald der Dampf an eine kalte Oberfläche trifft, ändert er den Aggregatszustand von gasförmig zu flüssig. Er kondensiert also, wenn es kalt genug ist, und läuft als Flüssigkeit aus dem Geistrohr heraus.

Luftkühlung vs. Wasserkühlung?

Auf dem rechten Bild habe ich einfach eine Flasche über das Geistrohr gestülpt und besprühe jetzt den Hut und das Geistrohr mit kaltem Wasser. Eine grobe Lösung aus der Vorzeit, bei der man aber direkt sehen kann, wie sofort mit dem Aufsprühen des kalten Wassers der Dampf im Hut kondensiert und anstelle von Dampf ein Destillat aus dem Geistrohr in die Flasche läuft. Hier wird das Prinzip der Destillation sehr anschaulich sichtbar. Wenn Sie etwas über Temperaturen und die Zusammenhänge bei der Destillation lernen wollen, dann können Sie gerne auch einmal Ihre Destille ohne Kühler betreiben und experimentieren. Interessant ist das in jedem Fall und sicher kommen Sie so dem richtigen Gefühl zu Ihrer Destille ebenso wie den Prozessen, die beim Destillieren stattfinden, schnell näher. Wenn Sie alles richtig angehen und Ihre Destille ausreichend gekühlt wird, dann können Sie das ätherische Öl theoretisch wieder zurückgewinnen anstatt es in die Luft zu verdampfen. Aber kehren wir lieber wieder zu unserer Wasserdestillation zurück.

Probieren Sie Ihre Destille auch einmal ohne Kühler aus!

Im besten Fall, wenn die Anlage perfekt aufgebaut ist, alle Dichtungen hundertprozentig sitzen und auch sonst keine Verluste an Flüssigkeit oder Dampf auftreten, dann können Sie die Mengen, die Sie herausdestillieren können, gut berechnen. Bei 500 ml Wasser im Brennkessel könnten Sie theoretisch auch wieder knapp 500 ml Wasser herausdestillieren. Aber eben nur theoretisch. Ein kleiner Teil wird sicher unterwegs in der Destille hängenbleiben!

WICHTIG **Nie mit leerem Kessel destillieren**

Besonders wichtig ist es auch, darauf zu achten, dass der Brennkessel nicht völlig leer wird. Das Kupfer könnte sonst überhitzen und das wiederum könnte zu Materialverspannungen und -ermüdungen führen, die im schlimmsten Fall sogar den Brennkessel zerstören könnten. Oftmals sind kleine Accessoires wie seitliche Griffe am Brennkessel, aber auch wichtige Bauteile, wie beispielsweise das Geistrohr am Destillierhut, angelötet. Bei Überhitzung schmilzt das Lötzinn und Ihre Destille fällt auseinander und wird unbrauchbar. Aus diesem Grund achten Sie bitte darauf, den Kessel niemals leer zu destillieren! Wenn Sie später mit Maische oder Kräutern im Kessel arbeiten, kann auch das Pflanzenmaterial fest einbrennen, falls zu wenig Wasser im Kessel verbleibt. Eine Situation, die Sie vielleicht aus der Küche kennen, nur dass es sich in einem Topf mit großer Öffnung wesentlich einfacher putzen lässt, als in einem kleinen 0,5-Liter-Brennkessel.

Seien Sie nett zu Ihrer Destille!

Bei randvoller Füllung mit 500 ml Flüssigkeit sollten Sie darauf achten, nicht mehr als maximal 375 ml abzudestillieren. Meistens werden Sie, je nach Bauart Ihrer Destille, weniger in den Kessel einfüllen, um ein Überkochen zu vermeiden. Planen Sie bei destilliertem Wasser deshalb **mindestens ein Viertel Verlust** ein, um sicherzugehen. Falls Sie denken, Ihre Destille könnte undicht sein, seien Sie lieber noch großzügiger. Besser zu viel im Kessel lassen, als die Destille kaputt zu machen.

Etwas Geduld beim Anheizen mitbringen!

Sie zünden Ihre Brenner nun also an und warten. Je nach der Stärke Ihrer Flamme und der tatsächlich im Kessel enthaltenen Wassermenge kann es jetzt bis zu 20 Minuten dauern, bis das Wasser zu kochen beginnt und Ihre Geduld belohnt wird. Wenn Sie vorsichtig an den Hut fassen, können Sie fühlen, wie sich die Destille langsam aufheizt und die Temperatur steigt. Dann kommen die ersten Tröpfchen einzeln aus der Geistrohr, bis es richtig zu tropfen oder gar zu fließen beginnt.

Die Destillation läuft ...

Jetzt läuft die Destillation und Sie können sich mit den Temperaturen vertraut machen. Fühlen Sie ein paar Tröpfchen vom Destillat. Fühlt es sich kühl oder eher warm an? Im Idealfall sollte es mit etwa 20 °C, also eher kühl, aus dem Kühler fließen. Bei der oben gezeigten Rosenhutdestille ohne eigenen Kühler bleibt das Destillat mit über 50 oder 60 °C zu warm zur Destillation ätherischer Öle in guter Qualität. Auch für Alkohol liegen die optimalen Temperaturen bei 20 °C. Sie sollten aber auch wissen, dass wir bei der Wasserdestillation eine höhere Temperatur benötigen als beim Alkoholbrennen, weil der Siedepunkt von Wasser höher liegt als der von einem Wasser-Alkohol-Gemisch. Sie können, wenn Sie Ihrem Gefühl nicht vertrauen wollen, die Temperatur auch mit einem Thermometer messen. Zum Messen des Destillates genügt ein normales Glasthermometer, zum Messen des Kühlwassers können Sie bequem ein Schwimmthermometer

Sehr gut: Geben Sie zerkleinertes Eis oder Schnee in den Kühler!

im Kühlkessel schwimmen lassen. Sollte die Temperatur zu hoch sein, dann überlegen Sie, wie Sie die Temperatur weiter senken können. Eiszugabe ins Kühlwasser ist eine große Hilfe, falls möglich können Sie aber auch den Kühlwasserdurchlauf erhöhen. Achten Sie nur darauf, dass Ihr Kühler nicht überläuft. Bei der Destillation von destilliertem Wasser ist die Temperatur nicht allzu wichtig, Sie können die Kühlung zu Beginn also ohne Weiteres auch vernachlässigen. Aber Sie sollten in diesem ersten Durchgang das Temperaturverhalten Ihrer Destille kennenlernen und darauf achten, was sie kann. Die Regulierung der Kühlleistung ist einer der später wichtigen Punkte, den Sie im Schlaf beherrschen sollten. Nur wenn Sie das Limit Ihres Kühlers kennen, können Sie nötigenfalls eingreifen, falls es einmal zu warm wird.

Stimmt die Temperatur des Destillates? Dann scheint alles richtig. Fassen Sie als Nächstes mit den Fingern vorsichtig in das Kühlwasser. Aber Achtung, warmes Wasser steigt nach oben. Das Kühlwasser kann mitunter an der Oberfläche recht heiß sein, auch wenn es unten noch genügend Kühlleistung bringt. Versuchen Sie auch hier ein Gefühl zu entwickeln, um die richtigen Temperaturen und Veränderungen möglichst frühzeitig erkennen zu können.

Die Außenwand beschlägt wegen des starken Temperaturunterschieds bei Eiszugabe in den Kühler.

TIPP **Mehrere Durchläufe**

Am besten probieren Sie Ihre Destille mindestens einmal ohne Kühler aus, ein zweites Mal mit Wasser im Kühler, aber ohne Kühlkreislauf, ein drittes Mal mit dem mit Eis gefüllten Kühler und dann abschließend mit angeschlossenen Kühlwasserschläuchen. So bekommen Sie einen guten Eindruck von den Temperaturunterschieden. An dem Bild rechts oben sehen Sie einen mit Eis gefüllten Kühler. Das Eis ist kalt genug, um die Luftfeuchtigkeit im Raum kondensieren zu lassen, was man gut an dem beschlagenen Metall sehen kann.

Thermometer beim Destillieren?

Die Meinungen gehen zum Thema Thermometer sehr weit auseinander. Während viele Brennmeister meinen, ein Thermometer wäre das wichtigste und absolut unverzichtbare Bauteil einer jeden Destille, bin ich nach wie vor der Meinung, dass ein Thermometer unnötig bleibt, solange Sie Ihren eigenen Sinnen vertrauen. Selbst in großen Industriebrennereien werden die einzelnen Fraktionen im Vorlauf am Ende sensorisch, nämlich über den Geruchs- und den Geschmackssinn, abgetrennt.

Die Gretchenfrage: Destillieren wir besser mit oder ohne Thermometer?

Ein Thermometer kann helfen, aber …

Ein Thermometer kann helfen, rechtzeitig informiert zu sein und es ist auch überaus interessant, beim Destillieren die exakten Temperaturen zu kennen, nach Temperatur zu destillieren, würde ich Ihnen aber trotzdem nicht empfehlen wollen. Schon gar nicht bei den Minidestillen! Man sagt im Allgemeinen, dass man die Temperatur des aufsteigenden Dampfes am höchsten Punkt der Destillieranlage messen soll. Da beginnt das Dilemma, denn was bei meterhohen Destillieranlagen mit vielen fein justierbaren Glockenböden und Zwischenkühlung durchaus sinnvoll sein kann, wird bei einer nur wenige Zentimeter hohen 0,5-Liter-Destille schnell zum Witz. Hier gibt es keinen messbaren Temperaturunterschied zwischen dem aufsteigenden Dampf, dem siedenden Kesselinhalt – und dem darüberliegenden Geistrohr! Und es bleibt auch kaum die Möglichkeit, mittels einer Feineinstellung wie in der industriellen Obstbrennerei den Temperaturbereich zu verändern oder einzelne Fraktionen aufgrund ihrer Dampftemperatur abzufangen. Wir können nur den Kessel beheizen, den Inhalt aufdampfen lassen und alles, was kondensiert, wieder einsammeln. Dabei spielt es letztendlich keine Rolle, ob Sie bei 88 °C destillieren oder genau bei 92 °C abbrechen. Das ist alles nur „graue" Theorie und gut dazu geeignet, unsere Angst zu schüren und uns den Spaß am Destillieren zu nehmen.

Würden wir noch berücksichtigen, dass alle Temperaturangaben nur bei normaler Wetterlage und auf Meereshöhe gelten, dann würde uns schnell klar, wie viele Fehler man bei der Destillation nach Temperaturanzeige verursachen kann, selbst wenn man ein sehr hochwertiges und vielleicht sogar

So wird das nichts: Eigenbau aus Blumenvase mit Thermometer

geeichtes Thermometer verwendet. Das Al-Ambik®-Destillierthermometer beispielsweise ist ein extrem genau anzeigendes Thermometer, welches die Temperaturen nach der deutschen Industrienorm garantiert auf Grad genau anzeigt. Trotzdem erhalten wir immer wieder Rückmeldungen, nach denen das Thermometer angeblich falsch anzeigt, nur weil es kochendes Wasser oftmals nicht mit 100 °C, sondern beispielsweise nur mit 97 °C anzeigt. Das ist aber richtig so! Je nach Höhenlage und Wetterbedingungen ändert sich der Siedepunkt von Wasser – genauso wie der von Alkohol! Wenn Sie in den Bergen leben, dann kocht Ihr Wasser unter Umständen sogar schon bei noch wesentlich niedrigeren Temperaturen. Im Extremfall, auf der Spitze des Mount Everest, liegt der Siedepunkt bei knapp über 70 °C.

Kocht Wasser wirklich bei 100 °C?

WICHTIG **Auf das Gefühl vertrauen**

Aber selbst wenn der Wert eines Thermometers beim Destillieren oft überschätzt wird, möchte ich Ihnen keinesfalls davon abraten, eines oder sogar mehrere Thermometer zu benutzen. Sie sollten nur nicht nach der Anzeige Ihres Thermometers destillieren und versuchen, hierdurch Vor- oder Nachlauf abzutrennen. Ein Thermometer kann unterstützend helfen, die Zeiten und Temperaturen richtig einzuschätzen und genau hierbei leistet es dann auch wertvolle Dienste.

Wertvolle Mischung: das richtige Gefühl des Brennmeisters in Kombination mit einem guten Thermometer

Ich selbst verwende mehrere kleine, gläserne Schwimmthermometer, um die Temperaturen des Kühlwassers, aber auch der Maische beim Einmaischen zu kontrollieren. Diese Schwimmthermometer kosten nur wenige Euro und sind sehr pflegeleicht, ja sogar spülmaschinenfest.

Zusätzlich freunde ich mich zurzeit mit einer digitalen Laserpistole an. Auch wenn mich diese Art der Temperaturmessung früher eher abgeschreckt hat, erziele ich damit vor allem bei den Minidestillen sehr genaue und schnelle Ergebnisse. Es genügt, den Laser auf das Ziel zu richten und dabei den Abzug zu drücken und schon wird sehr zuverlässig die Temperatur angezeigt. Höchst interessant ist dabei vor allem der extrem weite Temperaturbereich. Es ist sowohl möglich, Minustemperaturen bei den Eiswürfeln für das Kühlwasser zu messen, als auch die hohen Temperaturen direkt am Brenner oder an der Kochplatte. Auch wenn die meisten dieser Temperaturen eher unwichtig beim Destillieren bleiben, macht es doch eine Menge Spaß, allerlei Temperaturen an allen möglichen und unmöglichen Orten einzulesen. Dank der durchgehenden Ablesbarkeit kann man auch

Zusätzliche Thermometer sind eine Unterstützung, um Temperaturverläufe richtig einzuschätzen.

während der Destillation sehr gute Ergebnisse erhalten und Temperaturverläufe mitlesen. Selbst wenn wir den Brennkessel, den Hut oder das Geistrohr immer nur von außen messen können, erhalten wir mit einer Messpistole gute Ergebnisse. Aufgrund der extrem hohen Temperaturleitfähigkeit von Kupfer ist die Temperatur außen am Kupfer der Temperatur im Inneren sehr ähnlich und wir können direkt auf den Destillationsverlauf rückschließen. Die Preise liegen je nach Qualität und Hersteller zwischen 20,– und 50,– Euro und ich würde Ihnen auf jedem Fall zur Anschaffung eines solchen feinen Gerätes raten, vor allem wenn Ihre Destille nicht serienmäßig mit einem festen Thermometer ausgestattet sein sollte.

Sind fest montierte Thermometer besser geeignet?

Ein fest am Hut oder Geistrohr der Destille montiertes hochwertiges Thermometer wäre letztendlich eine noch bessere Lösung, auch wenn es aufgrund des stark eingeschränkten Platzangebotes oftmals kaum möglich ist, hier ein richtiges Thermometer zu montieren. Nachstehend möchte ich Ihnen noch einen kleinen Überblick über die Vor- und Nachteile der unterschiedlichen Thermometertypen beim Destillieren geben.

TIPP **Gute Thermometer verwenden**

Und noch ein Tipp vorweg, wenn Sie schon mit Thermometer destillieren, dann bitte mit einem guten. Nur wenn Sie sich auf die Ergebnisse verlassen können, ist das Destillieren mit einem Thermometer sinnvoll!

Kleine Thermometerkunde

Glasthermometer

Das sollte man wissen, wenn man mit einem Glasthermometer arbeiten möchte!

Wenn Sie sich eine Minidestille mit vorinstalliertem Thermometer kaufen, dann ist die Wahrscheinlichkeit sehr hoch, dass es sich dabei um ein Glasthermometer handelt. Ich empfehle Ihnen, sich mit Ihrem Glasthermometer und seiner Funktion etwas genauer auseinanderzusetzen und die Genauigkeit gelegentlich zu überprüfen. Bei falscher Lagerung, aber auch bei hohen Temperaturunterschieden kann es im Lauf der Zeit zu starken Abweichungen kommen. Hierzu müssen wir wissen, dass die meisten Thermometer seit Jahren aus Umweltschutzgründen mit sogenannten „selbstbenetzenden" Flüssigkeiten, zumeist in roter oder blauer Farbe, befüllt werden. Im Gegensatz zu den dauerhaft exakt anzeigenden früheren Quecksilberfüllungen können sich diese Messflüssigkeiten nicht wieder komplett in sich zusammenziehen. Mit jedem Ausdehnen benetzt die Flüssigkeit die Thermometerinnenwände, ein winziger Teil der Flüssigkeit bleibt bei jedem Abkühlen sozusagen „auf der Strecke" im Röhrchen hängen. Im schlimmsten Fall kann die Flüssigkeit sogar eintrocknen und dadurch zu verfälschten Ergebnissen führen.

TIPP **Richtig lagern**

Lagern Sie Glasthermometer nach Möglichkeit aufrecht stehend und bei möglichst gleichbleibenden Temperaturen!

Ansonsten zeigen die meisten sogenannten Universalthermometer die Temperaturen recht zuverlässig an, auch wenn die Ablesbarkeit oftmals zu wünschen übrig lässt. Speziell für den Destillierbereich angefertigt, sind extra lange Glasthermometer erhältlich, die Temperaturen in 0,2-Grad-Schritten anzeigen können und daher wesentlich genauer ablesbar bleiben. Des Weiteren sind manche Thermometer speziell auf den höheren Temperaturbereich beim Destillieren abgestimmt. Die meisten Thermometer werden auf 20 °C justiert und zeigen dann in diesem Temperaturbereich die wenigsten Abweichungen, spezielle Thermometer zum Destillieren können in der Produktion auch auf 60 oder 80 °C eingestellt werden.

Universal- oder Spezialthermometer?

Glücklicherweise sind die meisten Glasthermometer gut austauschbar, sodass Sie bei Interesse ohne großen Aufwand ein eventuell zu kleines und schlecht ablesbares Universalthermometer gegen ein genaueres Laborgerät austauschen können. Mit einem selbst gebohrten Loch und einem passenden Gummistopfen lassen sich die meisten Minidestillen bei Bedarf auch gut nachrüsten. Glasthermometer zeigen in der Regel aufsteigende Temperaturveränderungen schnell und zuverlässig an und verzögern nur beim Wiederabkühlen um einige Sekunden. Wenn Sie es sehr genau wissen wollen, dann können Sie auch ein echtes Quecksilberthermometer aus dem Laborbedarf kaufen. Allerdings sollten Sie dann wirklich gut aufpassen, falls das Thermometer zerbricht, treten Quecksilberdämpfe aus. Quecksilber ist wirklich sehr umweltschädigend und ungesund.

Bitte bei Quecksilber gut aufpassen!

Bimetall-Thermometer

Bei den legalen Minidestillen spielen Bimetall-Thermometer eher eine untergeordnete Rolle, obwohl sie den Glasthermometern gegenüber einige Vorteile aufweisen. In erster Linie sind die Temperaturen mit Bimetall-Thermometern aufgrund der intuitiv ablesbaren Messskalen sehr gut nebenher „im Auge" zu behalten. Meistens genügt ein kurzer Blick, um die

Wie genau messen wir mit einem Thermometer aus dem Baumarkt?

Temperatur zu erkennen. Aber auch hier sollte man sich mit der Qualität des Thermometers auseinandersetzen. Im Bastlerbereich verwendet man oft einfache Heizungsthermometer aus dem Baumarkt, was ich Ihnen aber in keiner Weise empfehlen würde. Heizungsthermometer reagieren nur träge auf Temperaturveränderungen und können Ihnen allenfalls einen groben Überblick über die Temperatur im Inneren Ihrer Destille verschaffen.

Die meisten Bimetall-Thermometer messen über eine einfache Feder aus zwei Metallen mit unterschiedlichen Dehnungseigenschaften bei Temperaturveränderungen. Dadurch kann je nach Temperatur am Messfühler der Zeiger am Ende der Feder mitgedreht werden und an der Messskala anzeigen, wie stark die Dehnung war. Bei dieser einfachen Methode sind Abweichungen von bis zu 10 % keine Seltenheit. Erst bei den höherwertigen Industriethermometern sorgt ein feine Spirale für eine genaue Anzeige.

Deutsche Industrienorm = garantiert aufs Grad genau

Wenn Sie mit einem Bimetall-Thermometer destillieren, dann verwenden Sie am besten eines nach der Deutschen Industrienorm, denn dann können Sie sich darauf verlassen, dass Ihre Anzeige auch garantiert auf 1 °C genau anzeigt. Speziell zur Destillation sind entsprechende Destillierthermometer im Handel erhältlich, die dann auch in dem für die Destillation wichtigen Temperaturbereich am genauesten anzeigen und am schnellsten reagieren.

Ein Nachteil bei den Bimetall-Thermometern ist die Größe. Oftmals wirken die relativ großen Armaturen auf einer zierlichen Hobbydestille fehlplatziert. Wenn Sie nachrüsten wollen, genügt es meistens, ein Loch zu bohren und das Thermometer einzuschrauben. Sie sollten nur darauf achten, dass der Messfühler bis zu 4 cm in den Hut hineinragt und dass Sie von innen noch mit den kupfernen Beilagescheiben und Muttern zum Verschrauben kontern müssen. Je nach den Abmessungen Ihrer Destille könnte das schon eine recht fummelige Angelegenheit werden.

Digitale Thermometer

Das digitale Thermometer: Was taugt die moderne Variante?

Im Wesentlichen würde ich Ihnen von digitalen Thermometern abraten, obwohl die Ausführungen mit den feinen Messfühlern an langen Kabeln geradezu perfekt geeignet wären, um auch im kleinsten Geistrohr noch die Temperatur messen zu können. Leider habe ich noch kein digitales Thermometer entdeckt, welches den Messbereich, den wir beim Destillieren benötigen, abdeckt. Wenn Sie sich die Herstellerangaben der digitalen Thermometer durchlesen, dann entdecken Sie sicher die Begriffe „Intervall" und „Latenzzeit". Diese Angaben sind ein Hinweis darauf, dass digitale Thermometer die Temperatur nicht durchgehend bemessen können, sondern beispielsweise alle zwei Sekunden ein Messergebnis liefern. Dazu können wir dann noch die Latenzzeit addieren, also die Zeit, die benötigt wird, um die Temperaturimpulse vom Messfühler über das Kabel bis zur digitalen Anzeige zu transportieren und für uns sichtbar umzurechnen. Damit ist das Thermometer dann leider nicht mehr schnell und wird bei einer beginnenden Dampfdestillation sicher zu langsam sein, um uns noch ernsthaft helfen zu können.

Infrarot-Laserthermometer

Hierzu brauche ich nicht mehr viel sagen, hatte ich Ihnen doch eingangs schon vorgeschwärmt, wie ich mich zuletzt beim Umgang mit den Hobbydestillen doch endlich mit einem Laserthermometer anfreunden konnte. Das Tolle ist eigentlich die durchgängige Messung. Solange man den Abzug gedrückt hält, werden neue Messergebnisse angezeigt, was es möglich macht, einen Kessel anzuvisieren und live zu verfolgen, wie die Temperatur klettert. Dabei kann man jederzeit auch den Messpunkt ändern. Es ist hierbei nur wichtig zu wissen, dass man immer die Oberfläche, also genau genommen die Außenhaut der Destille, bemisst und nicht das Innere im Kessel. Und auch wenn die Hersteller teilweise damit werben, dass man mit so einem Thermometer noch im Nebenzimmer Fieber messen könnte, ist das nicht ganz richtig. Der Infrarotstrahl strahlt trichterförmig ab. Das bedeutet, je weiter entfernt ein Objekt steht, umso ungenauer und durch die Latenzzeit verspäteter wird die Messung ausfallen.

Praktisch: der schnelle „Schuss" aus der Hüfte

Mit all diesem theoretischen Wissen sind Sie jetzt bestens gerüstet, um sich endlich ans Werk zu machen und praktisch zu destillieren.

Destillate selbst herstellen

Ich hoffe, die Einleitungen am Anfang des Buches waren nicht zu abschreckend? Doch mit dem nötigen Rüstzeug kann man mit den Minidestillen tolle Produkte selber machen. Destillieren ist keine Hexerei – auch nicht mit einer Kleinbrennerei. Die schnellsten und besten Ergebnisse erzielen wir als Anfänger bei der Geistherstellung, vor allem beim Gin! Ein guter Grund dafür, dieses Alkoholkapitel mit der Herstellung eben dieser leckeren Geiste(r) zu beginnen.

Die Geister, die ich rief ...

Glauben Sie mir, das Herstellen eigener Geiste mit einer Kleindestille ist eine wahre Freude. Haben Sie erst einmal damit begonnen, kann sich dieses anfänglich harmlos erscheinende Hobby schnell zu einer echten Sucht ausweiten. Nicht wegen der Gefahr, Alkoholiker zu werden, sondern wegen der schier unbegrenzten Geschmacksnuancen, die Ihnen hier offenstehen.

Einer spiritistischen Anrufung gleich beschwören wir bei der Destillation den Geist des Alkohols. Der „gute" Geist möge doch bitte die Aromen aus der verwendeten Grundlage befreien und zu uns heraustragen. Der später in der Flasche gefangene Geist soll weiter bis an unseren Gaumen gelangen. Wenn wir hierbei entsprechend umsichtig und weise handeln, wird der Geist uns hörig sein und unseren Aufwand mannigfaltig entlohnen. Wenn wir unseren Zaubertrunk richtig zubereiten, die Grundlagen sanft variieren oder austauschen, eröffnen sich auch dem Neueinsteiger schnell neue, bislang unerforschte Geschmackswelten und damit verbundene „Aha"-Erlebnisse. Dabei ist das eigentliche Herauslocken der Aromen durch den Geist des

Alkohols nicht einmal besonders schwierig oder kompliziert. Für die ersten Versuche genügt sogar eine einfache Destillieranlage, egal welcher Bauart. Am besten probieren Sie zunächst, bekannte Geiste zu destillieren. Sie werden schnell bemerken, wie stark Ihnen die Aromen erscheinen, wenn Sie diese selber zugeben und frisch entgeisten. Geben Sie typische Aromaträger wie Wacholder, Kümmel oder Anis einfach zusammen mit einem möglichst aromaneutralen Alkohol in die Brennblase Ihrer Destille und heizen Sie auf. Das ist alles. Schon nach kurzer Zeit können Sie die ersten Tropfen Ihres eigenen Wacholder-, Kümmel- oder Anisgeistes verkosten. Garantiert frisch und lecker ...

Wir rufen den Alkoholgeist ...

Alkohol für die Geistherstellung

Möchten Sie es sich bei Ihren ersten Versuchen einfach machen? Dann bleiben Sie mit einem gekauften klaren Wodka oder (Doppel-)Korn auf der sicheren Seite. Beide Varianten zeichnen sich normalerweise durch einen neutralen Geschmack aus, den Sie durch das Destillieren weiter neutralisieren, zugleich aber mit den Aromen der von Ihnen verwendeten „Botanicals" anreichern.

Destillieren ist keine Hexerei!

Primasprit, Wodka oder Korn = die perfekten Grundlagen

Alternativ und zum Ansetzen von trockenen Gewürzen oder Nüssen noch besser geeignet, können Sie auch einen hochprozentigeren Primasprit verwenden. Manche Aromen lösen sich mit hochprozentigem Alkohol besser heraus. Wenn Sie beim Einkaufen auf die „Prozente" achten, dann finden Sie sicher bald einen günstigen klaren Primasprit in einem der vielen Discounter und Billigmärkte um die Ecke. Oder Sie verwenden gleich einen nahezu reinen Alkohol[15] aus der Apotheke. Leider sind die Apothekenalkohole sehr teuer und es ist bei der Geistdestillation im Hobbybereich nicht nötig, einen so hochprozentigen Alkohol zu verwenden. Falls Sie doch mit sehr Hochprozentigem arbeiten möchten, dann empfiehlt es sich, die Früchte zunächst mit einer kleineren Menge Alkohol anzusetzen und die Mischung vor der Destillation mit Wasser wieder auf etwa 40 Vol.-% herabzusetzen.

WICHTIG **Siedepunkt**

Je höher der Alkoholgehalt Ihrer Grundlage, umso niedriger der Siedepunkt beim Destillieren und umso leichter entzündlich sind die Dämpfe.

Oder doch lieber Weingeist?

Wenn Sie eher spirituell veranlagt sind, verwenden Sie wie von Paracelsus empfohlen am besten einen Weingeist. Entweder einen gekauften Weinbrand, oder besser, weil neutraler im Aroma, einen selbst aus einem Wein hochprozentig ausdestillierten Weinbrand. Um schneller auf ein klares Aroma und höhere Prozente zu kommen, können Sie auch einen Weinbrand kaufen und einfach noch einmal destillieren. Auch Rum eignet sich, bringt aber oft noch eigene Aromen ins Bukett. Am preisgünstigsten selbst herzustellen wäre ein neutral ausgebrannter Alkohol aus Zuckerwasser.

Probieren geht über Studieren!

Hat Ihnen geschmeckt, was Sie da so unkompliziert nebenher Ihrer Destille an Aromen entlockt haben? Dann sind Sie bereit zu experimentieren! Selbst wenn Ihnen außer Kümmel, Anis und Wacholder keine anderen Gewürze zur Verfügung stünden, könnten Sie noch stark unterschiedliche Aromen einfangen. Probieren Sie es aus! Es macht einen Unterschied, ob Sie, wie beschrieben, die „Botanicals" direkt mit einem klaren Wodka destillieren oder ob Sie die Kräuter vorher 14 Tage einlegen und ziehen lassen. Der gute Geist des Alkohols, der „Spirit" Ihrer Spirituose, wird Ihnen je nach Verfahrensweise unterschiedliche Aromen an Ihre Geschmacksnerven lie-

[15] Ein Alkohol kann in der Regel nicht hochprozentiger als knapp über 95 Vol.-% gebrannt werden. Wenn Sie auf chemischem Wege höherprozentig hergestellte Alkohole in der Apotheke kaufen, werden diese sich alleine aufgrund der Luftfeuchtigkeit wieder auf 95 Vol.-% herunterregeln.

Name

Straße

PLZ Ort

Telefon

E-Mail

☐ (Pflichtfeld) Ich bestätige, dass ich das 16. Lebensjahr vollendet habe und erteile meine ausdrückliche Zustimmung, dass die von mir oben angegeben Daten durch die Leopold Stocker Verlag GmbH zum Zweck der Vertragserfüllung und Leistungserbringung verarbeitet und an Auftragsverarbeiter weitergegeben werden, UND dass

☐ die angegeben Daten durch die Leopold Stocker Verlag GmbH zum Zweck des Newsletterversands verarbeitet, an Auftragsverarbeiter weitergegeben werden und ich werbliche Informationen und Angebote via Post, E-Mail, Telefon erhalte.

Ich kann meine Zustimmung jederzeit widerrufen. Dafür wende ich mich an die Leopold Stocker Verlag GmbH (Hofgasse 5, A-8010 Graz; Tel: 0043316/821636; E-Mail: datenschutz@stocker-verlag.com). Alle Infos: www.stocker-verlag.com/datenschutz.

Datum____________ Unterschrift ____________________

Bitte frankieren!

ANTWORTSENDUNG

Leopold Stocker Verlag

Postfach 438
Hofgasse 5
8011 Graz

Liebe Leserin, lieber Leser,

herzlichen Dank für Ihr Interesse an unseren Büchern! Der Leopold Stocker Verlag ist ein unabhängiges Familienunternehmen, deshalb ist uns der Kontakt mit unseren Kunden besonders wichtig. Wir senden Ihnen in Zukunft gerne Informationen über unsere Neuerscheinungen zu und bitten Sie, uns Ihre Fragen, Wünsche und Anregungen mitzuteilen!

Mit herzlichen Grüßen

Mag. Wolfgang Dvorak-Stocker

Diese Karte entnahm ich dem Buch: ______________________

Fragen/Anregungen/Kommentare und Kritik zu diesem Buch oder unserem Programm:

____

____

____

Leopold Stocker Verlag GmbH, Hofgasse 5, 8010 Graz, Österreich
Tel.: +43/316/82 16 36, Fax: +43/316/83 56 12, E-Mail: stocker-verlag@stocker-verlag.com

Besuchen Sie uns auch im Internet: www.stocker-verlag.com

stv

fern. Lassen Sie die Kräuter länger ziehen, werden die Aromen intensiver, oftmals auch voller und runder. Aber eben nur oftmals. Zugleich lösen sich auch etliche nicht ganz so flüchtige Aromen und Nebenstoffe. Das Destillat kann herbe, vielleicht sogar bittere zusätzliche Aromen entwickeln. Ob das ein Vor- oder ein Nachteil sein wird, das kann letztendlich nur Ihr eigener Geschmackssinn entscheiden. Oftmals sind Bittertöne gewünscht und runden ein Aromaerlebnis erst ab. Lassen Sie Ihre Zunge entscheiden und kreieren Sie eigene Vorlieben.

Vertrauen Sie Ihren eigenen Vorlieben!

TIPP **Neues ausprobieren**

Genau genommen spielt es fast keine Rolle, welche Grundlage Sie im Hobbybereich verwenden. Selbst ein stark aromatischer Fruchtwein würde nach dem Brennen zu einem einmaligen Geschmackserlebnis beitragen, wenn sich die Aromen aus dem ursprünglichen Getränk bis in der Geist retten und dort mit den dazugegebenen Kräutern, Früchten und Gewürzen harmonieren. Sie dürfen und Sie sollen experimentieren und Spaß haben! Auch beim Sammeln von Erfahrungen und Verkosten. Und denken Sie daran, im Hobbybereich ist alles erlaubt, solange die Größe der Destille die gesetzlichen Bestimmungen nicht überschreitet.

Wichtig: Sie dürfen beim Destillieren auch Spaß haben!

WICHTIG **Geistherstellung laut Gesetz**

In der Verordnung (EG) Nr. 110/2008 des Europäischen Parlamentes sind die gesetzlichen Vorgaben für das, was einen „Geist" ausmacht, eindeutig festgelegt.

1. Ein Geist darf nur aus zuckerarmen Früchten oder Beeren hergestellt werden. Zuckerhaltige Früchte wie Birnen, Aprikosen, Kirschen etc. dürfen nicht verwendet und sollten eingemaischt und zu einem Edelbrand verarbeitet werden.

2. Es darf nichts anderes beigegeben werden als Alkohol und ein Aromaträger. Beispielsweise ergeben Haselnüsse und Primasprit einen Haselnussgeist. Die Zugabe von anderen Nüssen beispielsweise wäre nicht erlaubt!

3. Destillate, die durch das Ansetzen verschiedener Gewürze, aber auch Blüten oder Gemüse etc. aromatisiert und später abdestilliert werden, sind laut Gesetz keine Geiste, sondern „Spirituosen".

... und was sagt das Gesetz?

Sie sehen, dass unsere EU-Verordnungen auch bei der Geistherstellung stark regulierend eingreifen, was ja wahrscheinlich für uns Verbraucher auch gut ist. So können wir sicher sein, einen echten Haselnuss- oder Himbeergeist zu kaufen, wenn wir in einer uns unbekannten Brennerei zu Besuch sind. Die Gesetze verhindern, dass uns jemand mit künstlich aromatisiertem Industriealkohol in die Irre führt und diesen als „echten Geist" anbietet. Auch künstlich aromatisierte Getränke müssen als Spirituose gekennzeichnet werden.

Als Hobbybrenner müssen Sie die gewerblichen Verordnungen nicht einhalten!

Zum Glück müssen wir uns als Hobbybrenner nicht daran halten. Privat dürfen wir nach Belieben Inhaltsstoffe vermischen oder Birnen- oder Blütengeiste herstellen. Wir dürfen privat sogar noch einige Schritte weitergehen und „undenkbare" Geiste destillieren. Erlaubt ist, was gefällt! Theoretisch können Sie alles destillieren! Sie glauben das nicht? Probieren Sie es aus! Destillieren Sie beispielsweise die restlichen Lebkuchen aus der Weihnachtsbäckerei mit Glühwein für einen sehr weihnachtlichen Geist. Oder ein paar Stücke „Serrano"-Schinken in Brandy zu Ehren Andalusiens. Lassen Sie Ihrer Fantasie freien Lauf und genießen Sie diese Freiheiten, die Sie als gewerblicher Brenner niemals auskosten dürften. Nicht alles ist schlecht, bei manchen Anwendungen sind wir Hobbydestillateure sogar im Vorteil ...

Natürlich können wir unsere Brände und Geiste auch benennen und etikettieren, wie wir wollen. Nur verkaufen dürfen wir nicht, verschenken schon!

Dampfdestillation

Haben Sie zwischenzeitlich etwas experimentiert und Ihre Destille kennengelernt? Beispielsweise mit unterschiedlichen Einweich- oder Mazerationszeiten? Konnten Sie Unterschiede im Aroma feststellen? Dann freuen Sie sich sicher über diese Möglichkeit, um aus Ihrem Pflanzenmaterial feinste Aromen herauszudestillieren: die Dampfdestillation.

Hier wird die Destille zur Dampfmaschine!

Hierbei geben Sie die Aromaträger in einen separaten, über dem Brennkessel liegenden Dampfraum der Destille, der dann nach dem Aufheizen vom Alkoholgeist durchströmt wird. Der Geist kommt hierbei nur kurz mit dem Pflanzenmaterial in Berührung und wird nur die feinsten und besonders leicht flüchtigen Aromen und ätherischen Öle einfangen und mitschleppen. Ein edles Verfahren, das je nach Art der verwendeten Pflanzen zu besonders feinen Nuancen führt, mitunter aber auch weniger aromatische Ergebnisse liefert, als wenn man die Pflanzen, Gewürze oder Kräuter direkt in den Kessel gibt. Generell gilt, dass Sie alle Pflanzen, die ätherische Öle enthalten, besonders gut durch Dampf destillieren können, und immer aromatische Ergebnisse erzielen werden. Aber ebenso, wie man aus weniger ölhaltigen Pflanzen noch aromatische oder wirksame Pflanzenwässer (Hydrolate) herstellen kann, so können wir auch aus vielen Pflanzen, wie zum Beispiel Himbeeren, Orangen oder Birnen, noch aromatische Alkohole herstellen oder zumindest das Aroma verstärken.

Sie sehen, alleine durch die Art der Destillation können Sie das Ergebnis entscheidend beeinflussen. Was denken Sie, wie stark sich das Ergebnis verändert, wenn Sie die Menge der Pflanzen variieren oder verschiedene Pflanzen miteinander mischen? Am besten probieren Sie es einfach aus. Nachstehend habe ich noch einige praktische Hinweise zu meinen Lieblingsgetränken für Sie aufgeschrieben.

Geiste mit der Kleinbrennerei destillieren

Anis

Anis wird oft unterschätzt oder gar nicht erst als Bestandteil unserer „normalen" Drinks gesehen. Dabei hat Anis so **viele Aromen** zu geben und ist zugleich besonders **einfach zu verarbeiten**. Alleine aus diesem Grund sollten wir uns näher mit dem Anis beschäftigen. Spätestens wenn man in einem griechischen Restaurant einen „Ouzo" auf den Tisch gestellt bekommt, wird klar, da steckt etwas kräftig Aromatisches drin. Aus der Türkei kennen wir den „Raki", der in den eher arabischen Nachbarländern zum „Arak" wird. In Spanien bekommt man einen „Anis" in süß oder herb, auf Wunsch auch gemischt mit Brandy als „Sol y Sombra" (Sonne und Schatten). In Frankreich wird wegen der schön anzusehenden milchigen Trübungen der „Pastis" mit Wasser aufgegossen und in Italien serviert man „Sambuca" stilvoll mit einer Kaffeebohne. All diesen Drinks ist eines gemeinsam, sie sind Destillate mit Anis. Wenn wir noch genauer hinsehen, dann finden wir Anis auch als Beimischung in Absinth, in Gin ebenso wie in verschiedenen Kräuterschnäpsen.

Anis ist so einfach zu destillieren und zugleich so vielseitig ...

Anis, Sambuca, Ouzo, Raki, Pastis ...

So vielfältig wie die vielen Sorten unter den Anisschnäpsen, so vielfältig sind auch die Herstellungsprozesse und die Möglichkeiten in der Verwendung. Anis kann wie beim Ouzo beispielsweise schon beim Einmaischen zugegeben und mit den anderen Zutaten zusammen vergoren oder einfach nur in einem beliebigen Alkohol angesetzt werden. Als dritte Variante eignet sich Anis auch extrem gut zur sofortigen Destillation und kann dabei sowohl durch Dampf als auch direkt im Brennkessel destilliert werden. Das ist aber noch lange nicht alles, denn Anis kann zunächst auch als ätherisches Öl mit Wasser abdestilliert und später wieder dem Alkohol zugegeben werden – ein Verfahren, das oft in der Likörherstellung angewendet wird. Anisaromen sind auch in der Industrie beliebt, weswegen zumeist auch unterschiedlichste Fertigmischungen und Aromaessenzen zur Getränkeherstellung gekauft werden können.

Nur ein Narr macht keine Experimente.
(Charles Darwin)

TIPP **Experiment**

Für ein reines Anisaromaerlebnis empfehle ich Ihnen, zunächst einfach eine halbe Flasche Weißwein im Brennkessel Ihrer Destille mit drei Esslöffeln Aniskörnern (ca. 40 g) zu destillieren. Da der Wein zumeist nur etwa um 10 Vol.-% Alkohol enthält, können Sie das Ergebnis direkt nach dem Destillieren bei etwa 40 Vol.-% im Gesamtergebnis verkosten. Bei etwa 375 ml Wein sollten Sie bequem eine ausreichende Menge zum Füllen von zwei oder drei 20-ml-Schnapsgläschen destillieren können. Lassen Sie es sich schmecken, das ist ein Anis in seiner reinsten Form.

Interessant wäre es auch, eine Probe in einem Reagenzglas aufzuheben und einen weiteren Versuch zu unternehmen. Setzen Sie in einem Einmachglas oder in einer Flasche die gleiche Menge Anis mit der anderen Hälfte der Weinflasche an und lassen Sie das Ganze eine Woche lang ziehen, bevor Sie destillieren. Vergleichen Sie das Ergebnis.

Zum Dritten versuchen Sie das Gleiche noch einmal, indem Sie den Anis mit Wodka oder Korn destillieren. Hierbei wird das Ergebnis deutlich höherprozentig ausfallen und Sie sollten mit destilliertem oder gefiltertem Wasser so weit verdünnen, dass Sie auf eine Trinkstärke von ca. 40 Vol.-% kommen. Vergleichen Sie erneut ...

Hier destillieren wir Anis mit Wodka in einer 2-Liter-Pot-Still-Destille.

Vielen Anisspirituosen werden weitere Aromaträger zugegeben. Das ist offiziell erlaubt, solange Anis die Hauptzutat bleibt und der Drink später auch nach Anis schmeckt. Im Hobbybereich dürfen Sie mischen, was immer Ihnen schmeckt. Experimentieren Sie weiter, indem Sie beispielsweise kleine Mengen Fenchel, Kümmel oder Süßholz zugeben.

Gin & Genever

Mögen Sie Gin? Dann kann ich Ihnen im Umgang mit einer Tischdestille viel Spaß garantieren. Bei kaum einer anderen Alkoholsorte kann man so schnell und unkompliziert so einmalig leckere Ergebnisse erzielen. Die möglichen Variationen sind unendlich und es bleibt viel Spielraum für eigene Kreationen.

Mein Tipp: Freunden Sie sich mit den Möglichkeiten bei der Gin-Destillation an!

Das Beste am Gin ist aber auch die Menge, die wir mit einer Kleindestille erzielen können. Sie werden es kaum glauben, aber wenn wir etwas mit gekauftem Doppelkorn tricksen und uns nicht als Brennmeister, sondern als Destillateur verstehen, dann können wir ohne Weiteres zehn Liter vom feinsten Gin in einem Durchgang selber herstellen. Wie das geht, verrate ich Ihnen am Ende dieses Abschnittes über Gin. Beim Gin ist alles erlaubt und es bleiben uns viele Wege, um einen Gin herzustellen.

Wir können zehn Liter Gin mit der Minidestille selber herstellen!

Ursprünglich war ein Gin ein einfacher, brutal rauer Kornbrand, der erst durch die Zugabe von Wacholder genießbar gemacht wurde. Ein frisch destillierter Korn war im 16. Jahrhundert relativ billig herzustellen, aber in den frühen Jahren der Destillierkunst nicht jedermanns Sache. Daher

Kräuter und Gewürze für den Destillateur.

Trotz der bunten Gewürze tropft der Gin farblos aus der Destille.

kamen findige Brennmeister auf die Idee, das fuselige Kornaroma ihrer Brände mit dem starken Aroma des in unseren Breiten überall beheimateten Wacholders nachträglich zu aromatisieren. Jeder Brennmeister fand seine eigene Rezeptur und mischte weitere Gewürze, Früchte oder Kräuter (Botanicals) dazu.

Einzigartig vielseitig dank über 120 Botanicals!

Heute kennen wir für die oftmals geheimen Gin-Rezepturen bis zu 120 verschiedene Zutaten. Hier bleibt wirklich genug Spielraum und Sie werden im Laufe eines Lebens vermutlich nicht dazu kommen, alle Facetten und Mischungen, die beim Gin möglich sind, auszuprobieren und zu verkosten.

Auch aus diesem Grund experimentieren die Brennmeister auf der Suche nach neuen Aromaerlebnissen oftmals mit kleinen Tischdestillen. Destillateure brennen einzelne Aromen in kleinen Destillen und mischen diese erst später zu einem runden harmonischen Aromaerlebnis mit einem neutralen Kornbrand. Genau wie bei uns im Hobbybereich gelingt es den Meistern so, auf unkomplizierte Weise völlig neue Aromanoten zu entdecken oder spezielle Kompositionen auszuprobieren. Und was die Brennmeister mit so einer Miniaturdestille können, das können Sie zu Hause schon lange! Probieren Sie es aus, die meisten Grundzutaten finden Sie sicher schon in Ihrem Küchenregal!

TIPP **Grundrezept**

Auf 500 ml von einem neutralen Korn geben Sie zunächst bis zu maximal 20 g (vier Esslöffel) Wacholderbeeren. Ich empfehle, die Beeren anzubrechen, was mit einem Pürierstab mit Zerkleineneraufsatz sehr schnell geht. Dann genügen oft schon 10 g, da Wacholder relativ intensiv im Geschmack ist. Wenn Sie das Destillieren zu Ihrem Hobby wachsen lassen, dann würde ich Ihnen die Anschaffung eines guten Zerkleinerers empfehlen. In fast allen Bereichen lohnt es sich, das Pflanzenmaterial vor der Verwendung zu zerkleinern und man spart sich wirklich viel Arbeit, wenn man nicht mit einem Messer oder einem Mörser arbeiten muss.

Der Ansatz für einen Gin: Korn mit Gewürzen

TIPP **Variation des Rezeptes**

Beim ursprünglichen holländischen Genever wurden die Botanicals bereits beim Einmaischen zugegeben, was zu einem „deftigeren" Aroma beiträgt, bei dem man aber die Feinheiten der unterschiedlichen Gewürze kaum mehr herausschmecken kann. Falls Sie diesen Weg gehen möchten, dann setzen Sie am besten eine Getreidemaische an und kochen Sie nach dem Abläutern des Malzes direkt die entsprechenden Aromaträger mit. Verfahren Sie, wie wenn Sie bei einem Bier den Hopfen zugeben würden. So erhalten Sie eine gute und leicht zu verarbeitende würzige Grundlage für eigenen Genever. Ich empfehle zur Herstellung von Getreidemaische gerne den Braumeister der Firma Speidel in der 20-Liter-Variante. Mit diesem Gerät können Sie die einzelnen Schritte bis zum Abläutern und anschließenden Einkochen der Würze programmieren und sich einiges an Arbeit ersparen. Dazu verrate ich später im Kapitel über die eigentliche Herstellung von Alkohol noch mehr.

Die Wacholderbeeren sind aber nur die Hauptzutat! Je nach Sorte kommen weitere Aromaträger dazu. Vertrauen Sie Ihren eigenen Vorlieben und geben Sie nach Geschmack weitere „Botanicals" in den Ansatz. Für den Anfang besser geeignet sind eigene Gins, die aus „nur" drei oder vier weiteren Zutaten gebrannt werden. Auch kann es sinnvoll sein, den Wacholder getrennt vom Rest anzusetzen oder einige Tage länger ziehen zu lassen.

Ein Gin muss nach Wacholder schmecken!

Erst wenn Sie sich in der Harmonie der Zusammensetzungen sicherer sind, sollten Sie es mit mehreren Zutaten gleichzeitig versuchen und weitere Feinheiten hinzudestillieren.

Die leckersten Zutaten aus dem Gewürzregal

Besonders gut als „Botanical" geeignet sind Fenchel, Anis, Piment, Koriander, Kardamom, Pfefferkörner, Zimt oder Ingwer, aber auch Kräuter wie Rosmarin, Lorbeer oder Lavendel und Zitronen-, Grapefruit- oder Orangenschalen. Bei der Verwendung von Zitrusfrüchten empfiehlt es sich, die weißen Teile der Schale abzutrennen und nicht zu verarbeiten, um bittere Nebenaromen zu vermeiden.

Bei unserem deutlich feineren echten Gin setzen wir die Botanicals mit einem neutralen Alkohol aus der Apotheke, einem Primasprit oder mit einem klaren Doppelkorn an. Wir können an dieser Stelle noch einmal entscheiden, ob wir die Zutaten bis zu 14 Tage ziehen lassen, ob wir sofort destillieren oder ob wir durch Alkoholdampf entgeisten. Lassen Sie sich von den Unterschieden überraschen. Nach den eingangs angegebenen Mengen müssten Sie knapp 600 ml angesetzt haben und können diese Mischung nun bequem auf zwei Teile aufteilen, diese in einer Minidestille abdestillieren und die Unterschiede vergleichen. Noch besser wäre natürlich, wenn Sie gleich einen ganzen Liter ansetzen und so genug Ausgangsmaterial in derselben Qualität und Zusammensetzung haben, um alle drei Varianten auszuprobieren und untereinander zu vergleichen. Und wenn Sie

Angesetzter Korn mit Kurkuma und anderen Gewürzen vor und nach der Destillation.

wirklich die Ansätze untereinander vergleichen, dann rate ich Ihnen noch zu einer vierten Methode! Setzen Sie den Alkohol mit Ihren Botanicals an und filtern Sie ihn einfach ab. Das ist dann kein Geist mehr, sondern ein Angesetzter, was man auch an der Farbe sehen kann. Gin ist in der Regel farblos, weil die Farbstoffe der angesetzten Kräuter beim Destillieren nicht mit übergehen. Ein Angesetzter kann je nach Zutaten sehr kräftig in der Farbgebung sein, was das nachstehende Bild mit dem gelben Ansatz durch die zugegebenen frischen Kurkumawurzeln anschaulich demonstriert. Erst die „Reinigung" des Alkohols in einer Destille verändert den kräftigen gelben Ansatz zu einem klaren, aromatischen Destillat. In den Vereinigten Staaten werden „Do-it-yourself-Gin-Pakete" angeboten, bei denen man eine Flasche Korn und einige Kräuter erhält. Diese soll man vermischen und abfiltern. Ein interessanter Ansatz, aber kein echter Gin! Probieren Sie einfach alle verschiedenen Methoden aus, vielleicht entdecken Sie den nächsten „Lifestyle"-Gin oder eine einzigartige, neue Aromakombination, die sich dann international durchsetzt. Momentan schießen Gin-Brennereien mit einmaligen, neuen Aromen überall aus der Versenkung – und viele davon experimentieren genau wie wir mit den kleinen Tischdestillen.

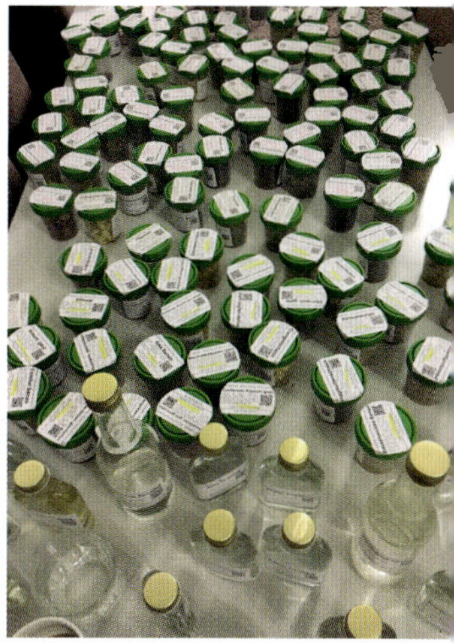

Die Qual der Wahl? Große Auswahl beim Gin-Seminar von Stefan Bierbaum (www.der-destillateur.de)

TIPP **Für Eilige!**

Bei den kleinen Mengen, die wir im Hobbybereich verarbeiten, macht es nicht immer Spaß, die Ansätze ruhen zu lassen. Schneller geht es, wenn wir alle Zutaten in eine Küchenmaschine oder einen Smoothie-Maker geben und ausgiebig mixen oder mit dem Pürierstab pürieren. So können Sie in Minutenschnelle kräftige Aromen in den Alkohol hineinwirbeln und kurz darauf wieder abdestillieren. Zitrusfrüchte bitte in Bio-Qualität verwenden, damit Sie die Schadstoffe nicht mitdestillieren, die bei herkömmlicher Ware an der Schale haften.

TIPP **Ohne Destillieren**

Mischen Sie ätherische Öle, allen voran natürlich Wacholderöl, tropfenweise in einen klaren Korn. Ätherische Öle verbinden sich untrennbar mit dem Alkohol und verhelfen zu einem starken Aroma. Achten Sie darauf, echte und natürliche ätherische Öle zu verwenden, falls möglich natürlich in Bio-Qualität.

Der unkomplizierte Gin zum Selbermischen – nötigenfalls sogar ohne selbst destillieren zu müssen

Erzeugen Sie eine gigantische Vielfalt unterschiedlicher Aromakonzentrate!

TIPP **Für Verkoster**

Wenn Sie ernsthaft mit unterschiedlichen Aromen verkosten und als Feinschmecker eigene edle Gins kreieren möchten, dann kennen wir noch eine weitere Möglichkeit, um zu leckeren Gins zu kommen. Destillieren Sie jede Zutat einzeln mit der gleichen Menge Alkohol. Sie erhalten eindeutig unterschiedlich aromatisierte Alkohole, die Sie vorsichtig mit der Pipette untereinander vermischen (*to blend*) und verkosten können. So tasten Sie sich langsam an das perfekte Aroma heran. Wenn Sie dabei sorgfältig die Mengen bemessen und die Ergebnisse notieren, können Sie später, wenn Sie Ihren perfekten persönlichen Gin gefunden haben, das Aroma auch im größeren Stil reproduzieren oder ein Jahr später den gleichen Gin noch einmal destillieren und mischen.

Das Geheimnis der Destillateure – Essenzen destillieren und mit Korn abschmecken

TIPP **PROFI-TIPP für eine große Menge ...**

... oder wie wir zehn Liter vom feinsten Gin mit einer Minidestille herstellen können

Wie beim vorherigen Tipp für Verkoster destillieren Sie zunächst den Wacholder in sehr starker Konzentration. Hierzu geben Sie 200 ml zerkleinerte Wacholderbeeren auf 200 ml Doppelkorn, lassen das Ganze zehn Tage lang ziehen und destillieren dann eine hochkonzentrierte Wacholderessenz ab.

Im zweiten Schritt mischen Sie etwa 30 ml Ihrer Wunscharomaträger zusammen. Auch hier ist weniger später oft mehr im Aroma. Am Anfang sollten Sie es bei drei, maximal fünf verschiedenen Botanicals belassen. Diese geben Sie mit 250 ml Doppelkorn in Ihre Destille und brennen daraus eine Aromaessenz.

Wirklich interessant ist es, während der Destillation gelegentlich zu verkosten. Am besten stellen Sie sich mehrere kleine Auffangbecher bereit und destillieren in unterschiedliche Fraktionen, um später die aromatischen Feinheiten während des Destillationsverlaufs auskosten zu können. Es ist tatsächlich beeindruckend, wie extrem unterschiedlich ein Destillat aus ein und derselben Kräutermischung schmecken kann, je nachdem ob man zu Beginn, in der Mitte oder zum Ende der Destillation verkostet. Eine Erfahrung, die Sie sich nicht entgehen lassen sollten! Nach Ihrem persönlichen Geschmack entscheiden Sie sich dann dazu, die einzelnen Fraktionen zusammenzugießen oder nur einzelne Teile davon zu verwenden. So erhalten Sie schließlich das Aromakonzentrat zu Ihrem Gin.

Im dritten Schritt dürfen Sie als Blendmaster bis zur vollen Zufriedenheit verkosten. Füllen Sie 100 ml Doppelkorn in einen Behälter und geben Sie nach Geschmack mit einer Pipette vorsichtig 0,5 bis 2 ml der Wacholderessenz dazu. Für einen feinen Gin mit leichter Wacholdernote genügen oft schon 0,5 ml. Falls Sie einen kräftigen Wacholderton wünschen, etwa um den Gin später mit Tonicwater als Gin-Tonic zu genießen, dann dürfen Sie bis zu 1,5 ml oder maximal 2 ml der vorher gebrannten Wacholderessenz zugeben.

Verkosten bis zur Perfektion ...

Als Nächstes mischen Sie vorsichtig und am besten tröpfchenweise Ihre im zweiten Schritt gebrannte Aromaessenz dazu. Je nach gewünschter Intensität der Kräuternote können schon wenige Tropfen genügen, um einen wirklich leckeren und harmonischen Gin zu kreieren – es können aber auch 100 Tropfen, also mehrere Milliliter werden. Wichtig ist es aufzuschreiben, in welchem Verhältnis Sie welche Essenz in die 100 ml eingerührt haben. Denn nur dann können Sie die benötigten Mengen auch auf fünf oder zehn Liter hochrechnen.

Tröpfchenweises Beimischen der Aromen mit der Pipette ...

Normalerweise sollten Sie genügend Wacholder- und Aromaessenz gebrannt haben, um ohne Weiteres auf bis zu zehn Liter hochmischen zu können. Probieren Sie es aus, Sie werden überrascht sein, zu welch professionellen Ergebnissen Sie mit so einfachen Methoden und so wenig Arbeitsaufwand kommen können. Kombinieren Sie diese Methode mit der vorher beschriebenen Methode der Verkoster, so werden Sie bald über eine stattliche Sammlung vordestillierter starker Aromaessenzen verfügen und das Gin-Tasting zu einem festen Bestandteil Ihres Hobbys als Destillateur machen können. In keinem Bereich ist es legal so einfach, an so große Mengen und Qualitäten zu kommen wie beim Herstellen von Gin. Die Industrie arbeitet übrigens mit den gleichen Methoden und Tricks, um immer eine gleichbleibende Qualität gewährleisten zu können.

Ihr Ergebnis: Zehn Liter vom feinsten Gin!

Gin-Schulung mit Destillateurmeister Stefan Bierbaum (www.der-destillateur.de)

Sie sehen nicht nur an der schier unglaublichen Vielfalt der möglichen Botanicals, sondern auch an den verschiedenen Herstellungsmethoden, welche Vielfalt es bei der Gin-Herstellung zu entdecken gibt. Fangen Sie

an, sicher wird es Ihnen viel Spaß bereiten. Vom Gesetz her ist Gin eine Spirituose, kein Geist! Sie können kaum etwas falsch machen, selbst wenn Sie Ihr persönliches Rezept später professionell herstellen und abfüllen lassen oder sogar selbst in die Gin-Produktion einsteigen, wenn Sie Ihr Rezept entdeckt haben.

Himbeergeist

Himbeergeist – oder wie ich den feinen Geist für mehr Ertrag verpansche

Beim Himbeergeist können Sie, wie bei allen anderen Geisten auch, sehr gut improvisieren und ebenfalls allerlei verschiedene Herstellungsmethoden ausprobieren. Erlaubt ist, was gefällt, erlaubt ist, was schmeckt. Meine eigene Hausspezialität ist beispielsweise ein Himbeergeist, der laut Gesetz kein Geist mehr wäre, weil ich ihn nicht klar, sondern in einem ansprechenden Rosa anbiete und mit einigen kleinen Tricks aufarbeite, um die Menge zu erhöhen. So erhalte ich mit zwei oder drei Destillationen bequem gleich mehrere Flaschen voll und kann mich das ganze Jahr über freuen. Entstanden ist das Rezept eher spontan, weil ich die vielen Himbeerreste nicht wegwerfen wollte.

Ganz einfach: Himbeeren mit Wodka oder Korn ansetzen und destillieren

Alles begann mit der Himbeermarmelade meiner Frau, der besten Marmelade der Welt. Weil unsere Kleinen keine Kerne in der Marmelade mögen, passiert meine Frau die Himbeeren zunächst durch die „Flotte Lotte". Dabei bleiben so viele appetitliche Reste übrig, dass es mich reute und ich diese weiterverarbeiten wollte. Ich setzte schnell entschlossen einen Wodka mit dem fruchtigen Himbeerpüree und einigen frischen Himbeeren an und ließ das Ganze über Nacht ziehen. Himbeeren sollten immer frisch (oder tiefgekühlt) mit Alkohol übergossen werden und nicht länger als zwei oder drei Tage ziehen, weil sich sonst das Aroma der eher bitteren Kerne durchsetzen könnte. Den Ansatz drückte ich durch ein Sieb und erhielt zunächst einen stark nach Himbeeren duftenden Angesetzten, den man auch so schon hätte trinken können. Ich aber wollte natürlich auch destillieren.

Von der angesetzten Wodka-Himbeer-Mischung gab ich das meiste in den Brennkessel meiner geliebten Arabia-Destille und destillierte unter Zugabe einiger frischer Himbeeren im Kessel und im Aromakorb einen leckeren echten Himbeergeist. Hier muss man nur aufpassen, dass man den Kessel nicht zu hoch befüllt, denn sonst könnte die farbige Himbeermischung überkochen und den Geist schon beim Destillieren mit den Resten aus dem Kessel verpanschen. Auch das wäre aber kein Problem, solange es schmeckt. Aromatischer wird es allerdings, wenn Sie den voraussichtlich nach der Destillation sehr hochprozentigen Himbeergeist vorsichtig mit einem gefilterten oder destillierten Wasser auf Trinkstärke um die 40 Vol.-% herabsetzen.

Himbeeren mit Wodka übergießen

Flüssigkeit wieder ausdrücken

Ein paar Himbeeren in den Kessel geben und destillieren

Mit Wasser (oder Saft!) auf Trinkstärke mischen

Da Sie hier einen gekauften und vorher bereits von Vor- und Nachlauf gereinigten Wodka als Grundlage verwenden, können Sie völlig unbesorgt destillieren und schon vom ersten Tropfen an das Destillat auffangen. Zugleich ist es eine sehr hochprozentige Destillation, da Ihre ursprüngliche Grundlage mit der Wodka-Himbeer-Mischung noch 25 bis 35 Vol.-% Alkohol beinhaltet. Sie können ohne Weiteres hier auf deutlich über 250 ml Himbeergeist in Trinkstärke pro Destillation kommen. In drei Durchgängen füllen Sie bequem eine große Spirituosenflasche.

Hier können Sie sich das Abtrennen von Vor- oder Nachlauf auch sparen ...

TIPP **Geiste versüßen**

Das Auge trinkt aber mit und vor allem wenn man den sonst eher zu sanfteren Getränken neigenden Damen ein selbst gemachtes Präsent überreichen möchte, bietet es sich an, das Destillat eventuell anstelle von Wasser mit Himbeersaft und etwas Zucker herabzusetzen, eventuell bis auf 30 Vol.-%. So ist es laut Gesetz zwar kein Geist mehr, als edles Geschenk in Form eines hochprozentigen und sehr fruchtigen Himbeerliköres aber trotzdem gut geeignet. Alternativ können Sie auch mit dem Angesetzten mischen. Das mache ich gerne, denn so komme ich schnell auf eine größere Menge, auch wenn es dann nur noch als Spirituose zu bezeichnen ist.

Mit oder ohne Zucker?

Weinbrand

Mittlerweile haben Sie etliche gute Erfahrungen bei der Geistdestillation sammeln können und wissen, wie Ihre Destille funktioniert und wie Sie einen gekauften neutralen Alkohol aromatisieren und geschmacklich verändern können. Wir haben aber weitere Möglichkeiten, um fertig gekauften Alkohol zu verwandeln und zu veredeln. Sicher wissen Sie, dass wir einen Wein durch die Destillation in einen Weinbrand oder Brandy verwandeln können. Das ist wirklich sehr einfach und funktioniert mit jeder beliebigen Destille. Probieren Sie es aus!

Je nach Alkoholgehalt werden die Ergebnisse unterschiedlich ausfallen. Traditionell werden Brandys **aus jungen und säuerlichen Weißweinen** mit eher niedrigem Alkoholgehalt (und Preis) gebrannt. Das ist auch logisch, denn warum sollte man einen gut trinkbaren oder gar hochwertigen Wein destillieren? Letztendlich macht es im Hobbybereich nur wenig Unterschied, welchen Wein Sie verwenden, alles ist erlaubt, solange es Spaß macht

Leckerer Brandy aus saurem Weißwein?

und schmeckt. Trotzdem wäre es schade, einen guten Wein zu einem aromaneutralen Alkohol umzuarbeiten. Weine, die lange gelagert werden sollen, können unter Umständen stark geschwefelt sein, um die Haltbarkeit zu verlängern. Das dadurch entstehende Schwefelaroma kann beim Destillieren unangenehm auffallen und im Destillat hängen bleiben. Sie können frischen Weinbrand kräftig aufschütteln und mit Sauerstoff durchlüften, bevor Sie ihn verkosten. Dabei verflüchtigen sich die stechenden Dämpfe größtenteils. Das zunächst unangenehme Aroma wird deutlich milder. **Kupfer** ist auch in der Lage, Schwefelstoffe zu binden und wird als Katalysator zu einem harmonischen Geschmackserlebnis beitragen. Trotz dieser beiden Möglichkeiten ist es vorteilhafter, von Anfang an auf Schwefel zu verzichten. In der Industrie wird geschwefeltem Wein vor der Destillation Natronwasser zugegeben, um den Schwefel abzubinden, diese Methode möchte ich aber nicht weiterempfehlen. Besser ist es, den Kupferanteil zu erhöhen, der mit dem Alkoholdampf in Kontakt kommt, indem Sie beispielsweise den Dampfbereich Ihrer Destille zusätzlich mit Kupferwolle füllen und den Hut der Destille vor der Destillation blank putzen. Aber machen Sie sich keine Sorgen, das klingt schlimmer, als es ist.

Wein immer in Kupfer destillieren, um die schwefeligen Aromen zu entfernen!

Ich empfehle Ihnen, sich einige Flaschen von einem günstigen Bio-Weißwein auf Vorrat zu legen. Vielleicht haben Sie Glück und finden sogar eine Sorte, die ohne Schwefel (Sulfit) auskommt. Dann haben Sie immer eine gute Grundlage für einen eigenen Weinbrand, den Sie später mit gutem Gewissen in Likören oder für andere Rezepte weiterverwenden können. Außerdem können Sie nebenher Ihre angebrochenen Flaschen wegdestillieren, vor allem natürlich, wenn der Wein nicht munden wollte. So werden Sie nach und nach die Unterschiede im Aroma auch aufgrund der Rebsorten oder Inhaltsstoffe kennenlernen.

Legen Sie sich einen Vorrat von günstigem Bio-Weißwein zum Destillieren an …

Je nach Weinsorte kann der Alkoholgehalt zwischen 8 und 14 Vol.-% variieren. Stärkere Likör-, Brenn- oder Portweine werden vorher mit Weinbrand im Alkoholgehalt höher gesetzt. Bei einer natürlichen Gärung sind maximal nur 16 Vol.-% möglich, da normale Hefen bei höheren Alkoholkonzentrationen absterben. Nichtsdestotrotz können wir „aufgespritzte" Weine sehr gut destillieren. **Je höher der Alkoholgehalt**, **umso höher** wird **der Ertrag** ausfallen! Das Aroma stammt beim Weinbrand ohnehin eher aus der Lagerung als von der Rebsorte des gebrannten Weines.

In der Industrie wird Weinbrand übrigens immer doppelt gebrannt, wobei das Ergebnis am Ende des Feinbrandes mindestens 56 Vol.-% aufweisen sollte, um die nötige Reinheit und Qualität zu beinhalten. Laut Gesetz dürfen Weinbrände sogar bis zu 94 Vol.-% ausgebrannt werden. Das ist ein deutlicher Hinweis darauf, dass die Traubensorte und das ursprüngliche

HINWEIS **Alkoholgehalte**

Rein rechnerisch können wir bei einem 10%igen Wein pro Liter maximal 100 ml reinen Alkohol erwarten. Bitte beachten Sie aber, dass es unmöglich ist, tatsächlich reinen Alkohol zu erhalten. Selbst mit den besten Destillieranlagen ist es unmöglich, mehr als maximal 97,4 Vol.-% Alkohol zu erhalten! Wir sind hier im Bereich mathematischer Theorie, wenn wir 100 Vol.-% als Rechengrundlage hernehmen. In der Regel werden wir wesentlich weniger Alkohol herausdestillieren! Um ein Gefühl für die möglichen Erträge zu erhalten, ist es trotzdem gut, wenn Sie sich immer die maximal erreichbare Menge vor Augen halten. Dann brauchen Sie auch nicht mehr erwarten und können die Destillation beizeiten abbrechen.

Realistisch gedacht können wir auch kaum mehr als 400 ml in unsere legale deutsche 0,5-Liter-Tischdestille füllen. Das ist eine Ladung, die knapp 40 ml reinen Alkohol enthalten würde. Auch durch die Verluste beim Destillieren und die Alkoholrückstände im Brennkessel wird die rechnerische Menge geringer ausfallen. Um diese Verluste etwas auszugleichen, können wir das Destillat am Ende wieder auf Trinkstärke von etwa 40 Vol.-% verdünnen.

Ich mache es mir einfach und verdopple die rechnerisch in unserem Wein enthaltenen 40 ml reinen Alkohols auf 80 ml, weil ich das Destillat später nicht in 100%iger Reinheit, sondern in Trinkstärke erhalten möchte! Theoretisch gerechnet wären das 80 ml von einem 50%igen Alkohol! Aufgrund der vorher beschriebenen Verluste muss ich aber weiter abrunden. Die 80 ml in 50%iger Stärke wären immer noch das Unmögliche, rechnerisch und theoretisch! Ich behalte die 80 ml als Menge, gehe aber in den Prozenten weiter herunter, und zwar auf eine Trinkstärke von 38 Vol.-%. Das wäre jetzt ein Szenario, bei dem ich bei der Destillation von 400 ml eines 10%igen Weines am Ende 80 ml Weinbrand in Trinkstärke herausdestillieren könnte. Mit diesem simplen Rechentrick erhalten Sie vor der Destillation bereits eine Vorstellung von dem, was möglich sein kann, wenn alles perfekt funktioniert. In der Regel wird Ihr Ertrag etwas niedriger ausfallen, auch weil Sie den Vorlauf abtrennen und die Destillation unterbrechen müssen, bevor der gesamte Alkohol aus dem Wein abdestilliert ist. Trotzdem, mit zehn Destillationen können Sie am Ende auch eine 0,75-Liter-Spirituosenflasche füllen. Besser ist es, wenn Sie sich beim selbst gebrannten Weinbrand gleich an kleinere Spirituosenflaschen gewöhnen. Die handelsüblichen 200-ml-Flaschen sind im Hobbybereich eine gute Größe, die ich gerne empfehlen kann.

Reinen Alkohol gibt es nicht!

Die Wahrheit: Sie erhalten nur 80 ml Weinbrand pro legaler 500-ml-Destillation.

Sie benötigen ein Wochenende, um eine 0,75-Liter-Flasche mit selbst gebranntem Brandy zu füllen!

Das Alkoholmeter leistet beim Brennen nützliche Dienste.

Aroma bei manchen Weinbränden tatsächlich egal ist. Bei dieser Alkoholkonzentration bleibt kein „Platz" mehr für das Aroma, dieses kommt bei so einem Brand erst durch lange Reifung in einem Eichenholzfass und das spätere Herabsetzen auf Trinkstärke dazu.

Einfaches Destillieren von Weinbrand

Im Hobbybereich ist alles erlaubt, solange es Freude bringt! Deswegen möchte ich zuerst die „Spaßvariante" beschreiben, bei der Sie ohne großen Aufwand einen kleinen, frischen Brandy destillieren können. Die Spaßvariante eignet sich sehr gut für Vorführungen oder gesellige Runden, wenn Sie kurz sehen möchten, was bei einer Destillation herauskommt, oder wenn Sie nur einmalig die Reste einer Weinflasche wegdestillieren möchten. Für viele der kleinen Party- und Spaßdestillen ist diese Art der Destillation überhaupt der einzige Verwendungszweck.

Und so funktioniert es: Geben Sie den zu destillierenden Wein als Grundlage in den Brennkessel Ihrer Destille. Achten Sie dabei darauf, den Kessel nicht zu überfüllen, damit nichts durch das Geistrohr sprudeln kann, wenn der Wein kocht. Maximal sollten Sie die Destille zu drei Vierteln füllen. Dann heizen Sie sie langsam auf und warten, bis die Anlage warm wird und die ersten Tröpfchen Ihres Destillates vorsichtig aus dem Kühler fallen.

Schadstoffe abtrennen!

WICHTIG **Vorlauf abtrennen**

Denken Sie bitte daran, die ersten Tropfen getrennt aufzusammeln und nicht zu verzehren! Auch bei der Destillation von gekauftem Wein sollte der Vorlauf abgetrennt werden! Sie können davon ausgehen, dass die Menge an Vorlauf sehr gering ist. Manchen Destillen liegt eigens zu diesem Zweck eine kleine Auffangtasse bei. Wenn Sie eine etwa fingerhutgroße Menge am Anfang separat auffangen und nicht mit Ihrem Trinkalkohol, dem direkt darauffolgenden Mittellauf, vermischen, dann sind Sie auf der sicheren Seite. Meistens wird der Vorlauf deutlich geringer ausfallen. Im Hobbybereich gilt aber die Devise: Trennen Sie lieber zu viel als zu wenig ab, solange Sie sich nicht sicher sind!

Was nach diesem ersten Fingerhut aus der Destille fließt, können Sie mit gutem Gewissen verkosten. Halten Sie zwischendurch immer wieder Ihren Finger (oder einen kleinen Löffel) unter das frisch heraustropfende Destillat und verkosten Sie tropfenweise – oder noch besser, halten Sie mehrere kleine Behälter bereit und destillieren Sie in viele verschiedene kleine Fraktionen. So können Sie sehr gut den Aromenverlauf, aber auch den abnehmenden Alkoholgehalt über die gesamte Destillation überwachen und auch später noch entscheiden, welche Fraktion noch zum leckeren Mittellauf gehört – und welche Sie lieber nicht mehr verwenden wollen.

Wenn das Destillat nur noch flau und langweilig schmeckt, dann brechen Sie die Destillation ab. Theoretisch sollten Sie bei einer solchen Destillation eine ausreichende Menge erhalten, um bequem zwei bis drei Schnapsgläschen zu füllen.

Wir destillieren nur, was auch schmeckt!

Beachten Sie, dass bei der Alkoholdestillation die ersten Tropfen, beginnend mit dem Vorlauf, extrem hochprozentig sein können! Da der Alkoholgehalt im Dampf im Lauf der Destillation abnimmt, wird zugleich die Temperatur im Brennkessel steigen. Das Destillat wird im Verlauf der Destillation wässriger werden. Ein Wein ist ebenso wie alle anderen alkoholischen Grundlagen als **Wasser-Alkohol-Mischung** zu betrachten. Der Siedepunkt von Alkohol liegt mit ca. 78 °C deutlich unter dem des Wassers, welches bekanntenmaßen erst bei 100 °C[16] zu kochen beginnt. Aufgrund der unterschiedlichen Siedepunkte ist es überhaupt erst möglich, den Alkohol aus dem Wasser herauszudestillieren. Alkohol verdampft bei deutlich niedrigeren Temperaturen und steigt daher lange vor dem Wasser durch das Geistrohr. Trotzdem: Auch das fertige Destillat bleibt immer ein Alkohol-Wasser-Gemisch! Es ist nicht möglich, den Brennkessel „nur" auf 78 °C aufzuheizen und zuerst den Alkohol herauszudestillieren! Der Übergang zwischen den beiden Siedepunkten ist fließend. Je höher die Temperatur, umso mehr Wasser werden Sie mitdestillieren und umso weniger hochprozentig wird das Destillat. In der Praxis werden Sie ab frühestens 82 °C mit dem Destillieren beginnen können und schon bei 92 °C die Destillation beenden, auch wenn noch Restalkohol im Brennkessel vorhanden ist. Zum Ende der Destillation vermischt sich der Dampf immer mehr auch mit den schwereren Fuselölen und Nachlaufanteilen, die vor allem dem Aroma unseres Brandys schaden würden. Aus diesem Grund brechen wir die Destillation frühzeitig ab, um den „edlen" Mittelteil nicht noch zu verwässern oder ihm geschmacklich zu schaden. Alles in allem wird das Gesamtergebnis Ihrer ersten Destillation jetzt bei etwa 40 Vol.-% liegen und kann direkt verkostet oder weiterverarbeitet werden. Wohl bekommt's ...

Wir destillieren vom sehr Hochprozentigen hin zum Wässerigen.

Wichtig zu wissen: Der Übergang ist immer fließend!

[16] Zumindest bei normalem Luftdruck und auf Meereshöhe

Schadstoffe beim Destillieren

Mittlerweile haben wir einiges über das Destillieren gelernt und können Geiste sowie eigenen Weinbrand herstellen. Wir haben die ersten Tropfen verkostet und sind bereit weiterzugehen. Es ist jetzt an der Zeit, sich ernsthaft mit den Schadstoffen auseinanderzusetzen. Tatsächlich könnte man bei der Destillation von Alkohol einiges falsch machen. Jeder kennt die Gerüchte, nach denen man sich tödlich vergiften kann oder mit hoher Wahrscheinlichkeit nach dem Genuss selbst gebrannter Schnäpse erblinden wird. Ich beispielsweise benötige mittlerweile eine Brille, da ich unter Presbyopie leide. Aber keine Angst, das ist nur ein kleiner Witz am Rande, meine Sehstörungen kommen nicht vom Schnapsbrennen.[17] Mein Augenarzt meint, das wäre völlig normal und nennt sich auf Deutsch einfach nur Altersweitsicht. Trotzdem dürfen wir die Gefahren nicht unterschätzen und sollten die ersten Tröpfchen bei jeder Alkoholdestillation einfach wegkippen oder getrennt aufbewahren. Es bleiben große Unterschiede an der Menge des zu erwartenden Vorlaufes, je nachdem was wir wie sauber einmaischen und destillieren. Mit ein wenig Fachwissen und logischem Denken können wir uns sehr schnell sehr sicher sein und unsere Selbstgebrannten mit gutem Gewissen weitergeben oder selbst genießen.

Kann man am Selbstgebrannten erblinden?

Zunächst sollten wir einen **Unterschied** machen **zwischen** bereits fertig **gebranntem Alkohol**, einem **Bier**, einem **Wein** oder einer **Obst- oder Getreidemaische**. Wenn wir wissen, was wir brennen und wie „sauber" das Produkt ursprünglich hergestellt wurde, dann können wir die „Gefahr" besser einschätzen. Ein gekaufter 96%iger Primasprit aus der Apotheke wird kaum Schadstoffe enthalten, hier erhalten wir ein Produkt mit höchstmöglicher Reinheit und können uns das spätere Abtrennen des Vorlaufes sparen. Wichtig ist es nur, die Unterschiede zu kennen und zu verstehen. Verwenden Sie einen gekauften Weinbrand, Korn oder Wodka, kann das Ergebnis anders aussehen. Generell können Sie davon ausgehen, dass hier der Vorlauf bereits professionell abgetrennt wurde und Sie kaum mit Schadstoffen rechnen müssen. Aber Sie sollten auch wissen, dass der Übergang vom Vorlauf zum Mittellauf ebenso fließend ist wie der Übergang vom Alkohol zum Wasser aus den vorherigen Erklärungen zum Weinbrand. Es ist faktisch nicht möglich, einen Alkohol völlig ohne Vorlaufanteile zu destillieren. Der Brennmeister[18] entscheidet nach seinen Sinnen, ab welchem Moment der Hauptteil des Vorlaufes abgeschieden ist und er mit dem edlen Mittelteil

Saubere Maische = wenig Schadstoffe

[17] Ich kann es mir kaum verkneifen, an dieser Stelle noch einen draufzusetzen. Auch die Sehstörungen durch Alkohol kommen nicht vom Schnapsbrennen, sondern vom Schnapstrinken.

[18] In Industrieanlagen werden die einzelnen Fraktionen oftmals auch nur anhand bestimmter unterschiedlicher Temperaturen abgetrennt.

Brennmeister Michael Weber beim sensorischen Abtrennen des Vorlaufes

beginnen möchte. Bei jedem „normalen" Trinkalkohol, vor allem bei den Obstschnäpsen und Weinbränden, bleiben Vorlaufanteile enthalten. Wenn wir einen gekauften, bereits gereinigten Alkohol verwenden, dann können wir demnach trotzdem noch ein wenig Vorlauf abtrennen und unseren Alkohol dadurch weiter verbessern. Es sind nur wenige einzelne Tropfen. Diesen kleinen Verlust am Gesamtertrag können wir der Sicherheit und dem besseren Aroma zuliebe als Hobbybrenner gerne hinnehmen.

Jeder Gebrannte enthält noch Vorlaufanteile!

Es ist auch interessant zu wissen, dass **Vorlaufschadstoffe in Getreidemaischen in deutlich geringeren Mengen** vorhanden sind **als in der Obstbrennerei**. Ein Unterschied, den wir kennen sollten! Mit diesem Wissen wird klar, warum wir bei einem Korn oder Wodka mit weniger Schadstoffen rechnen müssen als bei einem Obstbrand. Und es wird klar, warum wir zur Geistherstellung in einer Minidestille am besten einen neutral ausdestillierten Korn oder Wodka verwenden. Da sind in der Regel am wenigsten Schadstoffe enthalten und wir können als Anfänger kaum etwas falsch machen! Abgesehen davon, dass Getreidebrände meistens weniger Schadstoffe enthalten, sollten wir auch wissen, dass ein Korn oder Wodka oftmals bewusst hochprozentig, teilweise auf über 80 Vol.-%, gebrannt wird. Dadurch wird eine höhere Reinheit des Alkohols erzielt als beim Wein- oder Obstbrand, der oft noch Aromen enthalten darf und aus diesem Grund je nach Sorte deutlich niedrigerprozentig destilliert wird.

Getreidebrände sind oftmals „reiner" als Obstbrände.

Das Brennen in der Minidestille = ohne Risiko

Ich möchte Sie nicht vom Destillieren abhalten. Genau genommen sind die Minidestillen in der legalen 0,5-Liter-Größe so klein, dass auch die möglichen Mengen an möglichen Schadstoffen extrem gering ausfallen und Ihnen kaum etwas anhaben können. Trotzdem empfehle ich Ihnen, **bei jeder Destillation die ersten Tröpfchen wegzuschütten**, um für alle Fälle sicherzugehen. Bei den gekauften Hochprozentigen sind es wirklich nur ein paar einzelne Tropfen. Bei Wein oder Bier genügen ebenfalls kleine Mengen, vielleicht ein Fingerhut voll, wenn Sie sich sicher sein wollen. Richtig aufpassen und bei Bedarf etwas mehr abtrennen sollten Sie nur beim Verarbeiten eigener Obstmaischen. Hierbei gilt, dass, solange Sie hygienisch einwandfrei maischen und die Gärung ohne Probleme verläuft, Schadstoffe nur in geringen Mengen enthalten sind. Trennen Sie im Zweifelsfall einfach etwas mehr ab und Sie können sich sicher sein. Falls Sie nicht sicher sind, dann können Sie sich auch mehrere winzige Auffangbehälter, beispielsweise Reagenzgläser, bereitstellen und einzelne Teile, vielleicht jeweils 10 ml pro Glas, in mehreren verschiedenen Fraktionen destillieren. So bleibt Ihnen die Möglichkeit, nachträglich die abdestillierten Teile einzeln über Ihren Geruchssinn als „gut“ oder „schlecht“ zu beurteilen und entweder wegzuschütten – oder eben zum Mittellauf hinzuzugeben.

Was ist der Vorlauf?

Methanol hat einen niedrigen Siedepunkt von bereits 65 °C und wird deswegen bei der Alkoholdestillation vor dem eigentlichen Trinkalkohol (Ethanol) verdampfen und durch die Destille bis in den Kühler gelangen. In größeren Mengen gesammelt wird Methanol beispielsweise als Reinigungs- und Lösungsmittel oder als Kraftstoff für Verbrennungsmotoren verwendet.

Methanol kann man aufgrund des niedrigen Siedepunktes weitgehend vermeiden.

Das Methanol selbst ist zunächst nicht sehr giftig und kann in kleineren Mengen bis zu 0,1 g pro Kilogramm Körpergewicht leicht durch Nieren oder Lungen wieder ausgeschieden werden. Bei ernsten Vergiftungen stellen sich Rauschwirkungen wie beim Alkohol ein, gefolgt von Kopfschmerzen, Übelkeit, Schwächegefühlen und Erbrechen als Folge einer Störung im Säure-Basen-Haushalt im Körper. Im Verlauf dieser Störung können die Nerven, vor allem der Sehnerv, angegriffen und zum Teil irreparabel geschädigt werden. Bei einem Obstbrand ist der erlaubte Methanolgehalt auf 15 g pro Liter begrenzt. Interessant ist eigentlich, dass erst das Abbauprodukt des Methanols im Körper für die Vergiftungserscheinungen sorgt und man diese durch Trinken von Ethanol verhindern oder zumindest verlangsamen kann.

Wird also versehentlich eine größere Menge Methanol getrunken, ist es ratsam, bis zur ärztlichen Versorgung einen guten Trinkalkohol zu konsumieren. Dieser verhindert den Methanolabbau und kann damit einer Schädigung der Nerven vorbeugen.

Ethylacetat ist eine weitere Substanz, die wir oft im Vorlauf vorfinden, weil sie bereits bei 77 °C den Siedepunkt erreicht und deswegen ebenfalls noch kurz vor unserem eigentlichen Mittellauf aus dem Geistrohr tropft. Glücklicherweise ist die Ethylacetat oder auch Essigsäureethylester genannte Flüssigkeit am eindeutigen und für viele als „lecker" wahrgenommenen „Klebstoffgeruch" relativ gut zu erkennen.

Ethylacetat kann man am Duft erkennen ...

Verwendet wird Ethylacetat als starkes Lösungsmittel im Nagellackentferner oder zum Extrahieren von Koffein, aber auch als Aromastoff in allerlei künstlichen Zutaten für Süßwaren. In Klebstoffen ist es die „berauschende" Substanz, die sogenannte Klebstoffschnüffler gerne riechen und die Gehirnzellen beschädigen kann. Auf der Haut wirkt Essigester stark entfettend und kann Reizungen hervorrufen, Sie sollten deswegen nicht in Versuchung kommen, den Vorlauf für kosmetische Zwecke zu verwenden. Auch hier wäre das Herzstück, unser Ethanol, die gesündere Variante.

Was ist der Mittellauf?

Ethylalkohol ist der Trinkalkohol, auf den wir es abgesehen haben. Wie bereits vorher beschrieben, liegt der Siedepunkt des Trinkalkoholes bei ca.

Ethylalkohol ist der Stoff, den wir uns wünschen ...

78 °C, er folgt demnach etwas später als das Ethylacetat. Wie wir bereits wissen, ist der Übergang fließend und die eigentliche Kunst beim Destillieren ist es, so früh wie möglich und so spät wie nötig, vom Vorlauf auf den Mittellauf umzustellen. Nicht nur um die Verluste gering zu halten, auch weil bei Obstschnäpsen die aromastärksten und daher edelsten Alkohole direkt am Anfang mit in das Destillat übergehen. Bei den meisten anderen Bränden ist der Unterschied nicht allzu groß und Sie dürfen gerne sicherheitshalber etwas später abtrennen. Je hochprozentiger wir den Alkohol ausdestillieren, desto höher ist der Reinigungseffekt und desto neutraler wird das Aroma ausfallen. Im Hobbybereich sind wir aber meistens nicht an reinem Ethylalkohol interessiert, sondern wünschen uns edle und kräftige Aromen. Aus diesem Grund trennen wir die ersten Tropfen eingangs immer sorgfältig nach bestem Wissen und Gewissen ab, akzeptieren aber auch die Wahrheit, dass sowohl der Vorlauf als auch die Nachlaufstoffe zu den individuell unterschiedlichen Aromaausprägungen unserer Spirituosen beitragen und das wir gesundheitlich kaum etwas befürchten müssen.

Was ist der Nachlauf?

Am Ende ist alles nur noch Fusel ...

Der Nachlauf beim Destillieren besteht aus einer Ansammlung unterschiedlicher Inhaltsstoffe, beispielsweise diverser Fuselöle und Säuren, denen aber allen eines gemeinsam ist: Ihr Siedepunkt liegt deutlich über dem unseres Trinkalkoholes. Am nächsten an unseren Destillationstemperaturen liegt Propanol mit einem Siedepunkt von 97 °C. **Propanol** riecht wie unser Trinkalkohol und führt zu Rauschzuständen, Schwindel und Benommenheit. Außerdem kann Propanol stark hautreizend wirken. Da unsere Destillatio-

Mini-Alembik-Destille in der Küche

nen meistens schon ab 92 °C verwässern und seifig schmecken, wir in den meisten Fällen also weit vor dem Siedepunkt des Propanols abbrechen, kann Propanol kaum in gefährlicher Menge in unseren Spirituosen landen.

Ebenso im Nachlauf enthalten sind Isobutanol mit einem Siedepunkt von 108 °C, Butanol mit 118 °C, 1-Butanol mit 128 °C und Isoamyl mit 131 °C. Dazu allerlei Fettsäurester, Terpene, Furfurale, Acetale, Carbonsäuren und Aldehyde. Alle diese Stoffe sind Nebenprodukte der Vergärung und wichtige Aromaträger in jedem Bier und Wein. Je nach Sorte ist die Konzentration und Zusammensetzung unterschiedlich, so finden wir beispielsweise im Weizenbier mehr Gärungsnebenprodukte als im Pils. Offiziell sind bis zu 0,1 % Fuselanteile in einem Destillat erlaubt. Vor allem beim Whisky und beim Brandy sind diese auch erwünscht und tragen zum Gesamtaroma bei. Wie auch immer Sie es beim Destillieren handhaben möchten, die Nachlaufstoffe stellen sicher keine Gefahr für Sie dar.

Noch mehr Nachlauf, der uns kaum mehr interessiert.

HINWEIS **Mengenverhältnisse**

Ich habe es oben bereits mehrfach erwähnt, die abzutrennenden Mengen sind wirklich gering. Vor allem wenn Sie „nur" mit den 0,5-Liter-Tischdestillen arbeiten, haben Sie kaum etwas zu befürchten. Es sind nur einige Tropfen, maximal ein Fingerhut voll, selbst wenn Sie frische Obstmaische abdestillieren. Danach folgt der Mittelteil, der je nach dem Alkoholgehalt Ihrer Grundlage in der Menge unterschiedlich ausfallen kann und den Sie bei einer Destilliertemperatur von ca. 92 °C abtrennen sollten. Genau genommen ist das Thermometer aber bei so kleinen Destillen unnötig und Sie können die Destillation einfach abbrechen, wenn die alkoholischen Prozente deutlich weniger werden, während das Destillat zunehmend fade und seifiger schmeckt. Den Nachlauf können Sie dann ignorieren oder, wenn Sie möchten, einfach getrennt vom Herzstück weiterdestillieren und zu späterer Verwendung erneut destillieren und dadurch weiter reinigen.

Zweifaches Destillieren

Nach diesen Erklärungen zu den Schadstoffen zeige ich Ihnen jetzt noch, wie Sie durch zweifaches Brennen auch größere Mengen halbwegs zügig abdestillieren können. Nach wie vor brennen wir Wein, wobei diesmal das Ziel nicht die „Resteverwertung", sondern eine Flasche von einem guten

Jetzt wird es effizient ...

Weinbrand ist, den wir danach reifen lassen und veredeln können. Durch das zweimalige Brennen wird ein Weinbrand übrigens insgesamt weicher und runder. Beim Verkosten eines einfach gebrannten frischen Brandys können wir kaum umhin, diesen als „scharf" und „ungenießbar" zu beurteilen. Ein Freund meinte einst, er würde das vielleicht zum Putzen von Motoren verwenden, aber nicht trinken wollen. Viele der unangenehmeren Nebenaromen verschwinden durch das zweimalige Brennen, weshalb bei manchen Bränden das „doppelt" oder gar „dreifach gebrannt" auch als Qualitätsmerkmal auf dem Etikett abgedruckt wird.

Raubrand

Den Raubrand kann man unkompliziert nebenbei abbrennen ...

Wir beginnen mit dem sogenannten Raubrand, indem wir unsere Destille möglichst hoch mit Wein befüllen und sicherheitshalber einen Tropfen Antischaum dazugeben. Dieses zumeist auf Silikonbasis hergestellte und gesundheitlich unbedenkliche Zusatzmittel spannt sich über die Oberfläche des Weines und verhindert ein Überschäumen beim Aufkochen. Dank dieser Maßnahme können wir die Destille höher, je nach Bauart sogar bis zu vier Fünfteln zu befüllen. Probieren Sie es in einer ersten Destillation aus, sollte die Anlage überkochen, dann brechen Sie ab und versuchen Sie es mit einer kleineren Menge noch einmal. Es ist nützlich, die eigene Destille und maximal mögliche Füllmengen zu kennen, um unnötige Reinigungs- und Arbeitsschritte zu vermeiden, aber zugleich die größtmögliche Menge destillieren zu können.

Einfach laufen lassen ...

Die Destillation selbst verläuft unkompliziert. Sie können **das gesamte Destillat direkt in einen größeren Behälter rinnen lassen,** ohne sich um Vorlauf oder Nachlauf kümmern zu müssen. Destillieren Sie einfach, bis das Destillat nur noch lau schmeckt[19] und brechen Sie den Vorgang ab. Sobald Sie die Destille gefahrlos öffnen können, entleeren Sie den Kessel und befüllen ihn erneut mit Wein und einem Tropfen Silikon-Antischaum. So verfahren Sie mehrfach hintereinander, bis Sie Ihren gesamten hierfür vorgesehenen Weinvorrat (oder Ihre Obstmaische) abdestilliert haben. Alles in allem werden Sie pro Durchlauf kaum eine Stunde benötigen. Wenn Sie bereit sind ein Wochenende zu opfern, können Sie sicher fünf bis zehn Liter Wein durchdestillieren, selbst wenn Sie nur eine 0,5-l-Anlage benutzen. Als Ergebnis dieser ersten Destillation werden Sie einen Behälter voll mit sogenanntem Raubrand erhalten. Vielleicht insgesamt zwei Liter eines ca. 30%igen, grob vordestillierten Alkohols, der aber noch alle Schadstoffe enthält. Aufgrund des hohen Alkoholgehaltes kann er jedoch kaum mehr

[19] Falls Ihre Destille ein Thermometer montiert hat, dann können Sie auch nach Temperatur destillieren und den Vorgang bei etwa 95 °C abbrechen.

verderben. Sie können den Raubrand nach getaner Arbeit folglich beiseitestellen und an einem beliebigen anderen Tag zu einem edlen Feinbrand weiterverarbeiten.

Die gleiche Vorgehensweise funktioniert auch bei allen anderen „Branntweinen", die Sie aus Fruchtwein oder eigener Maische herstellen können. Auch selbst angesetzte Getreidemaische oder Bier können Sie auf diese Art verarbeiten. In der Regel werden fast alle Brände traditionell doppelt gebrannt. Erstens weil man auf diese Art relativ bequem größere Mengen verarbeiten kann, zweitens weil man sich die Zeit des Brennens nach dem Einmaischen, Vergären und dem Raubrennen[20] gut einteilen kann und drittens weil man durch die zweite Destillation sicher einen guten Reinheitsgrad des Alkohols erzielt und im gesamten Destillat nach dem abschließenden Feinbrand bequem auf 60 Vol.-% kommen wird. Das sollte selbst in sehr einfachen Destillieranlagen ohne zusätzliche Verstärkereinrichtungen oder Kolonnen möglich sein. Falls Sie sich nicht auf Ihren Geschmackssinn verlassen möchten, können Sie auch mit Mengeneinheiten destillieren. Als grobe Faustregel brennen Sie einfach immer die Hälfte der Menge wieder heraus, die Sie vorher in den Brennkessel gefüllt haben. Wenn Sie 400 ml im Brennkessel haben, dann destillieren Sie 200 ml heraus, bevor Sie abbrechen. So können Sie auch ein Trockenbrennen der Destille verhindern.

... die ideale Methode für alle Brände

Brennen Sie den halben Kesselinhalt wieder heraus!

Feinbrand

Zum Brennen von Feinbrand befüllen Sie die Destille mit dem wie vorher beschriebenen grob abdestillierten Raubrand und heizen wie gewohnt Ihren Brennkessel auf. Falls Sie eine gute Temperatursteuerung an Ihrem Brenner haben, können Sie bis ca. 65 °C schnell aufheizen, dann sollten Sie die Temperatur aber lieber verringern. Allgemein ist es besser, **bei kleiner Flamme** zu heizen, weil es dann länger dauert, bis die Temperatur steigt und sich die feineren, früher flüchtigen Vorlaufalkohole über einen längeren Zeitraum hinweg aus dem Raubrand lösen und durch das Geistrohr dampfen können. Sammeln Sie die ersten Tropfen am besten in kleinen Gläsern, bis Sie sicher sind, den **Vorlauf** weitgehend abgetrennt zu haben. Dann destillieren Sie mit Bedacht das edle **Herzstückchen** heraus, so lange, bis das Aroma lau und fade wirkt oder, falls Sie ein Thermometer besitzen, bis zu 92 °C Dampftemperatur.

Mit kleiner Flamme heizen ...

[20] Obst wird zumeist im Herbst geerntet und danach innerhalb weniger Tage eingemaischt und vergoren. Hier bleibt oft keine Zeit, um auch noch zu destillieren. Eine Maische kann zwar eine Weile stehen bleiben, besser ist es aber, sie spätestens nach 14 Tagen Ruhezeit zu destillieren. Der Raubrand lässt sich dagegen nahezu unbegrenzt lagern. Traditionell wird dann an den ruhigen Wintertagen der Feinbrand destilliert und die Wärme zugleich zum Beheizen der Hütte genutzt, natürlich nur mit entsprechend größeren Destillieranlagen.

Theoretisch destillieren Sie 400 ml von einem Raubrand mit grob geschätzten 30 Vol.-% Alkohol. Rein rechnerisch sollten hier 120 ml reiner Alkohol enthalten sein. Unser Gesamtergebnis nach der Destillation sollte etwa 60%ig ausfallen, um die ideale Mischung aus Reinheit und Aroma zu gewährleisten. Nach der Destillation durchlüften wir das Destillat mit **Sauerstoff**, um Schwefelreste zu entfernen und füllen mit einem guten gefilterten oder destillierten **Wasser** auf, bis wir 38 bis 40 Vol.-% messen. Das sollte pro Durchgang etwa 200 ml ergeben. Wir können nach dieser groben Rechnung nach spätestens fünf Feinbranddestillationen auch eine 1-Liter-Flasche füllen – oder bei etwas Fleißarbeit an einem Wochenende drei bis fünf Liter herstellen und sogar ein kleines Fass befüllen.

Sie erhalten bis zu 200 ml pro Durchgang.

Einfach brennen mit Verstärker

Höherprozentig destillieren mit Verstärker

Es bleibt uns noch eine weitere Methode, um (an einem Wochenende) an größere Mengen oder an höhere Volumenprozente zu gelangen. Wir können auch bei kleinen Destillen mit sogenannten Rektifizierungs- oder Verstärkereinrichtungen arbeiten. Wie wir am Anfang des Buches bei den unterschiedlichen Bauformen der Destillieranlagen gelernt haben, genügt es, dem aufsteigenden Dampf, den Lastkamelen und Eseln aus unserer bildlichen Darstellung, ein paar Steine in den Weg zu legen. Das funktioniert auch bei unseren Tischdestillen, wenn die Bauart es zulässt. Sobald wir eine Kolonne oder einen Aromabereich haben, können wir diesen mit entsprechenden „Steinen" auffüllen und es den Lastenträgern, also unserem Dampf, so richtig schwer machen. Dabei könnten wir tatsächlich echte Steine verwenden, diese würden aber den Dampfweg auch zu stark versperren, weshalb wir lieber entsprechend geeignetere Materialien verwenden sollten. Bei großen Anlagen empfehle ich meistens, einfach nur Schnaps- oder Whiskygläser zu stapeln, das ist bei den Tischdestillen aber aufgrund der beschränkten Abmessungen leider nicht möglich. Bei kleinen Anlagen sollten wir uns ernsthaft nach etwas Geeigneterem umsehen, um auch auf diesem kleinen Raum den gewünschten Effekt zu erzielen. Nachstehend zeige ich einige der möglichen Materialien auf.

Raschigringe

Diese kennen wir aus dem Laborbereich, wo man teilweise meterhohe Kolonnen befüllt, um extreme Reinigungs- und Verstärkereffekte zu erzielen. Was im Labor normaler Standard ist, kann auch uns im Hobbybereich gute Dienste leisten und zu besten Ergebnissen führen. Raschigringe sind **kurze Stückchen aus Glas-, Keramik- oder Metallröhrchen**, die wir im Laborbereich in unterschiedlichen Durchmessern kaufen können. Aufgrund der Form kann man sie in jeden Dampfraum einfüllen, ohne dass sie den Durchgang für den Dampf verstopfen. Je kleiner der Durchmesser der Ringe, desto höher der Verstärkereffekt. Hier sollte man nicht übertreiben, für unsere Hobbyzwecke sind **6 bis 8 mm Durchmesser** genau richtig. Wir können den Verstärkereffekt weiter verändern mit der Menge der Ringe, die wir einlegen. Bei einer 0,5-Liter-Kolonnenbrennerei ist es möglich, die gesamte Kolonne bis in den Hut hinein zu füllen und dann extrem hochprozentig, bis zu 80 Vol.-% im ersten Durchgang, zu destillieren. Aber auch bei den Arabia-Tischdestillen sowie den meisten anderen Anlagen mit Aromasieb oder Korb lässt sich der Dampfraum so befüllen, dass man die Anlage auch zum Rektifizieren von Alkohol verwenden kann.

Raschigringe aus Stahl, Keramik und Glas

Kupferwolle

Kuperwolle ist eine weitere Möglichkeit, um den Bereich oberhalb des Brennkessels zu befüllen. Ähnlich wie Stahlwolle besteht Kupferwolle aus **feinsten Gewebefasern** und kann gut in der Form angepasst und nötigenfalls festgeklemmt werden. Im Gegensatz zu den Raschigringen lässt sich Kupferwolle daher auch in normalen Destillen im Hut einbringen. Sie sollten nur aufpassen, um nicht das feine Geistrohr zu verstopfen. Es muss immer gewährleistet sein, dass der Dampf noch durchziehen kann, damit sich beim Destillieren kein unnötiger Druck aufbaut. Sie sollen es dem Dampf schwerer machen – aber nicht unmöglich. Ob die Destille mit der Kupferwolle im Hut noch ausreichend zieht, können Sie testen, indem Sie mit dem Mund am kalten Geistrohr die Luft einsaugen. Ohne angesteckten Brennkessel sollten Sie immer noch ohne Anstrengung Luft durch den gefüllten Hut ziehen können. Mit angestecktem Brennkessel können Sie auf diese Art auch auf Dichtigkeit prüfen. Saugen Sie die Luft heraus, dann spüren Sie am Druck, ob der Kessel dicht bleibt oder ob frische Luft nachströmt und irgendwo eine undichte Stelle ist. Passen Sie aber bitte auf, dass Sie nicht versehentlich feine Kupferwolle oder andere eventuell im Geistrohr hängende Fremdteilchen einatmen.

Saugtest: Zieht die Kolonne noch Luft?

Das Arbeiten mit Kupferwolle bietet Ihnen einen weiteren Vorteil bei der Alkoholdestillation. Dadurch dass Sie die Oberfläche vergrößern, an der der Alkoholdampf mit Kupfer in Kontakt kommt, werden Sie mehr Schwefelwasserstoffe neutralisieren und so ein weicheres Aroma beim Weinbrand erzielen.

Der Geheimtipp: Kupferwolle

Kupfergewebe ist ein aus Kupferdrähten geflochtenes feines Gitter, welches beim Destillieren gute Dienste leistet. Zum einen kann es den zumeist groben Aromakorb verbessern, damit Sie auch feine Kräuter durch Dampf destillieren können, man kann es aber auch im Hut der Destille festklemmen oder zum Rektifizieren in mehreren Schichten einlegen. Kupfergewebe lässt sich gut in Form schneiden und biegen und kann aufgrund der „drahtigen" Eigenschaften passend an der richtigen Stelle, beispielsweise auch als Schutzsieb vor dem Geistrohr, eingeklemmt werden.

Edelstahl

Schrauben oder Muttern aus Edelstahl könnten theoretisch auch verwendet werden, bieten aber in so einer kleinen Destille nicht die gleiche Effizienz wie die zuvor vorgestellten, für das Destillieren optimierten Möglichkeiten.

Die schwere Wahl der Steine, die im Weg liegen sollen ...

Letztendlich ist es gleich, wie wir unserer Transportkolonne die „Steine" in den Weg legen. Das kann durch die Bauart einer Destille geschehen, etwa – wie bei einer Refluxdestille – durch dünne, hohe Kupferröhren oder durch Dampfkolonnen, wobei hier die „Karibik"-Destille mit den seitlichen Kolonnen den höchsten Effekt erzielen dürfte, oder eben durch die Füllung, bei der Ihnen die Wahl bleibt, je nach Verwendungszweck unterschiedlich stark zu füllen und so den Verstärkereffekt nach Belieben zu verändern.

Unser Ziel bei der Weinbranddestillation liegt bei ca. 60 Vol.-% im Gesamtergebnis. Sicher werden Sie schnell das entsprechende Gefühl für Ihre Destille bekommen und die optimale Befüllung der Destille herausfinden. Nach spätestens zwei oder drei Destillationen mit unterschiedlichen Füllungen wissen Sie, was für Ihre Zwecke am besten geeignet ist und können routiniert Ihren Weinbrand in einem einzigen Durchgang ausbrennen. Rechnerisch verändern Sie die Ergebnisse beim Rektifizieren deutlich, denn Sie destillieren wie bei der ersten beschriebenen einfachen Destillation „nur" 10%igen Wein, aber mit einem um 20 % höherprozentigen Ergebnis. Die

Die Lösung, wenn das Bier nicht schmeckt: Bierschnaps destillieren!

Mengen, die Sie pro Destillation erzielen werden, sind daher um mindestens ein Drittel geringer. Sie dürfen nicht vergessen, trotzdem bei jeder Destillation den Vor- und den Nachlauf abzutrennen. Insgesamt werden Sie für die gleiche Menge an trinkfertigem Alkohol etwas mehr Zeit benötigen und eine kleinere Menge herausdestillieren als bei der doppelten Destillation, weil Sie durchgehend aufmerksam dabei bleiben sollten und weil Sie durch die starke Rektifizierung die Destillation vermutlich frühzeitiger abbrechen werden. Ansonsten gilt das Gleiche, wie vorher beschrieben. Durchlüften Sie Ihren Alkohol nach der Destillation mit Sauerstoff und setzen Sie das Destillat auf 38 oder 40 Vol.-% herunter.

Geringere Mengen als bei der „doppelten Destillation"

HINWEIS **Trinkstärke**

In gewerblichen Brennereien wird nicht nur oftmals relativ hochprozentig ausgebrannt, sondern auch gelagert. Ein edler Whisky, Cognac oder Tequila beispielsweise wird oft bei 60 Vol.-%, teilweise sogar bei bis zu 70 Vol.-% gelagert. Gebrannt wird schon beim Weinbrand über 80 Vol.-%, beim Korn können es 85 Vol.-% werden. Mehrfach destillierte Wodkas erreichen bis zu 90 Vol.-% und selbst in der Obstbrennerei gehen wir auf 60 Vol.-%. Wenn wir hochprozentigen Alkohol genießen, dann besitzt er meistens „nur" zwischen 38 und 42 Vol.-%, weil wir bei diesem Alkoholgehalt am meisten schmecken können. Tatsächlich würde die „Schärfe" eines noch höherprozentigen Alkohols irgendwann spätestens ab 50 Vol.-% unsere Geschmacksnerven so stark strapazieren, dass wir die Feinheiten im Aroma kaum mehr herausschmecken könnten. Es empfiehlt sich daher, jeden Alkohol immer mit einem guten Wasser auf die sogenannte Trinkstärke herabzusetzen. Hierzu verwenden wir am besten ein Alkoholmeter mit einem genauen Messbereich. Als optimal haben sich entsprechende Alkoholmeter mit Bereichen zwischen 30 und 60 Vol.-% herausgestellt. Sie geben Ihren Alkohol für die Messung in einen ausreichend großen Behälter und füllen langsam und sorgfältig Wasser dazu, bis Sie Ihren Wunschbereich erreichen. Im Hobbybereich empfiehlt es sich, auf 38 Vol.-% herabzusetzen, nicht nur wegen des Aromas, auch um die Gesamtmenge ein klein wenig weiter „aufzustrecken". Immerhin sind es zwei Prozent mehr, wenn wir auf 38 Vol.-% abzielen und nicht wie sonst oft üblich auf 40 oder gar 42 Vol.-% einstellen.

Man spricht nicht ohne Grund von Trinkstärke.

Ein Alkoholmeter leistet nützliche Dienste beim Einstellen auf die richtigen Prozente.

WICHTIG **Wasserzugabe**

Vom richtigen Wasser ...

Es ist wichtig zu wissen, dass Wasserzugabe den klaren Alkohol eintrüben kann und aller Wahrscheinlichkeit nach auch eintrüben wird. Gleichzeitig zeugt ein glasklarer Schnaps von Qualität. Trübungen sind oftmals eher unerwünscht und sollten vermieden werden. Dazu sollte man wissen, dass die Trübungen von den im Wasser enthaltenen Mineralien und Nebenstoffen stammen. In den meisten Brennereien wird daher zum Abmischen destilliertes Wasser verwendet. Wie beim Bier ist Wasser zugleich aber auch ein wichtiger Aromaträger. In Schottland beispielsweise wird der edel in Fassstärke gelagerte Whisky durchaus noch kurz vor dem Genuss mit aromatischem Moorwasser gemischt, um besondere und zu der rauchigen Whiskynote passende Aromaerlebnisse zu erzielen. Am besten probieren Sie es in kleinen Mengen aus, wie gut sich Ihr Wasser mit Ihrem Selbstgebrannten verträgt. Ich habe gute Erfahrungen mit unserem sehr guten Rhöner Leitungswasser gemacht, wenn ich es vorher durch einen Wasserfilter laufen lasse.

Wasser destillieren oder filtern?

Die Rettung: mit Aktivkohle ins Eisfach!

Sollte Ihr Brand trotzdem eintrüben, können Sie ihn unter Zugabe von einem Löffel Aktivkohle für einige Tage im Kühlschrank oder Eisfach herunterkühlen und dann durch einen feinen Faltenfilter laufen lassen. Das ist ein Verfahren, welches auch beim Wodka angewendet wird, um das Aroma weiter zu neutralisieren und abzumildern. Die Aktivkohle entfernt zuverlässig die meisten der eher unangenehmen Neben- und Fehlaromen und trägt so zu einem deutlich harmonischeren Gesamteindruck bei. Ein Verfahren, das sich durchaus auch bei hausgemachten Obst- oder Weinbränden eignet und das Sie ausprobieren sollten.

Wenn Sie mir bis hierhin halbwegs aufmerksam gefolgt sind, dann sind Sie durchaus bereits in der Lage, jeden beliebigen Alkohol zu destillieren. Die Destillation ist immer die gleiche. Die drei zuvor beschriebenen Methoden zum Brennen von Weinbrand können Sie in gleicher Art und Weise auf jeden anderen Branntwein[21] anwenden.

Weinbrand ist nicht gleich Branntwein!

Je nachdem, welche Grundlage zum Brennen Sie verwenden, werden der Alkoholgehalt und damit die Menge entsprechend variieren. Je nachdem wie viel Aroma Sie aus der Grundlage erhalten möchten, werden Sie mehr oder weniger hochprozentig destillieren. Für einen klaren Wodka oder Korn brennen Sie möglichst hochprozentig, für einen aromastarken Obstschnaps belassen Sie es bei 60 Vol.-% – das ist das ganze Geheimnis.

[21] Als Branntwein wird laut EU-Verordnung jede gebrannte Spirituose mit mehr als 37,5 Vol.-% Alkohol bezeichnet. Der Gesetzestext kennt 46 verschiedene Kategorien. Eine davon ist der Weinbrand, der, wie im Buch beschrieben, aus Wein hergestellt wird.

Hier wurde Honig mit Apfel und Hefe angesetzt.

Danke an Benedikt für das schöne Bild!

Einmaischen und Alkoholherstellung

Dieses Kapitel entspricht in einigen Teilen dem, was ich schon in meinem anderen Buch „Die hohe Kunst des Destillierens" zum Einmaischen geschrieben hatte. Alkohol in Kleinstmengen selbst herzustellen ist aber leider etwas schwieriger, denn allzu kleine Mengen gären nicht gerne und auch nicht allzu zuverlässig. Darüber hinaus sind die Packungsgrößen der Hefen und Zutaten im Hobbybereich zumeist auf 50 oder 25 Liter genormt. Das wären normalerweise auch vernünftige Mengen, wenn die Brennkessel unserer legalen Destillen nicht so klein sein müssten. Es lässt sich vor allem in der 25-Liter-Größe bequem arbeiten, weil man die Behälter noch ohne allzu großen Kraftaufwand bewegen und reinigen kann. Außerdem werden Sie meistens zu guten Ergebnissen kommen, weil die Mengen und Geräte optimal aufeinander abgestimmt sind. Am Ende der gelungenen Vergärung aber die gesamten 25 Liter zu destillieren, wäre dann doch etwas viel verlangt. Das Abbrennen einer 25-Liter-Maische erfordert in einer 0,5-Liter-Destille wenigstens 60 Destillationen, wenn wir sehr großzügig rechnen und Ihre Destille ein klein wenig größer ausfällt. Das ist vermutlich selbst für den ausdauerndsten Hobbybrenner zu viel des Guten, an das Verarbeiten einer 50-Liter-Maische möchte ich gar nicht erst denken. Trotzdem sollten wir uns mit eher „großen" Mengen anfreunden. Ihre Maische sollte mindestens fünf Liter umfassen, denn darunter gärt es wirklich nicht gerne und das Risiko für Fehlgärungen steigt deutlich. Sie tun sich einen großen Gefallen, wenn Sie lieber etwas zu viel herstellen und später nicht destillieren. Vielleicht können Sie ja einen Fruchtwein aus dem Rest Ihrer Maische herstellen und für spätere Destillationen auf Flaschen ziehen oder getrennt genießen. Das ist besser, als eine zu kleine Maische anzusetzen, die dann nicht richtig gären möchte und zu viele Schadstoffe und unliebsame Nebenaromen entwickelt.

Die eigene Maische: Kleine Mengen gären nicht gerne ...

TIPP **Optimale Menge**

Ich empfehle Ihnen, sich auf Mengen zwischen acht und 25 Litern festzusetzen und eine entsprechende Grundausstattung anzuschaffen. Beachten Sie, dass auch Gärbehälter deutlich größer sein sollten als die Menge der Maische, die Sie darinnen ansetzen möchten, um ein Überschäumen zu verhindern.

CHECKLISTE **Grundausstattung zur Alkoholherstellung**

- ☐ Gärbehälter mit weiter Öffnung (zehn bis 30 Liter)
- ☐ Gärspund
- ☐ Maischelöffel
- ☐ Sterilisationsmittel (Schwefel)
- ☐ pH-Wert-Teststreifen
- ☐ Säure zum Herabsetzen des pH-Wertes (Milchsäure, Mostmilchsäure, Biogen)
- ☐ Ablaufhahn, Schöpflöffel oder Weinheber
- ☐ Hefe (Lebendkulturen, Trockenreinzuchthefe oder Turbohefe)
- ☐ Thermometer (Universal-, Infrarot- oder Schwimmthermometer)
- ☐ Pürierstab

Zusätzlich bei der Herstellung von Getreide-/Kartoffelmaischen

- ☐ Kessel mit Temperatursteuerung (Einkochautomat, Speidels Braumeister)
- ☐ Thermometer (genauer Messbereich von 50 bis mindestens 80 °C)
- ☐ Malz oder Enzyme
- ☐ Jodtest

Wir kennen verschiedene Wege, um Alkohol im Hobbybereich herzustellen, und glücklicherweise sind alle legal. Das Gesetz scheint bei der eigentlichen Alkoholherstellung großzügiger zu sein als bei der späteren Alkoholreini-

Bier, Wein und Maische dürfen Sie legal herstellen!

gung durch die Destillation. Bier, Met, Most und Wein (auch Obstwein) sind die alkoholhaltigen Getränke, die wir alle kennen und teilweise schon seit Jahrtausenden herstellen können. Zusätzlich möchte ich noch die Brennmaische erwähnen, die speziell zur Destillation von Obstbränden angesetzt wird und die der Herstellung von Obstwein sehr ähnlich ist. Grundsätzlich basiert die Alkoholherstellung auf der Aktivität von Hefekulturen, die Zucker aufnehmen und Alkohol abgeben. Das klingt zunächst sehr einfach und funktioniert gut, wenn Sie sich ein bisschen um Ihre Hefen kümmern. Sorgen Sie dafür, dass es Ihren Hefen gut geht, dann werden diese sich liebend gerne auf den Zucker in Ihrer Maische stürzen und ihn restlos in Alkohol umwandeln.

Fachwissen Hefen

Es ist wichtig, die Unterschiede zwischen den einzelnen Hefesorten zu kennen und zu verstehen, was eine Hefe kann und was nicht. Mit dem richtigen Verständnis dafür, was Ihre Hefe zum Gedeihen braucht, wird Ihnen sicher auch die Zubereitung der richtigen Maische als „Lebensraum" für Ihre Hefen gelingen.

Hefen sind die Freunde des Brennmeisters.

Hefen sind winzige, mit bloßem Auge nicht zu erkennende Mikroorganismen, genau genommen Pilze. Es existieren über 700 Hefesorten, die, ebenso wie die Bakterien und andere Mikroorganismen, unsere Erdoberfläche bewohnen. Für die alkoholische Gärung oder auch als Triebmittel beim Backen zeichnen sie schon seit frühesten Zeiten verantwortlich. Allerdings konnte erst Louis Pasteur im 19. Jahrhundert beweisen, dass es auch wirklich die Hefen sind, die zur Vergärung und Fermentierung führen.[22] Davor überließ man seine Maische der natürlichen und eher zufälligen Spontangärung durch wilde Hefen, die leider langsam aussterben. Das hat auch über Jahrtausende gut funktioniert. Auch heute noch verlässt man sich in Obstbrennereien und in „alten" Weingütern noch teilweise auf die Spontangärung durch natürliche Hefestämme. Gerade Kernobst und Trauben bieten von Natur aus schon den optimalen Lebensraum für die alkoholerzeugenden Weinhefen. Meistens sind Trauben und Obst schon vor der Ernte von allerlei Hefepilzen besiedelt. Beim Einmaischen für die Obstbrennerei liegt der pH-Wert relativ niedrig (optimalerweise bei ca. 3,5), was den Hefen sehr entgegenkommt. Sie können sich schnell vermehren und andere Hefekulturen oder Bakterien haben kaum eine Chance im Kampf um die „Mehrheit" im Maischefass.

Achten Sie auf einen niedrigen pH-Wert!

[22] Im bayerischen Reinheitsgebot für Bier wird Hefe beispielsweise noch nicht erwähnt.

Portwein
Dez. 2015
ARAUNER
Kitzinger Reinzucht-Hefen
Portwein
Dez. 2015
ARAUNER
Kitzinger Reinzucht-Hefen
Ballenkultur

Zugabe der „lebenden" Kulturhefe zur Maische

Reinzuchthefen kaufen?

Bei der spontanen Vergärung ist man darauf angewiesen, zufällig die richtigen Hefen in ausreichender Menge versammelt zu haben. In einem Hunderte Jahre alten Weinkeller oder in einem seit Generationen verwendeten Holzzuber kann man leicht noch die richtigen Hefen entdecken. In der sterilen Welt der Kunststoff- und Edelstahltanks sind die meisten Hefestämme bereits ausgestorben oder nur in geringer Menge vorhanden. Zudem bleibt auch unter den besten Bedingungen das Risiko einer Fehlgärung bestehen. Selbst beim eigentlich unkomplizierten Wein verwendet man schon seit den 60er-Jahren spezielle Reinzuchthefen. Bei Getreidemaischen für Korn, Whisky, Wodka oder Bier liegt das Risiko einer Fehlgärung nochmals höher. Der pH-Wert liegt hier deutlich über dem, was für die Alkoholhefen optimal wäre.

Eine Reinzuchthefe ist, wie der Name schon sagt, eine zu einem bestimmten Zweck „rein" gezüchtete Hefesorte. Sie ist eben die beste Hefe für Ihre Maische, denn Sie können sicher sein, dass sich von Anfang an genau die richtigen Hefen in ausreichender Menge in Ihrer Maische befinden. Das gibt ein gutes Gefühl und garantiert einen hohen Ertrag.

Eine auf Alkohol optimierte Hefe ist besser geeignet als Backhefe, aber ...

Sie können Ihre Maische grundsätzlich mit jeder handelsüblichen Hefe vergären. Falls Sie nichts anderes zur Hand haben, können Sie auch eine Backhefe verwenden. Das funktioniert, Sie werden aber schnell merken, dass Sie mit einer Reinzuchthefe zur Alkoholherstellung deutlich bessere Ergebnisse erzielen. Gerade im Bereich der legalen Brennerei sollten wir lieber von Anfang an versuchen, den Alkoholertrag zu erhöhen, um zu etwas besserer Ausbeute zu gelangen.

Lebendkulturen

Hefelebendkulturen für edle und sortenreine Obstbrände und Weine

Normalerweise würde ich zur Herstellung eigener Brennmaische zu Hause trotz der etwas komplizierteren Handhabung zu einer Lebendkultur raten. Hefelebendkulturen sind für allerlei verschiedene Obstsorten und Verwendungszwecke optimiert gezüchtet und bei der Vergärung von frischem Obst zu Brennzwecken die beste Wahl. Sie brauchen länger, aber erzielen dafür stark aromatische Maische.

Hefelebendkulturen sind relativ empfindlich und sollten idealerweise in einem Kühlschrank gelagert werden. Zu hohe Temperaturen können die Hefen schon vor der Zugabe abtöten. Um ganz sicher zu sein, noch einen „lebenden" Hefestamm zu haben, empfiehlt es sich, zunächst einen kleinen Ansatz in einer Flasche anzuzüchten. Mischen Sie hierzu etwa 50 g Zucker mit einem halben Liter Apfel- oder Traubensaft in einer Flasche und lassen

Sie das Ganze ein bis zwei Tage stehen, bis es richtig gärt. Jetzt können Sie sicher sein und den Flascheninhalt Ihrer Maische zugeben.

Beim Gären ...

Trockenhefe

Einfacher in der Handhabung sind die Trockenreinzuchthefen. Hierbei handelt es sich um getrocknete Hefen, die erst nach der Zugabe in die Maische aktiv werden. Auch hierbei empfiehlt sich für eine optimierte Anwendung die Aktivierung schon vorher in einer Flasche. Wenn Sie nicht so viel Aufwand betreiben möchten, können Sie die Trockenhefe auch direkt in die Maische einrühren. Die Hefe wird innerhalb einer kurzen Zeitspanne aktiv, bei kleineren Obstmengen und Maischen dürfen Sie gerne auch mehr Hefe einrühren, als der Hersteller empfiehlt.

Turbohefe

Zum Dritten lieben wir im Hobbybereich die Turbohefen. Genau genommen ist eine Turbohefe auch nur eine Trockenreinzuchthefe, sie wird aber direkt im Beutel mit einer perfekt abgestimmten Hefenahrung geliefert. Das garantiert einen sehr schnellen sowie hochprozentigen Gärverlauf und vermindert das Risiko einer Fehlgärung. Turbohefen gibt es in verschiedenen Ausführungen für Obst- und Getreidemaischen sowie zur Herstellung von neutralem und hochprozentigem Alkohol aus Zuckerwasser.

Einmaischen mit Turbohefe gelingt immer!

Eingangs habe ich erwähnt, dass ich „normalerweise" für den liebevoll aus frischem Obst hergestellten Edelbrand (und für eigenen Wein) die Hefelebendkulturen empfehlen würde. Im Hobbybereich, vor allem wenn wir mit den kleinen Tischdestillen im legalen Bereich arbeiten, sind wir auf den höheren Alkoholgehalt angewiesen. Auch wenn wir eine wirklich kleine Maische (fünf Liter) ansetzen, ist ein schneller Gärverlauf zu bevorzugen. Zusätzlich erhöht sich die Haltbarkeit Ihrer Maische wegen des höheren Alkoholgehaltes. Ihnen bleibt mit einer Turbohefe also entsprechend mehr Zeit, um die Maische zu lagern und abzudestillieren.

TIPP **Anwendungsgebiete**

Wenn Sie es eilig haben oder Sie sicher sein möchten, dass Ihre Maische gelingt, aber auch wenn Sie etwas sehr Hochprozentiges oder Aromaneutrales herstellen, wäre eine entsprechend optimierte Turbohefe die beste Wahl. Auch für Whisky, Korn oder Wodka würde ich zur Turbohefe raten. Wegen der unkomplizierten Eigenschaften ist Turbohefe auch ideal für Anfänger geeignet.

Typischer Glasballon zum Einmaischen zu Hause

Konkurrenzkampf

Das Leben der Hefen: ein einziger Kampf!

Die Hefen in Ihrer Maische sind einem ständigen Konkurrenzkampf mit anderen Mikroorganismen ausgesetzt. Durch die Zugabe von bestimmten Hefekulturen geben wir unserer Hefe einen Vorsprung, weil sie von Anfang an in ausreichender Menge vorhanden ist. Trotzdem bleiben die „Konkurrenten" nicht untätig und wir müssen dafür sorgen, dass unsere Hefen sich durchsetzen und diesen für uns beinahe unsichtbaren Kampf gewinnen. Das tun wir am besten, indem wir den Alkoholhefen genau das bieten, was sie benötigen. In kleiner Menge ist das etwas schwieriger als in einem mehrere hundert Liter fassenden Fass, weil die Oberflächen und damit die möglichen Verunreinigungen prozentual steigen. Wir sollten also im kleinen Bereich noch sorgfältiger arbeiten und die nachstehenden Punkte beachten.

Was die Hefen lieben? Gemäßigtes Klima

So können wir unseren Hefen helfen ...

Zunächst sollten wir bei allem, was die Hefen und die Vergärung betrifft, auf das richtige Klima achten. Bei niedrigen Temperaturen werden die Hefen inaktiv und arbeiten langsam. Bei zu hohen Temperaturen sterben die Hefen ab. Selbst leicht erhöhte Temperaturen wären schon ein Brutkasten für diverse Bakterien, die wir uns nicht in der Maische wünschen.

WICHTIG **Temperatur beachten**

Achten Sie vor der Hefezugabe auf die optimale Temperatur Ihrer Maische. Im Morgengrauen geerntetes Obst könnte zu kalt sein. Eine bei 72 °C verzuckerte Getreidemaische ebenso wie in kochendem Wasser aufgelöste Zuckermaische ist sicher zu heiß. Ihre Hefe würde sofort absterben.

Optimale Voraussetzung: eine möglichst gleichbleibende Temperatur

Nach Möglichkeit sollte sich die Temperatur über den gesamten Gärverlauf nicht ändern. Berücksichtigen Sie das schon bei der Wahl Ihres Lagerortes. Je nach Hefesorte kann die ideale Temperatur unterschiedlich sein. Für Reinzuchthefen liegen die optimalen Temperaturen meistens zwischen 16 und 21 °C. Turbohefen vertragen höhere Temperaturen, teilweise bis über 30 °C. In der kalten Jahreszeit oder im Norden kann man auch spezielle Kaltgärhefen verwenden, die bei niedrigen Temperaturen ab 7 °C noch aktiv bleiben.

Der richtige pH-Wert

Ich würde Ihnen unbedingt empfehlen, den pH-Wert zu messen. Warum? Nun, Alkoholhefen vertragen niedrige pH-Werte, Bakterien und wilde Hefen aber nicht. Aus diesem Grund sollte man den pH-Wert der Maische kennen und durch die Zugabe einer Säure auf einen Wert zwischen 3 und 3,5 herabsetzen. Die Hefen können sich dann unbelastet weiterentwickeln, die unliebsame Konkurrenz wird sich aber nicht mehr durchsetzen können.

Ganz einfach: das Messen des pH-Wertes

Mithilfe von pH-Messstreifen oder Indikatorpapier lässt sich der pH-Wert einer Maische kostengünstig und sicher bestimmen. Alternativ können Sie auch ein Refraktometer kaufen, um den pH-Wert zu ermitteln. Durch vorsichtige Zugabe von Säure können Sie den gemessenen pH-Wert bis auf einen Wert von 3 absenken. In der Industrie wird meistens mit Schwefelsäure gearbeitet, die ich Ihnen nicht empfehlen würde. Verwenden Sie lieber eine natürlichere und appetitlichere Säure aus dem Lebensmittelbereich.

Sie können ganz einfach **Zitronensaft** verwenden, sollten aber auch den Nachteil kennen. Zitronensäure wird mit der Fruchtmaische zusammen in Aromen umgewandelt, der Säuregehalt nimmt deswegen im Lauf der Vergärung ab. Für ein optimales Ergebnis müsste regelmäßig geprüft und nachgesäuert werden. Dadurch wiederum könnten Bakterien einfacher in der Maische landen, weil Sie den Behälter öfters öffnen und verrühren müssten. **Milchsäure** dagegen bleibt in der Maische erhalten und kann den pH-Wert dauerhaft absenken. Im Handel sind auch allerlei weitere Säurepräparate speziell zum Einmaischen, beispielsweise **Biogen**, zu kaufen.

Interessant zu wissen: Zitronensäure wird abgebaut, Milchsäure bleibt!

Hefen lieben Zucker!

Natürlich, darum geht es beim Einmaischen. Hefen lieben Zucker und sollen diesen für uns in Alkohol wandeln. Je zuckerhaltiger Ihre Maische, umso höher wird folglich der Alkoholertrag ausfallen. Verwenden Sie nur voll ausgereiftes Obst, dann haben Sie wesentlich mehr Zucker in der Maische und

Dem Zucker kann keine Hefe widerstehen.

schaffen beste Grundvoraussetzungen für einen hohen Alkoholgehalt und allerbeste Fruchtaromen. Als Privatanwender dürfen Sie gerne zusätzlich Zucker zugeben, um Ihre Hefen zu verwöhnen und eine höhere Ausbeute herauszulocken. Kochen Sie hierzu den Zucker mit Wasser (oder Saft), bis er sich völlig aufgelöst hat und lassen Sie diesen Sirup vor dem Einrühren in Ihre Maische wieder völlig erkalten! Sie haben das Kapitel mit den Temperaturen eben erst gelesen. Denken Sie daran – die Hefen sterben sofort ab, falls Sie die Zuckermischung heiß einrühren!

Die beste Methode: den Zucker vorher auflösen!

HINWEIS **Aufzuckern**

In der gewerblichen Brennerei ist das Aufzuckern übrigens verboten, weil das Ergebnis hochprozentiger ausfallen und die Berechnungsgrundlage für die Steuern verfälschen würde. Privat dürfen wir hier tun, was uns gefällt, und das Aufzuckern von Brennmaische ist gerade wegen der kleinen Mengen, die wir brennen können, wirklich sinnvoll.

Hier wird Turbohefe zugegeben.

Gute Ernährung

Ansonsten gedeihen Hefen wie alle Lebewesen bei guter Ernährung besser. Hefen wollen „gefüttert" werden. Bei den Turbohefen sind die richtigen Vitamine und Mineralien gleich im Beutel dabei! Wenn Sie Obst maischen und mit einer Reinzuchthefe (egal ob trocken oder lebend) vergären, sollten Sie eventuell etwas Vitamin B_6 für einen schnelleren Gärstart und Hefenährsalz (Mengenangaben siehe jeweils Angaben auf der Verpackung) für einen optimierten Gärverlauf zugeben.

Problem Sauerstoff!

Hefen lieben leider nicht nur Zucker, sondern auch Sauerstoff. Ein Problem, das wir beim Einmaischen von Kleinmengen nicht unterschätzen dürfen. Ist Sauerstoff vorhanden, stürzen sich die Hefen darauf, „veratmen" diesen und vernachlässigen die Wandlung des Zuckers in Alkohol. Wir sollten daher versuchen, die Maische möglichst sauerstoffarm zu halten, damit die Hefen sich mit voller Leistung der Alkoholproduktion hingeben können.

Sauerstoff vermeiden!

Was können wir tun? Wir verschließen unsere Maischebehälter möglichst dicht und setzen einen Gärspund auf. Ein Gärspund lässt Überdruck und Gase aus dem Maischefass entweichen, Sauerstoff oder Mikroorgansimen aus der Luft können aber nicht in den Behälter hinein. Es empfiehlt sich, trotzdem mehrmals zum Beginn der Vergärung mit einem sauberen Maischelöffel vorsichtig umzurühren. Dazu öffnen Sie behutsam Ihr Maischefass und rühren langsam um, möglichst ohne Sauerstoff in die Maische zu rühren. Falls sich ein sogenannter Tresterhut aus obenauf schwimmenden Fruchtstückchen und Schaum gebildet hat, dürfen Sie diesen auch vorsichtig unterrühren. Aber vermeiden Sie heftiges Rühren und nach Möglichkeit auch das Herumtragen der Behälter. Die Flüssigkeit im Inneren würde umherschwappen und Sauerstoff würde unnötig in die Maische gelangen.

TIPP Goldene Regeln des Einmaischens

Wir können den Alkoholgehalt und die Qualität der enthaltenen Aromen in unserer Maische deutlich verbessern, wenn wir drei einfache Grundvoraussetzungen schaffen.

Drei Grundprinzipien, die wir kennen sollten!

1. An erster Stelle steht die Qualität der Früchte. Verwenden Sie nach Möglichkeit frisch geerntetes und voll ausgereiftes Obst. Verwenden Sie nur, was Sie auch essen würden, und entfernen Sie alle unappetitlichen Stellen.
2. Hygienisches Arbeiten ist die zweite Grundvoraussetzung für einen fehlerfreien Gärverlauf. Nur bei einem einwandfreien Gärverlauf durch die Alkoholhefen kann ein edles Aroma entstehen. Sauberes Arbeiten verhindert Fehlaromen durch Essigsäure- oder andere Bakterien sowie durch wilde Hefen. Sorgen Sie dafür, dass alle Behälter, Messinstrumente und der Maischelöffel immer sauber gehalten und im Idealfall vor jeder Benutzung sterilisiert werden.
3. Zum Dritten beachten Sie die Temperatur beim Einmaischen und während des Gärverlaufs. Je nach Hefesorte können die optimalen Temperaturen unterschiedlich ausfallen. Geben Sie Ihre Hefen nicht zu früh in die heiße Maische (vor allem bei stärkehaltigen Maischen ist es wichtig, diese wirklich wieder gut abkühlen zu lassen).

Beachten Sie diese drei Punkte beim Einmaischen, so können Sie bald darauf einen hervorragend aromatischen Edelbrand destillieren. Denken Sie daran: Nur was Sie an Qualität hineingeben, kann auch wieder herauskommen. Maischen Sie die beste Qualität an edlem und frischem Obst ein und Sie erhalten das feinste Aroma. Arbeiten Sie dagegen auf Menge, dann dürfen Sie auch weniger schöne Stückchen dazugeben. Sie sollten aber wissen,

Praktisches Arbeiten mit dem Pürierstab!

dass sich jedes faule Stückchen Obst rächen wird. Nicht nur im Geschmack, sondern auch an der Menge des giftigen Vorlaufes, den wir eigentlich vermeiden möchten.

Praktisches Einmaischen

Zuerst empfehle ich Ihnen, Ihr Obst direkt nach der Ernte zu waschen, beispielsweise indem Sie es mit einem Wasserschlauch abspülen. Kernobst wie Äpfel oder Quitten dürfen noch ein wenig bei Raumtemperatur liegen, um ein volleres Aroma zu entfalten. Je nach Obstsorte sollte das Material dann grob zerkleinert werden. Bei empfindlicherem Obst müssen Sie im Einzelfall abwägen und entsprechende Kompromisse eingehen. Vor allem Beeren sind empfindlich und Sie müssen je nach Menge und Festigkeit entscheiden, ob Sie lieber auf das Abwaschen oder Wärmen verzichten möchten.

Kernobst

Hartes Obst sollte vor dem Einmaischen zerkleinert werden!

Bei hartem Kernobst wie Äpfeln, Quitten oder Birnen empfiehlt sich die Verwendung einer Obstmühle, um die Ernte zügig und gleichmäßig zu verarbeiten. Der Vorteil ist, dass man relativ schnell auch größere Mengen in gleichbleibender Qualität verarbeiten und einmaischen kann. Kernobst können Sie zur Gänze einmaischen, was das Verarbeiten relativ unkompliziert und auch gut für Anfänger geeignet macht. Überhaupt eignet sich Kernobst sehr gut zum Schnapsbrennen. Birnen geben mehr Aromen ab als Äpfel oder Quitten. Bei Williamsbirnen empfiehlt es sich, vorher die Stiele zu entfernen, da diese das feine Aroma überlagern könnten. Die ideale Temperatur zum Einmaischen von Kernobst liegt bei unter 21 °C.

Hier gebe ich Milchsäure in die Maische, um den pH-Wert abzusenken.

Steinobst

Bei Steinobst wie Kirschen, Zwetschgen, Pflaumen, Aprikosen oder Pfirsichen dürfen Sie keine normale Obstmühle zum Zerkleinern verwenden! Hier müssen Sie etwas vorsichtiger arbeiten, damit die Steine (die Kerne) nicht beschädigt werden. Steinobstkerne enthalten Amygdalin, welches in Verbindung mit Wasser Blausäure abspaltet. Und Blausäure ist ein tödlich wirksames Gift, welches Sie sicher nicht in Ihrer Maische haben wollen. Aber keine Angst. Blausäure spaltet sich nur im Inneren eines Kerns und in Verbindung mit Wasser ab. Passen Sie einfach auf, dass Sie keine Kerne beschädigen, dann sind Sie sicher. Bis zu 5 % der Kerne dürfen außerdem versehentliche Beschädigungen durch die Verarbeitung aufweisen, bevor Sie sich Sorgen machen müssen. Wenn Sie maschinell arbeiten, verwenden Sie eine Mühle mit Gummiwalzen, dann bleiben die Kerne überwiegend am Stück. In den meisten Fällen ist Steinobst ohnehin weicher als Kernobst und muss nicht unbedingt vorher vermahlen werden. Ein Andrücken der Früchte genügt häufig.

Grobes Zerkleinern mit der Hand genügt bei weicherem Obst.

Wenn Sie sich völlig sicher sein wollen, dann entfernen Sie die Kerne vor dem Einmaischen. Bei Aprikosen, Pflaumen oder Pfirsichen sollte das in Verbindung mit ein wenig liebevoller Hingabe im Kreis der Familie kein Problem sein. Im Hobbybereich ist das Entfernen der Kerne aus einer selbst angesetzten Maische eine fast schon spirituelle Arbeit und stärkt sicher die gefühlsmäßige Bindung zu Ihrem Edelbrand. Trotzdem sollten Sie wissen, dass gerade die Kerne bei manchen Getränken auch zum Bukett beitragen. Vor allem beim Kirschbrand, teilweise auch bei der Zwetschge, sollten Sie einige Kerne in der Maische lassen, um den typischen leicht bitteren, mandelartigen Wohlgeschmack zu erhalten, der Steinobstbrände zum Teil bereichert. Steinobstmaischen vertragen Temperaturen von bis zu 25 °C ohne Qualitätseinbußen.

Wichtig: Bei Steinobst die Kerne entfernen oder ganz lassen!

Beeren

Besonders ergiebig und einfach zu verarbeiten sind Weintrauben. Beeren wie Johannisbeeren, Vogelbeeren oder Holunderbeeren sollten abgerebelt werden, was einiges an Arbeit verursachen kann. Bei den meisten Beerensorten ist die Ausbeute leider zu gering zum Einmaischen. Auch weil Beeren oftmals weniger Zucker enthalten oder Enzyme den Gärprozess verlangsamen können, muss man mit weiteren Nachteilen beim Einmaischen rechnen. Zusätzlich geben einige Sorten (zum Beispiel Erdbeeren) ihr Aroma nur ungern an den Alkohol ab. Oft empfiehlt es sich daher, Beeren lieber in hochprozentigem Alkohol einzulegen, um sie später zu

Etwas schwieriger: das Einmaischen von Beeren

entgeisten. Auch hier müssen Sie selbst entscheiden, wie viele Beeren in welcher Qualität Sie zur Verfügung haben und ob Sie daraus eine Maische herstellen möchten oder lieber nur einen Geist. Auch Beeren sollten beim Einmaischen zerdrückt oder gemahlen werden und nach Möglichkeit bei Temperaturen unter 21 °C vergoren werden.

Stärkehaltiges

Getreidemaische: etwas komplizierter, aber allemal lohnenswert ...

Bei stärkehaltigen Grundlagen wie Getreide oder Kartoffeln haben wir einen zusätzlichen Arbeitsschritt zu vollbringen. Es genügt hier nicht, einfach nur die Kartoffeln oder das Getreide zu zerkleinern, wir müssen die enthaltene Stärke in Zucker umwandeln, bevor wir die Hefe zugeben. Das geschieht durch die Zugabe von Malz oder Enzymen und das Halten bestimmter Temperaturen (62 °C und 72 °C) über einen längeren Zeitraum, damit die Enzyme wirken können. Im Hobbybereich eignen sich hierfür sehr gut die Einkochautomaten, mit denen man bis zu 20 Liter Getreidemaische bequem in einem Arbeitsschritt vorbereiten kann. Auch Bierbrauautomaten, wie der Speidel Braumeister, sind gut geeignet. Das Bierbrauen ist der Zubereitung einer Brennmaische für Whisky, Wodka oder Korn schließlich sehr ähnlich.

WICHTIG **Temperatur beachten**

Wichtig ist, nach der Wandlung der Stärke in Zucker abzuwarten, bis die Maische komplett abgekühlt ist. So wie frisches Obst im Herbst zu kalt sein kann, könnte eine Getreidemaische zu heiß sein und Ihre Hefe könnte absterben.

Turbohefe und Zuckermaische

Zuckermaische

Vielleicht erscheint diese Methode etwas radikal, aber zur Herstellung eines hochprozentigen Alkohols als Grundlage für die spätere Verwendung eignet sich Zuckerwasser sehr gut. Vor allem in Verbindung mit Turbohefe kann man sehr schnell und effizient einen neutralen Alkohol als Grundlage für allerlei Experimente oder zur Weiterverarbeitung in Likören und Geisten herstellen.

Verrühren Sie zunächst den Zucker oder die Melasse in fünf Litern kochend heißem Wasser, bis er (oder sie) sich restlos aufgelöst hat. Je nach Hefesorte können die Mengen variieren, am besten lesen Sie die Angaben auf der Packung und verwenden die dort angegebenen Gesamtmengen. Mein persönliches „Rezept" weicht von den Packungsangaben etwas ab, weil ich zuerst den Zucker in einer Teilmenge des Wassers auflöse. Das ist ein wichtiger Schritt, denn die Hefen können einen auf diese Weise vorbereiteten Zuckersirup besser verarbeiten als feste Zuckerkristalle. Durch das Aufkochen garantieren wir Keimfreiheit und eine vollständige und gleichmäßige Verteilung des Zuckers im Wasser. Ist alles sicher aufgelöst, geben wir das restliche Wasser dazu und kontrollieren die Temperatur der Mischung. Diese sollte jedenfalls unter 30 °C liegen, damit die Hefen nicht aufgrund zu hoher Temperaturen absterben. Bitte beachten Sie auch hier die Angaben des Herstellers. Mit der richtigen Hefe können Sie abschließend innerhalb von fünf Tagen bis zu 20 Vol.-% Alkohol erreichen.

Die fertig vergorene Zuckermaische hält sich aufgrund des hohen Alkoholgehaltes sehr lange, wenn Sie sie nach Gärende einfach kühl stellen. Auch aus diesem Grund ist die Turbohefevariante für uns Hobbybrenner gut geeignet. Sie können bequem 25 Liter Zuckeralkohol auf einmal herstellen und dann bei Bedarf verarbeiten. Falls Sie kleinere Mengen herstellen möchten, ist das Risiko einer Fehlgärung auch sehr gering. Verwenden Sie einfach die Hälfte der Packungsangaben, um zwölf Liter herzustellen – oder kaufen Sie die noch kleineren Päckchen der Turbohefe für nur acht Liter Maische.

Zucker wird in heißem Wasser aufgelöst.

HINWEIS | **Große Behälter verwenden**

Auf den meisten Turbohefe-Verpackungen ist übrigens angegeben, dass man wegen der starken Schaumbildung und Gärung in einem offenen Behälter ohne Gärspund vergären sollte. Eine Vorgehensweise, die ich auf keinen Fall empfehlen würde. Verwenden Sie lieber einen ausreichend großen Behälter und einen ebenso großzügig dimensionierten Gärspund. Gut geeignet sind die Mostfässer von Speidel, da diese mit einem großen 17 mm starken Gärspund geliefert werden, der sich darüber hinaus auch noch gut reinigen lässt.

Vergärung

Mit ein wenig Übung lässt sich das Einmaischen schnell erlernen. Die eigentlichen Prinzipien sind immer die gleichen, egal welche Hefen oder Ausgangsstoffe wir verwenden. Wenn Sie Ihre Hefen und Früchte kennen, dann können Sie schnell zu beachtlichen Ergebnissen kommen und kleine Aromawunder vollbringen.

In der Regel genügt es, wenn die Früchte grob vermahlen oder angedrückt unter hygienischen Grundvoraussetzungen in einen sauberen

Typisches Mostfass mit Zubehör für das Einmaischen

Experiment: Dosenfrüchte einmaischen

(vorher sterilisierten) Gärbehälter eingefüllt werden. Je feiner Sie die Maische jedoch zerkleinern und vorbereiten, umso leichter haben es die Hefen später, den Zucker in Alkohol zu wandeln und dabei Aromen zu erzeugen. Bei Beeren und wässrigen Früchten würde ich die Verwendung eines Pürierstabes empfehlen, um einen gleichmäßigen und sicheren Gärverlauf zu gewährleisten. Einige Früchte entwickeln allerdings ein volleres Bukett durch langsameres Einwirken der Hefen. Sie können beim Vergären von Früchten auch Turbohefen verwenden, was ich vor allem Anfängern empfehlen würde. In diesem Fall benötigen Sie deutlich weniger Hefe. Ein Minipäckchen genügt dann für 25 Liter und die normalen Packungen können bis zu 100 Liter Obstmaische vergären. Sicherheitshalber sollte man vor der Hefezugabe die Temperatur messen. Die meisten „normalen" Hefen arbeiten optimal zwischen 14 und 20 °C. Bei niedrigeren Temperaturen sollten Sie eine spezielle Kaltgärhefe verwenden und bei höheren Temperaturen mit Turbohefe arbeiten.

Beim Einmaischen immer die Temperaturen beachten!

Allgemein kann gesagt werden, dass eine langsame Vergärung bei der Herstellung von aromatischen Obstmaischen für edle Obstbrände zu bevorzugen ist. Bei höheren Temperaturen verläuft die Gärung zwar schneller, aber für das Bukett am Ende des Gärverlaufs ist es besser, wenn man der Aromaentwicklung etwas mehr Zeit lässt. Wärmere Temperaturen sind außerdem ein Tummelplatz für allerlei Mikroorganismen und Bakterien und man sollte vermeiden, für diese ein Wohlfühlklima zu schaffen. Sicher möchten Sie nicht, dass Ihre Arbeit umsonst war und die Maische kippt. Wenn Sie höhere Temperaturen erwarten, dann verwenden Sie lieber Turbohefe. Auch wenn Sie im Süden leben oder keinen Keller mit gleichmäßig kühlen Temperaturen zur Verfügung haben, dann sollten Sie anstelle der Reinzuchthefen sicherheitshalber mit Turbohefe arbeiten. Bakterien haben keine Chance gegen das in den Packungen enthaltene Kraftfutter, welches die robusten Hefestämme schnell anwachsen lässt. Für ein optimales Ergebnis verzichten Sie lieber auf einige Aromanuancen, erhalten aber einen stabilen und hochprozentigeren Alkohol, was beim Destillieren mit den Minidestillen eindeutig ein Vorteil ist.

Bei hohen Temperaturen lieber zur Turbohefe greifen!

Obstbrände destillieren

Sie können mittlerweile schon gut destillieren und haben reichlich Erfahrung mit der Destillation von Wein und Bier gemacht? Die Grundsätze sind immer die gleichen, so auch bei der Destillation von Obstbränden aus eigener Maische. Aber nur die Grundsätze! So einfach ist es dann nämlich leider doch nicht. Die Destillation eines echten Obstbrandes erfordert einiges mehr an Feingefühl. Im Gegensatz zum Weinbrennen haben wir es jetzt erstmalig mit einer echten Maische zu tun. Je nachdem, was Sie wie stark vergoren haben, kann Ihre Maische jetzt relativ dickflüssig, eventuell sogar aufgrund enthaltener Pektine fest geliert sein oder allerlei umherschwimmende, wenn nicht gar zum Boden absinkende Brocken und Feststoffe enthalten. Schalen, Kerne, Gehäuse, was auch immer – wir können sicher feststellen, dass eine Maische eine gänzlich andere Grundlage zum Destillieren bietet als flüssiger Wein oder Bier, selbst wenn der Alkoholgehalt ähnlich liegt.

Warnung: Maische neigt zum Anbrennen!

Hier werden Birnen mit der Hand zerkleinert.

Welche Unterschiede gibt es beim Brennen?

Den Gärbehälter mit einem Gärspund sichern!

Beim Destillieren von Maische müssen wir damit rechnen, dass diese am Boden anhaftet und dort sehr leicht anbrennt. Dieses Anbrennen wiederum führt zu einem unangenehmen Aroma und zu völlig unnötigen Reinigungsaktionen. Tatsächlich ist ein angebrannter Kessel teilweise auch wegen der zu kleinen Öffnung nur sehr schwer wieder zu reinigen. Sie sollten schon beim Kauf einer Destille darauf achten, ob Sie später auch Ersatzteile nachbestellen können. Spätestens beim Destillieren von Maische würde ich Ihnen auch unbedingt zu einem Brennkessel aus Kupfer raten. Alleine schon dank der einzigartigen Materialeigenschaften des Kupfers wird Ihre Maische weniger leicht anbrennen als beispielsweise in Glas oder Edelstahl. Kupfer bietet die mit Abstand beste Wärmeleitfähigkeit, was dazu führt, dass sich die Temperatur besser verteilt als bei anderen Materialien. Darüber hinaus lässt sich Kupfer optimal in runde weiche Formen ausarbeiten, sodass wir auch bei den Miniaturdestillen oftmals kugelige, blasenförmige Brennkessel bekommen, was ebenfalls zu einer besseren Wärmeverteilung verhilft. Trotzdem, das Destillieren von Obstmaische bleibt eine Kunst! Es ist in großen Brennkesseln schon schwer genug, die Maische nicht anbrennen zu lassen. Bei den winzigen Anlagen, die mit einer einzigen kleinen Flamme an nur einem Punkt aufgeheizt werden, müssen Sie immer damit rechnen, dass die Maische am Boden anbrennen wird.

Verwenden Sie ein Maischesieb aus Kupfergewebe am Boden Ihres Brennkessels!

In großen Industriebrennereien verwendet man kräftige Rührwerke oder Pumpanlagen, die die Maische während der Destillation in Bewegung halten. Diese Methode scheidet bei unserem kleinen Maßstab leider völlig aus. Im Hobbybereich müssen wir die Maische durch verschiedene andere Methoden vor einem Anbrennen schützen. Gut geeignet ist ein Maischesieb, welches wir uns am besten aus Kupfergewebe selbst zurechtschneiden und biegen. Der Sinn des Maischesiebes ist es, als Abstandshalter die schwereren Stoffe der Maische vom Kesselboden fernzuhalten. Feststoffe können nicht bis auf den Boden sinken, ein Maischesieb oder ein Maischekorb bildet eine klare Abtrennung zu den heißen Kesselwänden und lässt nur noch Flüssiges durch.

In größeren Brennereien wurde früher teilweise einfach nur trockenes Stroh untergelegt oder alternativ zum Kupfermaischesieb eines aus geschälten Weidenästen geflochten. Beide Methoden sind bei den 0,5-Liter-Brennkesseln leider nicht geeignet, auch weil es schwierig wäre, das Stroh oder das Weidengeflecht am Kesselboden zu halten. Beide würden zugleich das Volumen im Brennkessel deutlich verkleinern. Eine ähnliche Funktion hat auch der von Helge Schmickl in Österreich verwendete Aromakorb, ein Dampfeinsatz aus Edelstahl, welcher sich bei größeren Destillen einfach als Abstandshalter im Brennkessel ausbreiten lässt.

Ähnlich effektiv wäre es auch, einen feinen, möglichst genau passenden Sack aus einem durchlässigen Gewebe zu nähen und die Maische einzufüllen. Dies ist eine Methode, die in der praktischen Handhabung zwar etwas schwieriger ist, aber durchaus funktioniert, wenn der Stoff durchlässig genug ist. Achten Sie darauf, einen hitzebeständigen Naturstoff zu verwenden, denn sicher möchten Sie nicht die Schadstoffe aus geschmolzenem Kunststoff mit in Ihren Drink übernehmen. Gut geeignet sind Leinen- oder Baumwollgewebetücher, wie sie früher als Babywindeln verwendet wurden.

Viele Methoden – ein Ziel. Verhindern Sie ein Anbrennen Ihrer Maische!

Als weitere Methode bleibt uns noch, die Maische zu verflüssigen, was aber in Anbetracht der winzigen Brennkessel und der damit verbundenen eingeschränkten Möglichkeiten auch nicht die sinnvollste Lösung wäre. Besser ist es, die Flüssigkeit vor der Destillation herauszupressen und die Maischenebenstoffe einfach nicht mitzudestillieren. Das vorherige Filtern ist nicht bei jeder Maische einfach und oftmals eine langwierige Sache, kann sich aber durchaus lohnen, weil man dafür beim Destillieren kaum mehr aufpassen muss.

Ein Dampfeinsatz am Boden des Brennkessels als Maischesieb

Tresterbrände

Tresterbrände mit einer Miniaturdestille herzustellen ist nicht unmöglich, allerdings ist die zu erwartende Menge wirklich sehr gering. Als Trester bezeichnet man die Reste bei der Weinherstellung. In unserem Fall den festen, ausgepressten Rest aus bereits vergorenen Weintrauben, der beim Abpressen von Rotwein übrig bleibt. Wir können unsere Destille mit Trester auffüllen, falls möglich bis in die Kolonne hinein, und dann mit etwas Wasser aufgießen. Idealerweise legen Sie auch hier vorher ein kleines Maischesieb ein, denn auch Trester neigt zum Anbrennen. Sie erhitzen den Kessel und das Wasser dringt durch die Trauben, vermischt sich mit dem Restalkohol und nimmt diesen mit bis in den Kühler. Sie sollten hier bei der Destillation mit einer 0,5-Liter-Destille keine Wunder erwarten, denn Sie können nicht mehr Alkohol herausdestillieren, als im Trester enthalten ist. Und das ist in der Regel nur sehr wenig, mehr als ein paar Tröpfchen zum Verkosten werden es kaum sein. Zu Versuchszwecken und um das Destillieren zu lernen, ist das aber trotzdem interessant.

Die Grundlage zum Grappa: Trester enthält kaum Alkohol und lässt sich daher kaum sinnvoll in einer Minidestille brennen.

Äpfel & Trauben sind am einfachsten im Hobbybereich zu verarbeiten.

Getreidebrände

Das Brennen einer Maische aus stärkehaltiger Grundlage wie Getreide, Mais oder Kartoffeln ist deutlich einfacher als das einer Obstmaische, weil wir das gesamte Malz und Getreide vor dem Destillieren entfernen und nur die reine Flüssigkeit abbrennen. Dafür ist die Herstellung der Maische selbst aufwendiger, was uns aber nicht abschrecken sollte. Erstens bringt das Maischen von Getreide eine Menge Spaß und interessanter Erfahrungen mit sich und zweitens können wir mit der gleichen Technik auch Bier brauen und so unser Wissen sowie die verwendeten Gerätschaften gleich doppelt nutzen. Ich empfehle Ihnen wirklich, sich ausgiebig mit diesem Thema zu beschäftigen, wenn Sie etwas tiefer in die Materie eindringen möchten und eine „ehrliche" Grundlage für Ihre Destillate wünschen.

Getreidebrände: einfach und schwierig zugleich

Getreidebrände sind oftmals von den Prozenten her niedriger angesetzt als die Obst- oder Zuckermaischen, dürfen aber wesentlich hochprozentiger ausgebrannt werden. Destillieren Sie einen klaren Alkohol als Grundlage für spätere Geiste ruhig auf über 80 Vol.-% aus, auch wenn Sie dabei nicht zwei-, sondern vielleicht sogar drei- oder viermal brennen müssen. Denken Sie an die alten Alchemisten, die damals einen Alkohol erst nach der zehnten Destillation als „vortrefflich" bezeichneten – aber auch an moderne Wodkabrennereien, die ebenfalls teilweise bis zu neunmal hintereinander destillieren.

Vortreffliches Brennen über 80 Vol.-%

TIPP **Hochprozentige Ergebnisse**

Um auf eine ausreichende Menge eines hochprozentigen Alkohols mit einer Miniaturdestille zu gelangen, können Sie, wie beim Weinbrand beschrieben, wieder Raubrand und Feinbrand getrennt destillieren. Es ist Ihnen überlassen, wie oft Sie einen Alkohol destillieren, bevor Sie ihn in einen Feinbrand wandeln.

Wenn Sie größere Mengen von einem sehr reinen Alkohol erhalten möchten, dann empfehle ich Ihnen, diesen fertig in der Apotheke zu kaufen oder wenigstens einen gekauften Wodka oder Korn als Grundlage zu verwenden und hochprozentiger auszudestillieren. Leider ist die Gesetzgebung nicht auf unserer Seite ...

Destillieren Sie geduldig mehrfach hintereinander ...

Abschließende Worte und Empfehlungen zum Alkohol

Die einfache Methode, Alkohol mit der Turbohefe im Zuckerwasser herzustellen, eignet sich für Eilige und für Anfänger. Einen klaren Alkohol aus eigener Obst- oder Getreidemaische herzustellen, ist dagegen die Königsklasse. Nicht umsonst werden solche Brände schließlich auch als Edelbrände bezeichnet! Diese erfordern entsprechend mehr Liebe, Arbeit und Sorgfalt, vor allem dann, wenn wir es mit den legalen Dimensionen zu tun haben. Jeder Arbeitsschritt im Umgang mit den winzigen Dimensionen vermehrt die kostbaren, weil extrem geringen Mengen, mit denen wir im Hobbybereich arbeiten. Im privaten Rahmen erhöhen wir den Edelbrand zu einem edlen Stück unseres Selbst, da wir jede einzelne Flasche davon mit viel Aufwand verdient haben und dabei sicher eine besondere Beziehung zu den verwendeten Materialien, den Geräten und zu den Arbeitsprozessen aufbauen konnten. Falls Sie vorwiegend Ergebnisse in vorzeigbaren Mengen ohne großen Arbeitsaufwand erzeugen wollen, dann sollten Sie am besten bei der eingangs beschriebenen Geistherstellung bleiben.

Lagern und veredeln

Wir können destillieren, aber wie Sie wahrscheinlich bei unseren Versuchen bemerkt haben, ist ein frisch gebrannter Weinbrand bei Weitem noch nicht so lecker, wie wir das gerne hätten. Ein frisch gebrannter Alkohol schmeckt oft noch scharf oder sogar schwefelig. Die Kunst der Herstellung einer köstlichen Spirituose endet nicht mit dem Destillieren!

Abrunden und verfeinern

Wir kennen bereits einige Maßnahmen und Methoden, um unsere Getränke harmonisch abzurunden, ich möchte aber hier noch einmal kurz unterscheiden zwischen einem Geist, der in der Regel aus einem bereits fertigen Alkohol hergestellt und aromatisiert wurde, und einem frischen Brand in all seiner Wucht. Den Geist können wir direkt nach dem Destillieren

Verschiedene Geiste und Brände

verkosten, weiterreichen und in Flaschen abfüllen. Wir kennen zwar auch gelagerte Geiste, in den meisten Fällen werden wir den Geist mit seinen unterschiedlichen Aromen jedoch in aller Frische genießen. Der Geist trägt seinen Namen nicht ohne Grund, das enthaltene feine Aroma könnte sich im Laufe der Jahre wieder verflüchtigen. Es ist deshalb auch ratsam, einen feinen Geist fest zu verschließen und angebrochene Flaschen innerhalb eines Jahres zu verbrauchen. Einen Brand können wir dagegen durch diverse Methoden abmildern, verfeinern, reifen lassen, aromatisieren und farblich verändern. Diese Methoden möchte ich nachstehend noch aufzeigen.

Ein Geist kann sich verflüchtigen!

Sauerstoff

Ein frischer Brand profitiert von der Sauerstoffzugabe. Vor allem bei Weinbrand lohnt es sich, diesen je nach Menge mit einem Quirl oder durch wiederholtes Verschütteln in der Flasche kräftig mit Sauerstoff zu durchlüften. Bei größeren Mengen können Sie den ganzen Behälter mit einer Aquarium-Luftpumpe über Nacht durchlüften. Der Sauerstoff entfernt enthaltene unangenehm stechende Schwefelgerüche und mildert den Brand deutlich ab. Es profitieren aber auch andere Brände vom „Atmen", weshalb ich generell empfehlen würde, einen selbst hergestellten Brand im ersten Schritt direkt nach der Destillation mit Sauerstoff anzureichern. Kleine Mengen dürfen auch einfach ein paar Tage offen im Kühlschrank stehen, um „durchatmen" zu können. Die Sauerstoffmethode verhilft zu einem weicheren Gesamtbild und lässt die im Alkohol versammelten Aromen deutlicher hervortreten.

Sauerstoff: schlecht in der Maische, aber gut im fertigen Brand

Wasser

Wie beim Bier kann auch bei einem Brand das zugegebene Wasser auf das Aroma einwirken. Man sagt beim Bier sogar, Wasser wäre ein grundlegender Aromaträger und verantwortlich für die vielen Geschmacksunterschiede zwischen den einzelnen Biermarken. Das ist beim Schnaps ähnlich, allerdings kann man die Unterschiede erst im niedrigprozentigeren Bereich schmecken. Selbst bei Trinkstärke überlagert der Alkohol oftmals noch die feinen Aromen. In Schottland beispielsweise wird Whisky individuell mit einem Krug Quellwasser serviert, damit man sich seine persönliche Trinkstärke einstellen kann. Generell sollte beim Einstellen auf Trinkstärke eher ein weiches, Salz- und Bicarbonat-armes Wasser verwendet werden, um das Aroma des Brandes nicht zu stark zu beeinflussen. In gewerblichen Brennereien wird normalerweise destilliertes Wasser verwendet, nicht nur weil dadurch das Aroma klar nur noch dem Brand zugeordnet werden kann, sondern auch weil man auf diese Weise spätere Eintrübungen verhindert.

Wasser nach Geschmack!

Die im Wasser enthaltenen Mineralien können beim Vermischen mit Alkohol als milchige Trübungen ausflocken und die klare Schönheit eines edlen Brandes zerstören. Für welches Wasser Sie sich entscheiden, liegt bei Ihnen. Mich persönlich stören die Trübungen durch ein gutes Quellwasser bei meinen eigenen Bränden nicht. Würde ich aber größere Mengen herstellen und den Alkohol abfüllen oder verschenken wollen, dann würde ich eher mit einem destillierten oder wenigstens gefilterten Wasser mischen, um den Brand auf Trinkstärke herabzusetzen.

Aktivkohle

Die Verwendung von Aktivkohle wird unterschätzt, obwohl es in der Industrie schon sehr lange üblich ist, allerlei Brände mit Kohle zu behandeln. Schon 1822 beschreibt Friedrich Lüdersdorff die „Entfuselung von Branntwein[23]" mithilfe unterschiedlicher Kohlearten, eine Methode, die heute fast als normal anzusehen ist und bei manchen Spirituosen neben der mehrfachen Destillation als Verkaufsargument eingesetzt wird. Im 19. Jahrhundert wurde noch erforscht, welche Kohle sich am besten eignet, man bemerkte beispielsweise, dass mit feinerer Kohle aus leichteren Hölzern der Effekt zunimmt und sich die Reinigungswirkung verbessert.

Aktivkohle wird oft unterschätzt.

Heute sind wir um einige Schritte weiter und können uns die mühselig gesammelten Erfahrungen der Generationen vor uns zunutze machen. Wir kennen die Filtereigenschaften feingemahlener, poröser und dadurch sauerstoffhaltiger Kohle aus verschiedensten Bereichen vom Aquariumfilter bis zum Trinkwasserfilter. Die Industrie liefert feinste Kohlen zu jedem Einsatzzweck. Es lohnt aufgrund der günstigen Preise und der geringen benötigten Mengen im Hobbybereich kaum, diese selber herzustellen. Aufgrund der extrem feinen und zugleich porösen Oberfläche moderner Aktivkohlen binden diese fuselige Nebenstoffe und geben zugleich Sauerstoff in das Getränk ab. Ein Doppeleffekt, den wir im Hobbybereich gerne nutzen, um unsere Getränke schon innerhalb von 24 Stunden trinkfertig zu machen.

Die Anwendung ist heutzutage ein Kinderspiel. Es genügt, etwa einen Teelöffel Aktivkohle in eine Flasche mit dem auf Trinkstärke verdünnten Destillat zu geben und kräftig zu verschütteln. Nach zwölf bis 24 Stunden Ruhezeit im Kühlschrank filtern Sie Ihren Brand langsam über einen Feinfilter ab und können ihn direkt in eine Flasche füllen oder mittels einer Vergleichsprobe mit dem ungefilterten Getränk den Unterschied verkosten. Lassen Sie die Kohle nicht zu lange in Ihrem Getränk, denn nach einer Zeitspanne

Einfache Anwendung – große Wirkung!

[23] Im Buch „Das Wesen der Destillierkunst", erschienen 1822 in Berlin

von etwa 24 Stunden kann eine Übersättigung eintreten. Die Kohle wird dann die Nebenaromen wieder in das Getränk zurückgeben und die Arbeit war umsonst. Mit der Aktivkohlemethode bei gleichzeitig möglichst starker Kühlung ist es auch möglich, Trübungen durch zu mineralhaltiges Wasser nachträglich noch aus Ihrem Brand zu entfernen.

Fasslagerung

Vor allem bei Whisky und Brandy, aber auch bei Rum oder Tequila dominieren oft die Holzaromen von der Lagerung in hölzernen Fässern. Beim Whisky ist es fast schon Mode geworden, Aromen durch unterschiedliche Holzsorten oder gebrauchte Fässer zu erzeugen und diese auch auf dem Etikett zu benennen. Man denke an Namen wie „Triple Wood" oder „Double Cask", um festzustellen, dass die Brennmeister spezielle Aromen nur durch das Lagern in bestimmten Holzsorten erzeugen können. Bei diesen beiden

Echte Holzfässer kann man schon ab 1 Liter Volumen kaufen.

Beispielen werden die Whiskys für bestimmte Zeiten in unterschiedlichen Holzfässern gelagert. „Port Wood", „Bourbon Barrel" oder „Sherry Cask" sprechen für sich selbst, denn oftmals gewinnen Whiskys durch die Lagerung in „alten" Sherry-, Portwein- oder Bourbonfässern noch an Aroma. Ein guter Trick, um einen Brand anzureichern, da vor allem gebrauchte Fässer im Lauf der Jahre viel von den speziellen Aromen der ursprünglichen Nutzung aufnehmen und dann wieder an den Whisky abgeben. Vor allem gebrauchte Sherryfässer werden aus diesem Grund zu Höchstpreisen gehandelt und zu Hunderten von Südspanien nach Nordengland verfrachtet. Moderne Brennereien haben diese Methoden für sich entdeckt und so finden wir gelagerte Grappas, Wodkas oder Aquavits und neuerdings sogar verschiedene Obstbrände.

Unterschiedliche Hölzer und Verarbeitungen geben unterschiedliche Aromen.

Bei den bescheidenen Mengen, die wir im Hobbybereich selber herstellen können, ist eine langjährige Fasslagerung nicht immer die beste Methode. Glücklicherweise können wir an dieser Stelle aber hervorragend improvisieren, die langen Zeiträume verkürzen und einen Teil der Gerätschaften wegsparen. Laut Gesetz muss ein echter Whisky mindestens drei Jahre lang in einem Holzfass reifen. Ohne diese drei Jahre wäre es nur ein einfacher Korn. Glücklicherweise ist man in Spanien dem eigenen Wein oder Brandy gegenüber aufgeschlossen und kann dort auch sehr kleine echte Sherryfässer kaufen. Um einen offiziell anerkannten Whisky selber herzustellen, könnten Sie sich ein solches edles Fass aus Amerikanischer Weißeiche beschaffen, es mit einem Sherry oder Portwein füllen, um es auszuwaschen und dann Ihren eigenen Whisky tatsächlich über drei Jahre (oder länger) lagern.

Ein Fass mit eigenem Whisky zu füllen ist legal möglich – aber Sie benötigen Geduld.

Fasskunde

Die richtige Lagerung ist ein wichtiger Grundbaustein für das spätere Aroma in Ihrem Brand. Falls Sie Ihre Selbstgebrannten tatsächlich in einem Holzfass lagern möchten, dann sollten Sie einige wichtige Dinge vorher wissen.

Versiegelt oder offen?

Im Handel werden relativ günstige versiegelte Holzfässer angeboten, die von innen zumeist mit Paraffin beschichtet sind und die eingelagerte Flüssigkeit sicher im Fass halten. Diese Fässer sind eher zum Aufbewahren oder Ausschenken von Alkohol geeignet, denn aufgrund der Beschichtung findet kein Austausch zwischen dem Holz und dem eingelagerten Alkohol statt. Solche Fässer eignen sich hervorragend, um fertigen Alkohol aufzubewahren, wenn dieser sich nicht mehr im Aroma verändern soll. Beschichtete Fässer sind dem Getränk gegenüber ebenso neutral wie Edelstahltanks oder Glasflaschen.

Im Gegensatz dazu bestehen die meisten Fässer aus blankem Holz, welches teilweise im Inneren ausgebrannt oder angekohlt wurde. Durch das Auskohlen entstehen etliche neue chemische Verbindungen und Farbstoffe, die zu einer beliebten holzigen Karamellgesamtnote verschmelzen. Zusätzlich bringt die durch das Ankohlen vergrößerte Oberfläche einen „Aktivkohle-Effekt", der diverse Fuselaromen und Nebenstoffe aus dem Brand herausfiltern kann. Bei einem unbeschichteten Fass ist der Austausch zwischen dem Holz und dem Getränk gegeben und je nach Holzart und je nachdem ob das Fass ausgekohlt wurde oder nicht, ergeben sich völlig unterschiedliche Aromanuancen.

Nur durch ein Fass mit blankem oder geröstetem Holz kann Ihr Destillat profitieren!

Welches Fass für welches Getränk?

Als das beste Holz für die Fasslagerung wird allgemein die Amerikanische Weißeiche angesehen, ein Holz, das aufgrund der feinen Vanillenoten für fast alle Sherry- und Bourbonfässer verwendet wird. Je nach Region verwendet man auch andere Hölzer, wie zum Beispiel das der edlen und ebenfalls gut zur Lagerung edler Brände geeigneten französischen Eiche. Da die Holznoten später das gesamte Getränk verändern, sollte man unbedingt darauf achten, mit welchem Holz man arbeitet. Gekohlte Eichenfässer eignen sich vor allem für Brände, die kräftig Farbe und Aroma annehmen dürfen. Typisch ist das Aroma bei den Bourbon-Whiskys herauszuschmecken, während man französische Cognacs eher in Fässern aus französischer Eiche lagert. Speziell für uns Hobbybrenner werden heutzutage auch kleine Fässer aus dem Holz ehemaliger Sherry-, Bourbon- oder Portweinfässer gebaut. Möchte man dagegen den eigentlichen Charakter und die Farbe eines Brandes, etwa bei einem feinen Obstbrand, nur leicht unterstützen, dann sollte man eher zu Fässern aus dem weniger dominanten Eschenholz oder dem Holz einer ungetoasteten Limousin-Eiche greifen. Alternativ werden auch Fässer aus Kastanien-, Kirsch- oder Akazienholz angeboten.

Viele Hölzer und viele Getränke. Welches ist das beste?

Sie sollten auch wissen, dass ein Fass im Hobbybereich natürlich wesentlich kleiner ist als ein Fass einer Großbrennerei. Teilweise kann man echte Fässer schon ab ein oder zwei Litern Volumen kaufen! Dadurch entsteht ein völlig anderes Verhältnis von Holzoberfläche zu Inhalt. Kleine Fässer geben mehr Aromen und Farben an das Getränk ab, als ein großes Fass es tun würde. Der Reifeprozess wird deutlich beschleunigt! Kontrollieren Sie gelegentlich und füllen Sie in einen Edelstahl- oder Glasbehälter um, wenn Sie genug Aroma ausgelaugt haben.

Wichtig zu wissen: Kleinere Fässer geben mehr Aromen und Farbe ab ...

Angels' Share und Devil's Cut

2 % Verlust pro Jahr sind keine Seltenheit.

Ein großes Problem für uns Hobbybrenner ist der sogenannte **„Angels' Share"**. Das ist der Anteil, der im Laufe der Lagerung durch die Fasswände verdunstet[24] und der ohne Weiteres schon in einem großen Fass 2 % pro Jahr betragen kann. Sie müssen in einem kleinen Fass leider mit noch höheren Verlusten rechnen. Eventuell können Sie diese Verdunstung etwas einschränken, indem Sie ein von außen lackiertes Fass verwenden oder das ganze Fass mit Folie umwickeln. Dann müssen Sie nur noch darauf achten, dass es nicht schimmelt ...

Das Solera-System: auch für zu Hause geeignet?

Der **„Devil's Cut"** ist eher ein Werbegag der amerikanischen Whiskyindustrie und soll im Gegensatz zum flüchtigen Angels' Share den stark aromatischen Bodensatz eines Whiskyfasses symbolisieren. Hier sind keine weiteren Verluste zu erwarten. Ein kleines Fass können Sie bis auf den letzten Tropfen leeren oder den lange gelagerten Rest mit einer frischen Charge auffüllen. Dann ist Ihr Brand ein „blended", also gemischt und abgeschmeckt. Brandys in Spanien werden in vier Fassreihen übereinander gestapelt und der junge Brand wird ins oberste Fass eingefüllt. Die Inhalte der Fässer wandern jedes Jahr um eine Reihe tiefer, aus dem untersten Fass wird der vier Jahre alte Brand dann mit den Resten der Vorjahre gemischt und zum Abfüllen entnommen. Manche Teile im untersten Fass können daher schon zig Jahre alt sein, je nachdem, wie lange es die Bodega, also den Keller, schon gibt. Diese „Solera-Verfahren" genannte Methode eignet sich gut für uns im Hobbybereich, denn so können wir bei regelmäßigem Nach- und Umfüllen die Fässer in gutem Zustand erhalten und im Laufe einiger Jahre auf eine edle Sammlung selbst gebrannter und wenigstens in homöopathischen Dosen auch wirklich alten gelagerten Bränden zurückblicken.

Fasspflege

Halten Sie Ihr Fass immer befüllt!

Ein Fass will gepflegt sein, dazu gehört in der Hauptsache, das Fass feucht zu halten. Ein echtes und nicht versiegeltes Fass besteht aus lose zusammengefügten Holzdauben, die durch einen Metallring umspannt zusammenhalten. Bei Trockenheit können diese sich zusammenziehen und auseinanderfallen – befüllt dehnen sie sich auseinander und dichten die Spalten zwischen den einzelnen Brettchen zuverlässig ab. Es ist nicht so einfach, ein zerfallenes Fass wieder zusammenzupuzzeln und gleichmäßig feucht zu halten,

[24] Einer schottischen Legende nach ist das der Anteil, den sich die Engel aus den Fässern genehmigen, daher stammt der Name: der Anteil für die Engel.

sollte man versuchen, es als Laie noch einmal zu reparieren und dicht zu bekommen.

TIPP **Fässer feucht halten**

Ich empfehle Ihnen, Ihre Fässer regelmäßig zu kontrollieren und nötigenfalls nachzufüllen. Am besten natürlich mit dem Getränk, welches Sie im Fass reifen lassen möchten. Falls Sie Ihr Fass nicht benutzen, können Sie auch einfach Wasser einfüllen, wobei ich Ihnen empfehlen würde, abgekochtes Wasser mit etwas Schwefelpulver zu verwenden, um Fäulnis und Bakterienbildung auszuschließen.

Neue Fässer werden mitunter auch trocken geliefert und sollten dann nach einer Erstbefüllung nicht mehr austrocknen. Am besten spülen Sie neue Fässer immer erst ein paar Mal mit heißem Wasser durch, bevor Sie sie benutzen. Besonders kleine, ausgekohlte Fässer sollten anfangs mit einem „billigeren" Alkohol angesetzt werden, um allzu starke Aroma- und Farbveränderungen Ihrer mühselig hergestellten Edelbrände zu verhindern. Falls Sie dem Fass noch besondere zusätzliche Aromen verleihen möchten, dann lagern Sie im ersten Jahr einen Sherry oder Portwein, Ihr später eingefüllter selbst gebrannter Whisky wird es Ihnen gerne danken.

Alternative Möglichkeiten zur Aromatisierung

Holzaromen

Da wir meistens nur relativ geringe Mengen an Alkohol zur Verfügung haben, können wir die Fasslagerung sehr gut imitieren, indem wir einfach Holzspäne der entsprechenden Sorten mit unserem Alkohol in einer Flasche ansetzen. Letztendlich ist der Effekt, nämlich die Färbung und Aromatisierung unseres Destillates, der gleiche wie bei der Fasslagerung. Eine Flasche voller Holzspäne ist nur nicht ganz so stilvoll wie ein eigenes Eichenholzfass. Im Handel sind etliche unterschiedliche Holzsorten und deren Röstungen speziell für Hobbybrenner erhältlich und laden zum Experimentieren ein. Der Umgang damit ist kinderleicht und wenn man sich ein wenig in Fachmagazinen wie der „Kleinbrennerei" umsieht, stellt man schnell fest, dass

Stolz auf den eigenen Whisky!

auch die gewerblichen Brenner lieber mit Eichenholzchips im Edelstahltank lagern als in echten Holzfässern.

Edle Holzspäne ersetzen das Fass!

Geben Sie einfach einen oder zwei Esslöffel Holzspäne mit Ihrem Getränk in eine Flasche und lagern Sie das Ganze an einem möglichst dunklen und gleichmäßig temperierten Platz. Ihr Destillat wird schon nach wenigen Tagen Farbe und Aroma verändern, ganz so, als wäre es in einem Holzfass. Vielleicht können Sie es tatsächlich aushalten und auf diese Weise eine Flasche mit selbst gebranntem Whisky über mehrere Jahre reifen lassen? Laut Gesetz ist es dann zwar kein echter Whisky, weil er nicht in einem Fass gelagert wurde – aber wer weiß das schon, und was macht es zu Hause für einen Unterschied? Neben den echten Holzspänen können Sie auch mit Walnussschalen oder Esskastanien experimentieren. Erlaubt ist, was gefällt – und wenn es Ihr Getränk durch Aroma und Farbe bereichert, dann kann es nur gut sein.

Karamell und Zucker

Mit karamellisiertem Zucker tricksen wie in der Industrie!

Bei Zugabe von Zucker und Karamell weichen wir fast vom Pfad der ehrlichen und edlen Brände ab und landen gefährlich nahe bei den Fälschungen oder den legalen, aber einfacheren Spirituosen. Aber mal ehrlich, warum sollten wir zu Hause nicht mit den gleichen Tricks arbeiten wie die Industrie, um unseren Drink etwas gefälliger zu machen? Laut Gesetz dürfen beispielweise einem Cognac bis zu 3 % Zucker zugesetzt werden. Außerdem darf die Farbe mit Zuckercouleur abgedunkelt werden, um eine längere Fasslagerung zu imitieren.

Zucker, Orangensaft und Brandy machen den Likör aus.

Im Hobbybereich können wir beide Methoden wortwörtlich verschmelzen, indem wir Zucker vorsichtig in einer Pfanne (oder auf einem Löffel) aufheizen, bis er braun wird. Dabei muss sorgfältig umgerührt werden, damit der Zucker nicht anbrennt. Wenn der gesamte Zucker eingeschmolzen und gleichmäßig gebräunt erscheint, geben wir vorsichtig Wasser dazu und verrühren zu einem dicken süßen Karamellsirup. Davon können wir nach Geschmack kleine Mengen in unseren Selbstgebrannten einrühren, um eine bräunliche Farbe sowie einen für viele Zungen gefälligeren Geschmack zu erzeugen. Natürlich funktioniert diese Methode nur bei dunklen Bränden, bei klaren Bränden lösen Sie einfach hellen Zucker mit Wasser zu einem Zuckersirup und geben diesen dazu. Vor allem bei den eher würzigeren Bränden mit Anis, Kümmel oder Fenchel ist die Zugabe von ein wenig Zucker auch offiziell erlaubt und oftmals sogar erwünscht. Letztendlich bestimmen nur Ihre Geschmackssinne, was Ihnen persönlich am besten schmeckt und ob Sie es lieber etwas süßer oder herb halten möchten.

Essenzen und Aromen

Als weitere Methode, um einen Alkohol zu bereichern, kennen wir noch die der Aromatisierung durch industriell hergestellte Essenzen. Ähnlich wie bei unserer großen Gin-Herstellung geben wir hierbei einfach die fertigen Aromen in einen neutralen Alkohol, um diesen in unseren Lieblingsdrink zu verwandeln. Je nach Alkoholsorte werden die Aromaessenzen genau abgestimmt auf eine bestimmte Menge optimiert geliefert. Sie können kaum etwas falsch machen. Die meisten der hochwertigeren Essenzen stammen aus Schweden, wo aufgrund der hohen Branntweinsteuer das „geheime" Destillieren fast schon ein Sport zu sein scheint. Aus Zuckerwasser werden einfache klare Brände gewonnen und dann unter Zugabe der entsprechenden Aromen in den jeweiligen Lieblingsdrink verwandelt. Dank den Aromen ist es möglich, jeden beliebigen Likör oder Alkohol selbst herzustellen und sich so günstig eine gut sortierte Hausbar anzulegen. Sie können die Essenzen aber auch auf andere Arten verwenden, beispielsweise um einen etwas aromaschwachen Obstschnaps noch ein wenig zu verbessern oder um eine Fasslagerung zu imitieren.

Aromatisieren von Industriealkohol mit fertigen Essenzen

Neben den fertig abgestimmten Likör-, Obstbrand-, Gin-, Tequila-, Whisky- oder Cognacaromen kennen wir aus der Lebensmittelindustrie auch die reinen Lebensmittelaromen, die ebenfalls sparsam, aber effektiv eingesetzt werden können, um einem Selbstgebrannten noch das gewisse Etwas zu verleihen. Auch hier finden wir eine breit gefächerte Auswahl von Holz- über Brandy- und Whisky- bis hin zu diversen Fruchtaromen und oftmals auch aus rein natürlichen Zutaten ohne künstliche Zusätze. Theoretisch kommen Sie bei der Verwendung von gekauften Aromen und Essenzen sogar gänzlich ohne die Destillation aus, solange Sie Ihre alkoholische Grundlage in Form von günstigem Wodka oder Doppelkorn im nächsten Supermarkt einkaufen und zu Hause selber mischen. Selbst dann ist die selbst gemischte Flasche Gin meistens noch günstiger als eine vergleichbare Marke. Probieren Sie es aus, die Industrie macht letztendlich auch nichts anderes.

Mit gekauften Aromen den eigenen Brand verbessern?

Eigener Schnaps ohne Destillation!

Abfüllen in Flaschen

Ist Ihr Brand erst fertig und durch Sie abgeschmeckt, dann geht es darum, diesen abzufüllen. Ich verwende gerne 0,35-Liter-Spirituosenflaschen mit Drehdeckel, sammle aber das ganze Jahr über auch andere schöne Flaschen zur Wiederverwendung. Letztendlich geht es beim Abfüllen darum, den mühselig gewonnenen Brand ähnlich einer Trophäe zu erhalten. Ein edler

VINA
BIBICh
DALMACIJA
CUARENTA Y TRES
DZ LICORES S.L.

Brand und sein Aroma werden mit einer schönen Flasche erst richtig geehrt. Wenn wir einmal entschieden haben, dass diese Mischung jetzt perfekt für unseren und den Gaumen unserer Bekannten ist, dann ist es garantiert eine Freude, später noch einmal zu verkosten und zu vergleichen. Noch größer wird die Freude, wenn man gute Freunde oder Bekannte verkosten lässt oder ihnen sogar ein Fläschchen abgeben kann und dann anerkennende Zustimmung bekommt.

Der größte Spaß: das Verkosten mit Freunden

HINWEIS **Haltbarkeit**

Edle Brände, vor allem die vorher schon gereiften, können relativ lange in einer Flasche aufbewahrt werden, ohne sich im Aroma zu verändern. Einzig die feinen Aromen der Obstbrände können sich bei minderen Qualitäten schon innerhalb eines Jahres verflüchtigen. Achten Sie darauf, Ihre Flaschen möglichst immer fest verschlossen zu haben und lagern Sie diese an einem dunklen und gleichmäßig eher kühlen Ort, so können Sie sich noch Jahre später an der Vielfalt Ihrer eigenen Brände erfreuen.

Ätherische Öle destillieren

Die Destillation ätherischer Öle unterscheidet sich deutlich von der Alkoholdestillation und wir sollten einige Dinge berücksichtigen, bevor wir uns ans große Werk machen. Bei der Alkoholdestillation geben wir eine bereits alkoholhaltige Grundlage in den Brennkessel und lösen die wegen des niedrigeren Siedepunkts vorher aufdampfenden Alkohole heraus. Dabei kann der Alkoholdampf auf seinem Weg durch die Destille auch verschiedene Aromen und ätherische Öle aus Pflanzen, Gewürzen oder Kräutern herauslösen und mit sich schleppen. Dieser Vorgang wird auch Schleppdestillation genannt. Dabei spielt es keine Rolle, ob die Aromen aus unserem Pflanzenmaterial durch Dampf oder durch vorheriges Einweichen und eine Destillation direkt aus dem Brennkessel herausgelöst werden. Der Alkohol verbindet sich mit den Aromen zu einer Einheit und transportiert diese sicher durch den Kühler bis in Ihre Vorlage der Destille. Wir erhalten am Ende einen mit verschiedensten Inhaltsstoffen aus unserem Material angereicherten, je nach Pflanzenart zumeist höchst aromatisch duftenden Alkohol. Einige der auf diese Weise gewonnenen Alkohole sind so fein im Aroma, dass findige Brennmeister und Destillateure ihre edlen „Schnäpse" sogar in Kleinstfläschchen mit Zerstäuber abfüllen und beispielsweise als „Kirsch-" oder „Birnenparfum" anbieten. Das wohlduftige Ergebnis liegt zum Teil auch an den ätherischen Ölen, die sich komplett im Alkohol lösen. Auch, oder vor allem, bei der Geistherstellung geht es darum, die im Pflanzenmaterial enthaltenen ätherischen Öle in unseren Alkohol zu übernehmen. Aus diesem Grund sind stark aromaölhaltige Pflanzen, wie beispielsweise Anis, Wacholder, Kümmel oder Fenchel, auch beim Schnapsbrennen besonders beliebte und unkomplizierte Aromaspender. Aber wir haben ein Problem!

Ätherische Öle mischen sich untrennbar mit Alkohol!

Fein schwimmt hier obenauf das ätherische Öl.

Das Problem

Die ätherischen Öle verbinden sich untrennbar mit dem Alkohol! Wir können zwar durch die Destillation allerlei edle Aromen in den Alkohol übernehmen, können die ätherischen Öle aber danach nicht mehr vom Alkohol abtrennen. Merken Sie sich diesen einfachen Grundsatz. Ätherische Öle lösen sich in Alkohol vollständig auf! Wir können dieses Wissen im Hobbybereich auf vielfache Weise nutzen, etwa in dem wir Aromen direkt mit Alkohol destillieren, um größere Mengen an aromatischen Leckereien zu erhalten. Das sind dann zwar keine ätherischen Öle, aber gute, höchst aromatische und selbst hergestellte Grundlagen für Naturkosmetik oder Parfums! Umgedreht ist es möglich, reine ätherische Öle mit Alkohol etwas zu verlängern oder aufzustrecken und zu konservieren. Vor allem wenn Sie nur sehr kleine Mengen an ätherischen Ölen herstellen konnten, empfiehlt es sich eventuell, ein paar Tröpfchen von einem neutralen Alkohol unterzumischen, um die Menge zu vergrößern und die Haltbarkeit zu erhöhen. Bei einer Mischung von drei Teilen Alkohol auf einen Teil ätherischer Öle erhalten Sie gleich die vierfache Menge und eine wesentlich längere Haltbarkeit. Ein kleiner Trick, der im privaten Bereich durchaus erlaubt ist und uns letztendlich zu vorzeigbaren Ergebnissen in immer noch allerbester, hausgemachter Qualität verhilft. Doch genug zum Thema Alkohol. Es wird Zeit, dass wir uns ernsthaft um die Destillation der ätherischen Öle kümmern.

Die Lösung

Alkohol ist zwar chemisch gesehen eine „Lösung", aber nicht die Lösung zur Herstellung ätherischer Öle.

Eigentlich ist alles ganz einfach. Wir destillieren unsere ätherischen Öle nicht mit Alkohol, sondern mit **Wasser**! Zu Beginn dieses Buches haben wir bereits eine Probedestillation mit Wasser zum Ausprobieren unserer Destille gemacht und dabei festgestellt, dass der Siedepunkt von Wasser tatsächlich[25] bei 100 °C liegt. Wir benötigen demnach etwas mehr Energie als bei der Destillation von Alkohol, um die Destille entsprechend aufzuheizen.

Ganz einfach: Wir destillieren mit Wasser!

Wasser ist fast immer verfügbar und mischt sich in der Regel nicht mit den ätherischen Ölen. Dadurch wird Wasser die optimale Grundlage, um die kostbaren ätherischen Öle aus den von uns verwendeten Pflanzenmaterialien herauszulösen. Bei ausreichenden Mengen können wir die ätherischen Öle nach der Destillation vom restlichen, durch die Destillation ebenfalls aromatisierten Pflanzenwasser, den sogenannten Hydrolaten,

[25] Je nach Wetter und Höhenlage

mit einer Pipette abtrennen. Die meisten der ätherischen Öle schwimmen obenauf und lassen sich nach einer kurzen Ruhezeit gut vom Hydrolat unterscheiden.

Leider bezieht sich das aber nicht auf alle. Nelkenöl beispielsweise sinkt auf den Boden, lässt sich von dort dann aber ebenfalls gut mit einer Pipette entfernen. Andere Öle sind beinahe unsichtbar, wir benötigen eventuell eine gute Brille oder ein Vergrößerungsglas und ganz sicher eine gute Beleuchtung, um den feinen Übergang beim Abtrennen sehen zu können. Im Hobbybereich können wir gut mit einer feinen Pipette und kleinen Reagenzgläsern arbeiten. Ich habe sehr gute Erfahrungen mit einer sogenannten Sicherheitspipette gemacht. Hier kann man extrem fein dosieren und benötigt nur eine Hand, während man mit der anderen Hand das Reagenzglas entsprechend schräg und an die richtige Stelle halten kann. Auch wenn die Sicherheitspipetten deutlich teurer sind, lohnt sich die Anschaffung schnell.

Optimal auch bei winzigen Mengen: die Sicherheitspipette

Bevor wir ans Trennen der ätherischen Öle vom Hydrolat denken können, müssen wir zunächst die Pflanzen destillieren, deren Öle wir erhalten wollen. Und bevor wir destillieren, sollten wir uns über die zu erwartenden Mengen klar werden. Nur etwa 1 % aller Pflanzen enthalten ätherische Öle. Manche davon sind sehr stark ölhaltig und können gut in einer Minidestille destilliert werden. Hierzu zählen vor allem Nelken, Wacholder, Anis, Fenchel, Kümmel, Minze, Rosmarin, Thymian und natürlich der Freund aller Destillateure, der Lavendel. Bei diesen Pflanzen können wir durchaus mit einigen Tropfen bis hin zu mehreren Millilitern an ätherischen Ölen und einer reichlichen Ausbeute an aromatischem Pflanzenwasser (Hydrolat) rechnen.

Bei vielen anderen Pflanzen dagegen ist es in einer Minidestille leider unmöglich, auch nur einen einzigen Tropfen des kostbaren Öls zu erhalten. Wir haben uns vor einigen Jahren versuchshalber bemüht und eine 30-Liter-Kolonnenbrennerei mit frischen, zu Sonnenaufgang geernteten Rosenblüten befüllt und diese destilliert. Dabei konnten wir geradeso einen einzelnen Tropfen des ätherischen Öls auf dem Pflanzenwasser schwimmen sehen. Jasmin oder Orangenblüten sind ähnlich schwierig. Wir sollten im Hobbybereich gar nicht erst versuchen, zarte Blütenöle zu destillieren, so können wir von Anfang an große Enttäuschungen vermeiden.

Was wir anstelle der ätherischen Öle erhalten, sind feine Pflanzenwässer, auch Hydrolate genannt. Im Falle der Rosenblüten ein frisches, eher „grün" duftendes Rosenwasser, welches wir sehr gut zur Hautpflege verwenden können. Ein solches Hydrolat lässt sich im kleinen Maßstab mit einer Miniaturdestille ebenso gut herstellen wie mit einer großen Anlage. Die zu erwartenden Mengen an Hydrolaten sind durchaus ausreichend, um sie auch später großzügig verwenden zu können.

Destillieren kann man fast alles – aber nicht alles gibt auch Öl ab.

TIPP **Geeignete Pflanzen finden**

Um ein Gefühl dafür zu bekommen, welche Pflanzen geeignet sind und welche eher nicht, empfiehlt es sich zu beobachten, welche ätherischen Öle verkauft werden. Und zu welchem Preis! Grob gesehen können Sie davon ausgehen, dass alle eher günstigen Öle relativ unkompliziert aus einfach zu beschaffenden Pflanzen zu destillieren sind. Ebenso können Sie sich vielleicht vorstellen, warum ein einziger Milliliter Rosenöl mit Gold aufgewogen werden kann. Wir sollten im Hobbybereich bei echten ätherischen Ölen die Messlatte nicht zu hoch hängen. Die Destillation ätherischer Öle ist auch mit einer 0,5-Liter-Minidestille möglich, aber in den meisten Fällen nicht sehr ergiebig.

Interessant ist es zu wissen, dass wir die meisten ätherischen Öle in einer besseren Qualität erhalten, wenn wir das Pflanzenmaterial nur durchdampfen und nicht vorher in den Brennkessel geben und aufkochen.

TIPP **Dampfdestillation**

Aus diesem Grunde empfehle ich normalerweise, zur Herstellung von Hydrolaten und ätherischen Ölen eine Destille mit möglichst großem Dampfraum zu verwenden und diesen mit der maximal möglichen Menge an zu destillierenden Kräutern zu befüllen. Es ist nur logisch: Je mehr ölhaltiges Material wir einbringen, umso mehr ätherische Öle können wir herausdestillieren. Damit kennen wir schon die halbe Kunst. Versuchen Sie einfach, so viele Pflanzen wie nur irgendwie möglich in Ihren Dampfraum zu füllen!

Experiment mit Rosenblättern in einer 30-Liter-Destille

Gleichzeitig sollten Sie sich der dünnen Öffnungen vom Hut zum Geistrohr bewusst sein. Legen Sie nach Möglichkeit ein feines Kupfersieb vor das Geistrohr, damit nichts von dem Pflanzenmaterial eindringen und dieses verstopfen kann. Im schlimmsten Falle könnte sich sonst Druck aufbauen, der den Hut vom Kessel drückt. Die entweichenden Dampfwolken könnten zu Verbrennungen führen. Seien Sie sich bitte immer der Gefahr bewusst!

Praktisches Destillieren ätherischer Öle

Nelkendestillation

Um erste Erfolge zu erzielen, empfehle ich Ihnen, zuerst einen Test mit Gewürznelken zu machen. Nelken sind leicht auch in größeren Mengen zu beschaffen und relativ preisgünstig. Zugleich sind Nelken stark ölhaltig und geben ein intensiv duftendes, eindeutig zu erkennendes und gut sichtbares ätherisches Öl ab. Es sollte Ihnen auch mit der kleinsten Destille möglich sein, wenigstens einige Tropfen ätherisches Öl zu destillieren.

Nelken: sehr ergiebig und leicht zu destillieren!

Auf dem Foto sehen Sie die Menge, die Sie erhalten können. Das Tolle bei Nelken ist, dass wir das Öl eindeutig sehen können, weil es sich farblich klar vom Destillat abhebt. Außerdem ist es nicht unbedingt nötig, die Nelken vorher zu zerkleinern oder durch Dampf zu destillieren. Das würde zwar die Qualität und die Menge erhöhen, was aber ohne echte Laborausstattung kaum messbar wäre. Sie werden sehen, für einen ersten Versuch sind Nelken genau das richtige Material.

Geben Sie einfach eine Hand voll Nelken in den Brennkessel oder, falls vorhanden, in den Dampfraum Ihrer Destille. Dann füllen Sie den Kessel zu drei Vierteln mit Wasser und heizen kräftig ein. Im Gegensatz zum Alkohol ist es bei der Destillation ätherischer Öle vorteilhaft, den Brennkessel schnell

Hier habe ich eine stattliche Menge Nelkenöl mit einer 0,5-Liter-Kolonne destilliert.

Nelkenöl sinkt nach unten zum Boden.

aufzuheizen, um die feineren Aromen und ätherischen Öle nicht mit der nur gemächlich zunehmenden Hitze zu „zerkochen". Wenn Sie später mit mehr Routine arbeiten, würde ich Ihnen bei einer Dampfdestille sogar empfehlen, den Brennkessel offen anzuheizen und die mit den Pflanzen befüllte Kolonne mit Hut erst aufzusetzen, wenn das Wasser im Kessel schon kocht. Das ist nicht ungefährlich, aber wenn Sie Ihre Destille kennen und sich in zügiger Arbeitsweise diesen Schritt zutrauen, können Sie tatsächlich schnell ätherische Öle in extrem guter Qualität destillieren.

Bei unseren Nelken funktioniert das aber auch so. Wenn das Wasser kocht, achten Sie auf eine gute Kühlung! Hier sitzt die zweite Hälfte der Kunst! Wir wissen mittlerweile, dass es den Ertrag deutlich erhöht, wenn man beim Destillieren ätherischer Öle eine effiziente Kühlmethode einsetzt. Am Anfang des Buches haben wir verschiedene Aufbauten gesehen. Beim Destillieren ätherischer Öle empfiehlt sich tatsächlich ein fest angeschlossener Kühlkreislauf, der stets kaltes Eiswasser aus einer Schüssel oder Spüle durch den Kühler Ihrer Destille pumpt. Die Menge und die Qualität Ihrer so gewonnenen Kostbarkeiten werden es Ihnen danken!

Am Kühler stellen Sie kleine Gläser bereit, damit Sie das Destillat auffangen können, wenn es heraustropft. Je nach Reinigungszustand Ihrer Destille können die ersten Tropfen noch einen anderen Geruch oder eine andere Farbe aufweisen, nach kürzester Zeit aber sollte das Hydrolat kühl herausfließen und schnell die ersten kleinen Fläschchen füllen.

Lassen Sie Ihr Destillat ruhen!

HINWEIS **Hydrolat rasten lassen**

Können Sie schon das Öl sehen? Nein? Lassen Sie die Fläschchen einen Tag ruhen. Das ätherische Öl bleibt oftmals fein verteilt im Hydrolat und muss sich erst „finden". Bei ausreichenden Mengen werden sich die winzigen Tröpfchen des Nelkenöles schon bald am Boden sammeln und miteinander zu einer kleinen, gut sichtbaren Ölblase verbinden.

Erinnern Sie sich an das zuvor Gesagte? Nelkenöl ist schwerer als Wasser, es sinkt nach unten. Mit einer feinen Pipette können Sie die Ölblase vorsichtig „anstechen" und das Öl einsaugen. Was bleibt, ist das Gläschen mit dem Hydrolat, das Sie am besten bis zur späteren Verwendung im Kühlschrank aufbewahren. Aus 300 ml Wasser auf 80 g Nelken können Sie bequem 150 ml eines sehr kräftigen Hydrolats und mehrere Milliliter ätherisches Öl destillieren. Riechen Sie vorsichtig am Hydrolat! Sie werden bemerken, wie stark die Nelke sich hier durchsetzt und können sicher erahnen, wie „mächtig" und wirkungsvoll auch Hydrolate sein können. Hier sind eindeutig wahrnehmbar etliche wertvolle Stoffe vorhanden! Verkosten Sie vorsichtig und spüren Sie die volle desinfizierende Kraft der Nelke. Das Hydrolat, die kleine Schwester des ätherischen Öles, muss sich nicht verstecken.

WICHTIG **Wirkung beachten**

Seien Sie gewarnt, die Wirkung von frischem Nelkenöl kann stark betäubend oder sogar hautreizend sein. Halten Sie Ihr Destillat von Kindern fern. Diese Erfahrungen sind ein weiterer Grund, warum ich Ihnen empfehle, als Erstes Nelkenöl zu destillieren. Sie können direkt spüren, wie schon das Hydrolat stark antibakteriell wirkt und verstehen sicher sofort, warum wir im Umgang mit Pflanzendestillaten sehr vorsichtig sein müssen. Sie sind nicht harmlos oder ungefährlich! Sie erhalten durch die Destillation hochwirksame Pflanzenstoffe, die je nach den Inhalts- und Wirkstoffen der Pflanze auch einen verantwortungsvollen Umgang und nach Möglichkeit etwas Fachwissen zu den einzelnen Inhaltsstoffen oder Wirkungen erfordern. Am besten besorgen Sie sich noch ein großes Kräuterbuch oder noch besser gleich ein spezielles Buch zur Aromatherapie oder zu den einzelnen ätherischen Ölen und Hydrolaten. Dann sind Sie gut gewappnet, um es auch mit den wirksamsten Pflanzen aufzunehmen.

Achtung Gefahr! Unterschätzen Sie nicht die Wirksamkeit der ätherischen Öle!

Lavendeldestillation

Lavendel – unser aller Freund

Im nächsten Schritt würde ich empfehlen, Lavendel zu destillieren. Lavendel ist ebenfalls relativ stark ölhaltig und Sie sollten in der Lage sein, wenigstens 1 ml ätherisches Öl und dazu ein feines Hydrolat mit einer 0,5-Liter-Destille zu gewinnen, bei entsprechend starker Kühlung und einem großen Dampfkorb wahrscheinlich sogar mehr. War es bei den Nelken noch egal, sollten Sie Lavendel unbedingt **durch Dampf destillieren** – und im Idealfall, wie vorher beschrieben, die befüllte Kolonne erst aufsetzen, wenn das Wasser im Kessel bereits nahe am Kochen ist. Sobald der Dampf den Aromaraum Ihrer Destille durchdringt und die feinen ätherischen Öle aus den Lavendelblüten herauslöst, wird sich ein lieblicher Lavendelduft um Sie herum verbreiten. Genießen Sie diesen angenehmen Nebeneffekt Ihres Hobbys. Es duftet meistens gut, wo destilliert wird. Nach der Destillation lassen Sie

Guter Aufbau für die Destillation ätherischer Öle

Auch ein Glaskolben eignet sich gut zum Auffangen des Destillates.

das gesammelte Hydrolat wieder etwas ruhen, bis sich die enthaltenen ätherischen Öle miteinander verbinden und im Falle des Lavendels wahrscheinlich relativ gut sichtbar mit einem zarten, leicht gelblichen Honig-Farbton obenauf schwimmen.

Nach diesen beiden ersten Destillationen sind Sie bestens gewappnet, um es auch mit allen anderen Pflanzen aufzunehmen. Sie haben erfahren, dass manche Öle abtauchen, während andere obenauf schwimmen. Auch die farblichen Unterschiede sind eindeutig, das Nelkenöl ist dunkel, während das Lavendelöl eher hell und golden schimmert. Denken Sie daran, manche Öle sind glasklar und kaum auf der Oberfläche des Hydrolates zu erkennen, selbst wenn sie in größeren Mengen enthalten sein sollten.

TIPP **Pflanzen, die Sie versuchen sollten**

Um Erfolg bei der Destillation eigener ätherischer Öle zu haben, versuchen Sie sich an den folgenden Pflanzen, die allesamt eher stark ölhaltig und eher einfach zu destillieren sind: Anis, Sternanis, Fenchel, Kümmel, Minze, Estragon, Majoran, Rosmarin, Wacholder, Muskat, Ingwer, Eukalyptus, Piment oder Kalmus.

Gerne dürfen Sie sich auch an den äußeren Stücken der Zitrusfrüchte wie Orangen oder Zitronen versuchen, obwohl die Öle hier in der Regel eher kalt herausgepresst werden. Ich wünsche Ihnen viel Spaß und Erfolg bei allen Destillationen.

Was destilliere ich am besten in welchem Zustand

In den frühen Morgenstunden kurz nach Sonnenaufgang ist die Konzentration an ätherischen Ölen zumeist am höchsten. Idealerweise ernten Sie frisches Pflanzenmaterial und destillieren schon kurze Zeit später, wenn die Pflanzen erst leicht angewelkt sind. Bei einigen Pflanzen brechen die ölhaltigen Zellen erst nach einer längeren Trockenzeit auf. Die ätherischen Öle können dann deutlich besser destilliert werden. Lavendel beispielsweise sollte vor der Destillation immer mindestens eine, besser zwei Wochen lang angetrocknet werden. Auch Minze verträgt eine längere Trockenzeit sehr gut. Da ätherische Öle aber flüchtig sind, kann eine zu lange Lagerzeit die enthaltenen Mengen an ätherischem Öl drastisch reduzieren. Die meisten Gewürze bewahren die kostbaren Öle sicher im Inneren auf und können daher auch sehr gut im getrockneten Zustand destilliert werden. Nelken, Fenchel, Anis, Kümmel und Wacholder zählen beispielsweise zu den bequemen Pflanzen, die man bei Bedarf aus dem Küchenregal entnehmen und zumeist erfolgreich destillieren kann. Es lohnt sich für den Hobbybereich, eine Sammlung getrockneter Materialien aufzubewahren, damit man immer genügend ölhaltige Grundlagen für eigene Destillationen zur Verfügung hat.

Die „bequemen Pflanzen" beim Destillieren

Bei unseren Kleinstmengen, die wir im privaten Bereich maximal destillieren können, empfehle ich, vor allem die edelsten Teile der Pflanze zu verwenden. Sie sollten sich beispielsweise die Mühe machen und Lavendelblüten vom Strauch abrebeln, um zu einem höheren Ertrag zu kommen. Bei größeren Destillen dagegen dürfen Sie den gesamten Strauch mitsamt den holzigen Teilen destillieren. Andere Pflanzen mit Blättern oder Nadeln können Sie vorbereiten, indem Sie diese mit Messer oder Schere fein zerschneiden. Grobe oder härtere Gewürze wie Nelken oder Wacholder sollten Sie mit einer Küchenmaschine etwas zerkleinern, damit diese geöffnet und angebrochen den Weg für den Dampf ins Innere freigeben und Ihnen so zu einer intensiveren und höheren Ausbeute verhelfen.

Höherer Ertrag durch mehr Vorarbeiten

Tipp: Biegen Sie immer ein Stück Kupfergewebe vor das Geistrohr Ihrer Destille. So verhindern Sie zuverlässig Verstopfungen, Verunreinigungen und Überdruck.

2-Liter-Destillen für ätherische Öle & Hydrolate

Wie bereits eingangs erwähnt, wurde dieses Buch 2016 geschrieben, als die maximale Größe für eine Destillieranlage in Deutschland noch bei 0,5 Litern (Brennkesselvolumen) lag. Die meisten Rezepte und Hinweise beziehen sich daher auf die Miniaturdestillen.

Sie sollten wissen, dass Sie seit dem 1.1.2018 auch in Deutschland mit einer 2-Liter-Destille arbeiten dürfen, ohne die Destille anmelden zu müssen, und dass sich aufgrund der vierfachen Größe die Destillation ätherischer Öle deutlich vereinfacht und die möglichen Mengen stark vervielfacht haben. Mit einer einfachen schriftlichen Anmeldung beim Zoll dürfen Sie neuerdings sogar noch viel größere Destillen zur Herstellung ätherischer Öle und Hydrolate erwerben und benutzen.

Deswegen hier mein zusätzlicher Tipp: Besorgen Sie sich eine größere Destille, wenn Sie ätherische Öle herstellen möchten. Aufgrund unserer

Die Arabia ist die perfekte Destille, vor allem wenn Sie gerne unkompliziert direkt unter freiem Himmel destillieren möchten. Zum Beispiel so wie hier frische Schlehdornblüten direkt unter dem Schlehenbaum.

vielen eigenen, im letzten Jahr noch für uns verbotenen, Experimente mit der 2-Liter-Größe können wir heute sicher sagen, welche Destille für wen am besten geeignet ist – und die 2-Liter-Größe ist wirklich perfekt für den Hobbybereich geeignet.

Dank der neuen Gesetzgebung finden wir heute etliche neue oder an das Gesetz angepasste Destillieranlagen und bei der Herstellung ätherischer Öle macht es tatsächlich einen großen Unterschied, welche Destille wir benutzen. Ich habe während der letzten Monate allesamt intensiv ausprobiert und untereinander verglichen. Nachstehend meine Ergebnisse speziell zur Herstellung von Hydrolaten und ätherischen Ölen.

Die 2-Liter-**„Arabia"** in der neuen, an das Alkoholsteuergesetz 2018 angepassten Variante mit Aromasieb hat sich als Überraschungssieger herausgestellt. Ich kann aus heutiger Sicht und Erfahrung nicht verstehen, warum wir diese wunderbare Destille in den letzten Jahren so vernachlässigt und unterschätzt hatten. Sie ist klar eine meiner Lieblingsdestillen und ich benutze sie fast bei jeder „spontanen" Destillation, weil sie sich so unkompliziert an jedem beliebigen Ort aufbauen und benutzen lässt.

Meine Empfehlungen

Dank dem Ständer und dem optimal abgestimmten Zubehör bleibt sie in der gesamten Handhabung am unkompliziertesten, erlaubt aber dank dem neuen Aromasieb trotzdem die Herstellung ätherischer Öle und Hydrolate in guter Qualität und brauchbarer Menge. Dadurch bekommt sie meine erste Empfehlung für Neueinsteiger und alle, die gerne so wie ich gelegentlich unterwegs, im Garten oder einfach nebenher mit Freunden bei Tisch destillieren möchten.

Die 2-Liter-Arabia-Destille im Destilliermobil. Praktisch und unkompliziert in Funktion und Aufbau.

Im Destilliermobil ist sie die am meisten verwendete Destille und schneidet immer gut ab. Im Vergleichstest konnten wir bei der Arabia stolze 110 g Lavendel einfüllen und bei der luxuriösen, aber etwas schlankeren „Supreme"-Variante auch noch über 90 g.

Destillation von Fliederblüten mit der Kolonnenbrennerei

Die 2-Liter-Essence-**Kolonne** bietet im Vergleich zur Arabia einen fast doppelt so großen Dampfraum und erlaubt dementsprechend die Zugabe der nahezu doppelten Menge an Pflanzenmaterial. In unserem Vergleichstest konnten wir problemlos 210 g Lavendelblüten einfüllen. Wir erinnern uns: Umso mehr Pflanzen wir einfüllen und destillieren können, umso höher und intensiver wird der Ertrag.

Es ist logisch, dass die Kolonne aufgrund des größeren Dampfraumes bei allen Mengenvergleichen besser abschneidet als die Arabia-Destille. Bei gleicher Menge Wasser können wir fast die doppelte Menge Pflanzenmaterial abdestillieren.

Aufgrund der freistehenden Bauweise ohne Ständer benötigt die Kolonnenbrennerei dafür etwas mehr Zeit und Liebe beim Aufbau. Die Kolonne ist in Kombination mit einer kleinen Elektrokochplatte eine hervorragende Destille, die ich gerne und mit gutem Gewissen empfehlen kann. Genau wie zuvor schon die kleine, aber dennoch gut funktionierende 0,5-Liter-Ausführung gehört sie mit dem 2-Liter-Brennkessel zu meinen persönlichen Lieblingsdestillen und empfiehlt sich für alle, die es ernst meinen mit der Destillation ätherischer Öle und Hydrolate, sowie für Fortgeschrittene und semiprofessionelle Benutzer.

Die Alquitara – eine solide Destille zur Erzeugung von ätherischen Ölen und Hydrolaten.

Besonderer Beliebtheit erfreut sich die **Alquitara** in all ihren verschiedenen Variationen. Aufgrund der unkomplizierten Bauweise mit dem obenliegenden Kühler und der Möglichkeit, sie auf eine beliebige Herdplatte zu stellen und an die Wasserleitung anzuschließen, ist sie in der Tat vor allem bei der Herstellung von Hydrolaten und ätherischen Ölen eine tolle Alternative zu den „normalen" Destillieranlagen. In meinen Versuchen konnte ich aber deutliche Unterschiede zwischen den einzelnen Modellen feststellen.

Die günstigste im Bunde hat zugleich auch den kleinsten Dampfraum und eignet sich daher eher für leichte Hydrolate. Selbst die einstmals von mir und meinem Sohn nach einer Marokko-Rundreise entwickelte CopperGarden® Alquitara mit den drei Kupfersieben würde ich aus heutiger Sicht eher weniger für ätherische Öle empfehlen, auch wenn sie eine hervorragende Destille zur Herstellung von Hydrolaten ist.

Ich hoffe, Sie verstehen das nicht falsch, die Alquitara ist immer noch eine hervorragende Destille und leistet Beachtliches auch bei der Destillation ätherischer Öle. Es ist aber viel passiert, seit wir selbst mit etwas größeren Destillen experimentieren dürfen, und wir haben nicht geschlafen.

Die ideale Destille für alle, die sich auf ätherische Öle konzentrieren.

Beispielsweise hat sich die wunderbare **„Alquitara Plus"** mit der zusätzlichen Kolonne dank dem wesentlich größeren Dampfraum als ertragreicher erwiesen. Sie kombiniert die Vorteile der Alquitara mit denen der Kolonne und kommt zusätzlich noch mit einem seitlichen Liebigkühler daher.

Wir wissen mittlerweile, wie leicht flüchtig manche Anteile der ätherischen Öle sind. Nicht umsonst werden sie „ätherisch" genannt. Mit einer starken Kühlung lassen sich der Ertrag und die Qualität ätherischer Öle deutlich steigern. Die Alquitara Plus würde ich Ihnen deswegen empfehlen, wenn Sie professionell arbeiten und hauptsächlich ätherische Öle herstellen möchten. Sie ist eine hervorragende Destille, aufgrund der hohen Bauform aber etwas wackelig im Aufbau und daher hauptsächlich für vorsichtig arbeitende Menschen, den professionellen Bereich oder den Betrieb im Labor geeignet.

Im Vergleichstest konnte ich 290 g Lavendel einfüllen, die beiden normalen Alquitaras standen mir beim Test leider nicht zur Verfügung, sodass ich keine Vergleichszahlen zur normalen Alquitara nennen kann. In meinem Rundbrief, bei Destillatio und bei Facebook informieren wir tagesaktuell und veröffentlichen Daten und Ergebnisse aus meinen Experimenten.

Unsere beiden Volumensieger im Vergleichstest, die „Alquitara Plus" und die „Leonardo"

In der Kategorie der „Kopfgekühlten" geht die **Leonardo**-Destille aufgrund des wesentlich größeren Dampfraumes und der besseren Reinigungsmöglichkeiten klar als Sieger hervor. Da sie breiter gebaut ist, steht sie stabil und sicher und bleibt deutlich unkomplizierter in der Handhabung als die Alquitara Plus. Leider ist die Leonardo deutlich teurer in der Anschaffung, was am größeren Dampfraum liegt. Im Versuch mit der CopperGarden® Leonardo konnte ich drei Liter Dampfraum ausmessen und sage und schreibe 320 g getrockneten Lavendel einfüllen. Das ist der wahre Grund für das gute Abschneiden der Leonardo. Man kann im Vergleich zur Arabia fast die dreifache Menge an Pflanzenmaterial einfüllen und erhält bei gleicher Wassermenge eine entsprechend größere Menge an ätherischen Ölen. Darüber hinaus destilliert die Leonardo deutlich langsamer und verwirbelt das ätherische Öl weniger im Hydrolat, als es bei den „schnelleren" Modellen der Fall ist. Man kann das Öl nach der Destillation relativ sauber und direkt vom Hydrolat trennen.

Die Leonardo ist insgesamt eine ausgereifte und hervorragend funktionierende Destille für ätherische Öle und Hydrolate, das einzige Manko sind die fehlenden Griffe und die weit ineinander gleitenden Bauteile, denn dadurch gestaltet sich der Abbau bei heißer Destille, direkt nach der Destillation, etwas schwieriger. Man benötigt mehr Zeit zum Destillieren und es dauert auch etwas länger, bevor man eine zweite Destillation starten kann.

Zwischenzeitlich geht ein ganz neues Modell mit uns ins Rennen, das mich ebenfalls überraschen konnte. Die **Easy Moonshine** beruht auf einer Alkoholbrennerei aus der Ukraine, wurde aber passend zum neuen Alkoholsteuergesetz mit einer befüllbaren Kolonne versehen. In Relation zu den anderen Destillen ist die Kolonne der Easy Moonshine sehr klein und fasst nur 40 g. Normalerweise würde ich sie hier nicht einmal erwähnen wollen, aber in der Praxis hat sie sich als besonders sicher und jederzeit im laufenden Betrieb nachfüllbar erwiesen. Ich konnte ohne Weiteres fünfmal hintereinander 40 g Lavendel destillieren und kam dadurch bei gleichem Zeitaufwand auf stolze 200 g Lavendel und eine stattliche Menge an ätherischem Öl. Durch das geschlossene System ist vor allem die Kühlung völlig unkompliziert und höchst effizient, was sicher der Qualität der ätherischen Öle entgegenkommt. Die Destille ist die schnellste im Bunde und ich würde sie empfehlen, wenn Sie vor allem Wert auf Sicherheit legen oder immer wieder die gleichen Pflanzen kontinuierlich hintereinander destillieren möchten.

Easy Moonshine

HINWEIS **Neues bei Ölen und Hydrolaten**

Es war mir wichtig, das Buch um die vielen „neuen" Erfahrungen zu erweitern. Zugleich wollte ich aber nicht den gesamten Eingangsbereich mit Erklärungen zu den einzelnen Modellen umschreiben, da sich sonst das gesamte Buch inhaltlich verzogen hätte. Was die Alkoholdestillation angeht, bleibt alles beim Alten, es macht keinen Unterschied, ob Sie einen kleinen Aromakorb oder eben ein richtiges großes Aromasieb benutzen. Im Bereich der ätherischen Öle und Hydrolate dagegen sind die Unterschiede enorm.

Neue Gesetze – neue Erkenntnisse

Mit meiner Partnerin Karla habe ich Ende 2017 das „Destilliermobil" ausgebaut. Es ist unser liebster Aufenthaltsort geworden und wir besuchen damit nette und destillierende Menschen sowie wichtige Orte rund um die Destillation. Als ich in den frühen 80er Jahren die Destillation für mich entdeckte, wusste ich noch nicht, dass ich eines Tages mein Hobby zum Beruf machen und mir dadurch keine Zeit mehr zum Destillieren bleiben

Neue Experimente „on the road"

würde. Während der letzten zehn Jahre blieb mir kaum die Muße für eigene Experimente. Umso glücklicher bin ich, jetzt endlich wieder nach Belieben, auch legal, destillieren zu dürfen.

Wir sammeln nahezu täglich neues Wissen. Gerne dürfen Sie uns bei Facebook unter „Destilliermobil" suchen und an unseren Erfahrungen teilhaben. Manchmal fahren wir auch auf Veranstaltungen und veröffentlichen diese im Voraus. Sie können uns dann gerne im Bus besuchen. Vielleicht destillieren wir eines Tages zusammen.

Hydrolate

Hydrolate werden sowohl in der Küche als auch in der Kosmetik eingesetzt.

Eines haben wir schon eingangs bei den Nelken gelernt: Hydrolate brauchen sich nicht zu verstecken. Schon in sehr frühen Zeiten wurde beispielsweise Rosenwasser (ein Hydrolat aus Rosenblüten) hoch gehandelt und erreichte Kultstatus sowohl als hautpflegendes Gesichtswasser und feines Duftwasser als auch in der Küche als kulinarische Bereicherung. Dieses Beispiel kann gut verdeutlichen, wie vielseitig auch unsere selbst destillierten Pflanzenwasser eingesetzt werden können.

Interessant ist dies vor allem, weil in unseren Breiten Hydrolate oftmals nur als Neben- oder sogar Abfallprodukt bei der Destillation ätherischer Öle angesehen wurden. In der Industrie werden Hydrolate zur Ertragssteigerung bei der Destillation ätherischer Öle über komplizierte Rücklaufsysteme in den Destillierkessel rückgeführt oder direkt nach der Destillation entsorgt.

Umso erfreulicher ist, dass wir uns heute rückbesinnen und die eigentlich kostbaren Pflanzenwässer als das anerkennen, was sie sind: je nach Pflanze unterschiedliche, oftmals **fein duftende, aromatische und wirksame Träger mannigfaltiger Inhaltsstoffe**, die wir, wie schon einst beim Rosenwasser, sowohl kosmetisch, medizinisch oder kulinarisch einsetzen können. Es entsteht ein neues Hobby mit extrem vielseitigen Anwendungsmöglichkeiten und guten Ergebnisse. Eigene Hydrolate zu destillieren ist überaus spannend und macht zugleich eine Menge Spaß.

Hydrolate stellen den Geist einer jeden Pflanze dar.

Gehen wir einen Schritt weiter (oder zurück), in den Bereich der Pflanzenalchemie oder Spagyrik, so destillieren wir aus spiritueller Sicht mit den ätherischen Ölen die Seele einer Pflanze ab, vergessen aber den Geist und Körper, welche im Hydrolat und in den ausdestillierten Pflanzenrückständen verbleiben.

In der Spagyrik gehören Körper, Geist und Seele zusammen. Das Beispiel soll verdeutlichen, wie wertvoll Hydrolate eigentlich sind, denn im Hydrolat versteckt sich immer noch der eigentliche **Geist der Pflanze**. In früheren Rezepten und Ansichten wurde das Hydrolat mitsamt den Pflanzenresten unter Zugabe von Zucker und Hefe vergoren, um der Pflanze den Geist zu entlocken. Es bleibt Ihnen überlassen, das Hydrolat direkt als Geist der Pflanze anzusehen und frisch zu benutzen – oder sich den Alchemisten früherer Zeiten anzuschließen und doch noch Alkohol zu destillieren. Leider ist das Gesetz hier eindeutig, die Herstellung des Alkohols wäre (in Deutschland und der Schweiz) verboten, und Sie müssten sich darauf einstellen, möglicherweise zu den „Schwarzbrennern" zu zählen und wie einst die Hexen „verfolgt" und „geächtet" zu werden. Die Strafen sind heutzutage glücklicherweise extrem niedrig im Vergleich zu einer öffentlichen Verbrennung.

Sauberes Arbeiten erhöht die Haltbarkeit von Hydrolaten wesentlich.

Spaß beiseite – eines sollten Sie wissen: **Alkohol erhöht die Haltbarkeit**. Ein Hydrolat ist ein frisches Wasser und kann je nach Hygiene bei der Herstellung und späteren Lagerorten schon nach wenigen Wochen verderben. Es versteht sich von selbst, dass Sie bei der Herstellung Ihrer Hydrolate unbedingt auf eine möglichst sterile Umgebung achten sollten. Bei optimaler Hygiene und der Aufbewahrung in sterilen dunklen Braun- oder noch besser Blauglasflaschen kann ein Hydrolat ohne Weiteres ein Jahr lang im Kühlschrank gelagert werden. Somit erreichen Sie fast die Haltbarkeit eines Alkoholgeistes.

Fantastisch ist auch, dass wir Hydrolate aus jeder Pflanze, ja sogar aus allem, was in den Kessel der Destille passt, gewinnen können. Bei ätherischen Ölen sind wir stark eingeschränkt, alleine schon deshalb, weil viele Pflanzen keine oder nur sehr wenige ätherische Öle beinhalten und die geltenden Gesetze die Größe unserer Destillen einschränken. Es würde sich im Hobbybereich kaum lohnen, eine sehr große Destille anzuschaffen, nur um einmal im Jahr ein paar Tropfen Rosenöl zu erhalten. Ein Rosenwasser dagegen können wir ohne Weiteres jederzeit frisch und nach Bedarf destillieren.

Die 2-Liter-Destillen sind optimal geeignet für die Herstellung von Pflanzenwässern im Hobbybereich und diese sind im Wesentlichen „kinderleicht" zu gewinnen. Es lohnt sich schnell, sich eine kleine Sammlung aus den wichtigsten häuslichen Pflanzen zusammenzustellen und rechtzeitig in Hydrolate verwandeln.

TIPP **Vorräte anlegen**

Achten Sie auf die Pflanzen in Ihrer Umgebung, in Ihrem Garten oder beschaffen Sie sich einen kleinen Vorrat der wichtigsten Kräuter für zu Hause, so können Sie jederzeit destillieren, wenn Ihnen danach ist oder Sie aus einem bestimmten Grund ein bestimmtes Pflanzenwasser benötigen.

Um ein **eigenes Hydrolat herzustellen**, geben Sie einfach **Wasser** in den Brennkessel – es genügt, den Kessel etwa zu zwei Dritteln zu füllen – und so viel **Pflanzenmaterial** wie möglich in den Dampfraum oder alternativ in den Kessel Ihrer Destille. Genau wie bei den ätherischen Ölen schon beschrieben können Sie **direkt aus dem Kessel oder im Dampf destillieren**. Hydrolate stellen Sie am besten aus frischen Pflanzen her. Die Menge für eine 2-Liter-Destille lässt sich bequem während eines Waldspaziergangs oder eines Rundgangs durch den Garten ernten. Hier kommt man schnell in Versuchung, wenn man sieht, was da alles wächst. Probieren Sie zum Beispiel Waldmeister, Holunder- oder Schlehdornblüten und lassen Sie sich verzaubern von der Vielfalt der Düfte und Möglichkeiten.

Sie können alles in ein Hydrolat verwandeln. Auch Gräser, Wurzeln oder Hölzer. Getrocknete Pflanzen ebenso und natürlich Rinde, Blüten oder Blätter, nicht zu vergessen die vielen Nadeln und Knospen des Waldes. Das ist aber noch lange nicht alles. Probieren Sie doch mal ein Hydrolat aus Erde, aus Zwiebeln, aus Käse oder aus Schinken. Es gibt keine Grenzen und so manches Edelstein- oder Goldwasser wird in esoterischen Kreisen teuer verkauft.

Lavendel aus dem Duftsäckchen

TIPP **Holunderhydrolat**

Der Holunder ist für Liköre und Sirup sowohl aus Blüten als auch aus Saft oder einer Mischung der beiden sehr beliebt. Im Frühjahr bieten sich die vielen großen Blüten geradezu an und möchten von uns gesammelt und verarbeitet werden. Rezepte gibt es zuhauf, aber haben Sie schon einmal Holunderblütenhydrolat versucht? Das würde ich Ihnen gerne empfehlen. Holunderblüten sind leicht zu ernten und ebenso leicht zu destillieren.

Es sind noch lange nicht alle Hydrolate erfasst und so bleibt Ihnen ein weites Feld an neuen Erlebnissen zum Experimentieren. Probieren Sie es aus, das Gesetz ist auf Ihrer Seite! Mit einer 2-Liter-Destille können Sie in diesem Bereich experimentieren, so viel Sie wollen, und dabei eine Menge Spaß haben.

Die 2-Liter-Destillen eignen sich wunderbar für die Herstellung von Hydrolaten.

Wenn Sie mehr über Hydrolate erfahren wollen, empfehle ich Ihnen die Bücher von Ingrid Kleindienst-John, Eliane Zimmermann und Susanne Fischer-Rizzi, die allesamt auf die einzelnen Pflanzen eingehen und gute Hinweise zu möglichen Anwendungen geben.

Bei der Holunderblütenernte in der Rhön

Welche Pflanzen zu welchem Zweck?

Anis

Anis ist vor allem beim Schnapsbrennen eine bekannte und beliebte Spezialität, über die wir schon bei der Geistherstellung einiges erfahren konnten. Als Heilpflanze wirkt Anis antiseptisch, verdauungsfördernd sowie krampf- und schleimlösend, weswegen wir es in einer Vielzahl von Präparaten finden können. Ich denke hier zuerst an die vielen leckeren Anisbonbons, aber auch an Tees und allerlei köstliche Speisen. Bei höherer Dosierung soll Anis nicht nur eine beruhigende, sondern sogar schon eine betäubende Wirkung entfalten. In Indien zerkaut man Anissamen sozusagen als Nachspeise und erzielt so einen frischen Atem, eine bessere Verdauung und beruhigt seinen Körper.

Anis: stark ölhaltig und vielfach einsetzbar

Die Herstellung von ätherischem Öl mit Anis ist relativ einfach, da Anis **stark ölhaltig** ist und wir deshalb sogar in einer 0,5-Liter-Destille ohne Weiteres auch messbare Ergebnisse erzielen können. Anisöl wird im Idealfall durch **Wasserdampf der Aniskörner** gewonnen. Wir verwenden eine Destille, die auch zur Wasserdampfdestillation geeignet ist, etwa die Kolonnenbrennerei, und befüllen den Aromaraum mit der maximal möglichen Menge an Anis, 200 g können es gerne werden! Optimal wäre es, die Samen vorher in einem Mörser oder einer Küchenmaschine leicht anzubrechen. Ein kurzes Anlaufenlassen der Maschine dürfte genügen, die Körner sollten nur leicht angebrochen und nicht pulverisiert werden. Den Brennkessel der Destille füllen wir mit ca. 300 ml Wasser. Zum Ende der Destillation sollten wir 200 ml Aniswasser mit einer gelblichen, obenauf schwimmenden Schicht an reinem Anisöl gewonnen haben. Je nach der verwendeten Menge an Aniskörnern können wir mit einer Minidestille 1 bis zu 2 g ätherisches Öl gewinnen und in einem schlanken Gefäß mithilfe einer Pipette entnehmen. Dieses Öl bildet eine ideale Grundlage als Beimischung und als Basis in Likören, Süßspeisen, Kochrezepten und Heilmitteln. Das Aniswasser ist eine Wohltat bei Husten und kratzigem Hals zum Gurgeln.

Apfel

Der Apfel ist eine der beliebtesten und vielseitigsten Pflanzen für uns Selbermacher! Vor allem weil wir ihn in unseren Regionen in rauen Mengen und **ohne großen Aufwand ernten und weiterverarbeiten** können. Mit ein wenig Technik bleibt der Aufwand beim Saftpressen und Keltern gering und der Ertrag zumeist sehr schmackhaft. Leider sind Apfelaromen nicht sehr prägend und ein Apfeldestillat schmeckt nur selten stark nach Äpfeln. Aus diesem Grund spielen Apfelbrände (mit Ausnahme des gelagerten Calvados) eher eine untergeordnete Rolle.

Der Apfel ist des Hobbybrenners bester Freund.

Für uns im Hobbybereich sind Äpfel eine ganzjährig verfügbare, einmalig günstige und leicht zu verarbeitende Grundlage, die wir nicht vernachlässigen sollten, selbst wenn wir später nur den reinen Alkohol herausdestillieren. Es lohnt sich schnell, den Apfel als Freund zu sehen und vor allem im Hobbybereich entsprechend zu berücksichtigen. Aus nur 15 kg Äpfeln gewinnen wir zehn Liter Saft, diesen vergären wir zu Apfelwein und destillieren zwei Liter Apfelschnaps.

Basilikum

Dieses Kraut wird oft unterschätzt, obwohl wir fast alle das Aroma aus der italienischen oder thailändischen Küche lieben. In gehobenen Bars können wir etliche köstliche Cocktails mit frischem Basilikum entdecken und als ätherisches Öl leistet Basilikum in der Aromatherapie Großes. Basilikum als Duft wirkt beruhigend, antidepressiv und stimmungsaufhellend und wird in der Medizin auch gegen Husten oder Kopfschmerzen ebenso wie bei Verdauungsproblemen und Entzündungen erfolgreich angewendet.

Basilikum ist einzigartig lecker und oft unterschätzt.

Das ätherische Öl des Basilikums ist zumindest theoretisch durch **Wasserdampf** leicht zu destillieren, die zu erwartenden Mengen wären aber zu gering, um mit einer 0,5-Liter-Destille erfolgreich arbeiten zu können. Für 1 ml Basilikumöl müssten wir mindestens 500 g Pflanzenmaterial destillieren. Dafür sollte man mindestens eine 2-Liter-Destille benutzen. Glücklicherweise ist das **Hydrolat** des Basilikums ebenfalls angereichert mit wertvollen Inhaltsstoffen und gut zu nutzen, auch wenn es im Gegensatz zum Öl oder der Basilikumpflanze eher frisch und grün duftet.

Destillieren Sie für das Hydrolat 70 g frisch geschnittene Blätter mit 300 ml Wasser und brechen Sie die Destillation nach spätestens 100 ml ab, so erhalten Sie ein hervorragendes und höchst aromatisches Basilikumhydrolat. Zur allgemeinen Stärkung Ihres Wohlbefindens (oder bei Verdauungsproblemen) trinken Sie jeden Morgen eine Tasse davon. An anstrengenden Tagen schnuppern Sie das reine ätherische Öl tief ein, um sofort eine belebende und erneuernde Wirkung zu verspüren. Belebend wirkt das Basilikumhydrolat auch, wenn Sie eine Kompresse damit befeuchten und sich für 10 Minuten auf die Unterarme legen.

Birne

Die Birne ist meine persönliche Lieblingsfrucht, vermutlich weil ich einmalige Kindheitserinnerungen an die Stunden beim Klettern in Omas Birnenbaum gespeichert habe und mir der Duft von Williamsbirnen immer noch ein Lächeln entlocken kann. Heute vor allem, wenn er aus einem edlen Brand stammt. Es eignen sich aber auch alle anderen Birnensorten sehr gut zum Einmaischen und Brennen.

Birnen vor dem Maischen waschen

Bohnenkraut

Bohnenkraut ist ein Gewürz, das wir in unserer Küche meistens vernachlässigen, dabei ist es höchst aromatisch und kann harmonisch ergänzend zu Thymian, Oregano und den meisten anderen mediterranen Kräutern verwendet werden. Dass es aber auch noch antibakteriell wirkt und aufgrund der krampflösenden Wirkung dabei hilft, Bauchweh zu lindern, weiß fast niemand. Ein Grund mehr, es in die Liste der Destillierkräuter aufzunehmen, auch wenn wir wahrscheinlich keine ätherischen Öle mit einer Tischdestille aus unserem Kraut destillieren können.

Für ein **harmonisches Hydrolat** destillieren Sie 70 g der feinen Blütenspitzen mit 300 ml Wasser und beenden die Destillation, wenn Sie etwa 80 ml Hydrolat gesammelt haben.

Enzian

Enzian: der köstliche Klassiker aus den Bergen

Aus Enzian wird eine edle Spezialität gebrannt, die vielerorts unterschätzt wird. Dabei wird der Enzian tatsächlich aus echten Enzianwurzeln eingemaischt, vergoren und gebrannt wie ein reinrassiger Edelbrand. Angesichts der vielen Arbeitsschritte, die es benötigt, um die unter Naturschutz stehenden Wurzeln zu ernten und zu verarbeiten, ist es ein Wunder, dass ein „Enzian" so günstig zu haben ist. Wahrscheinlich liegt es am auffälligen, eher bitteren Aroma, das sicher nicht jedermanns Sache ist.

Enzian selber zu verarbeiten, ist vermutlich keine gute Idee, aber vielleicht können Sie ein paar hundert Gramm **getrocknete Enzianwurzeln im Kräuterhandel** kaufen und damit einen eigenen Schnaps oder Likör anreichern. Sicher wäre Enzian eine feine Zugabe in einer eigenen Getreidemaische.

Erdbeeren

Erdbeeren sind schwer zu verarbeiten.

Erdbeeren lassen sich eher **schlecht destillieren** und ich möchte sie hier nur erwähnen, um kurz die Aromaproduktion anhand der Erdbeeren zu erklären. Wenn Sie irgendwo lesen können, dass natürliche Aromen enthalten sind, dann bedeutet das noch lange nicht, dass diese Aromen auch aus Erdbeeren gemacht werden. Weltweit gibt es mehr Erdbeeraromen als Erdbeeren. Die meisten Erdbeeraromen werden nicht aus den kleinen Früchten hergestellt, leider verraten die Hersteller nicht, aus welcher Grundlage die Erdbeeraromen extrahiert werden, dementieren aber zugleich heftig die Herstellung aus Sägespänen, Holz oder Kartoffelschalen. Aber trotzdem darf die Industrie natürliche Erdbeeraromen anbieten, auch wenn diese nicht aus Erdbeeren hergestellt werden.

Wenn Sie sich umsehen, werden Sie Tausende Erdbeerprodukte entdecken, Zahnpasta, Kaugummi, Joghurt, Marmelade, alles ist möglich – aber es gibt so gut wie keine Brände. Das liegt daran, dass sich beim Einmaischen und Vergären das Aroma der frischen Erdbeeren in einen eher unangenehmen, grün-matschigen Duft verwandelt. Auch beim Vergeisten ist es schwierig, die feinen Erdbeeraromen einzufangen. Was bei den Himbeeren gut gelingt, können wir mit Walderdbeeren versuchen, beim Destillieren scheint das richtige Aroma jedoch nicht in den Geist zu wollen. Jedenfalls nicht bei meinen Versuchen ...

Eukalyptus

Sehr hilfreiche Pflanze – leider bei uns schwer zu bekommen

Diese Pflanze ist allgemein bekannt wegen ihrer kampferartigen Düfte und der damit verbundenen, vor allem für die Atmung wohltuenden Effekte. Auch deswegen ist Eukalyptus eine ideale Zutat bei den meisten Atemwegserkrankungen oder Erkältungen im Mundwasser, als Badezusatz oder Hustenbonbon. Fast könnte man Eukalyptus als wundersames Allheilmittel beschreiben, so vielfältig sind die Wirkungen. Eukalyptus ist eine der Pflanzen mit der stärksten antiseptischen Wirkung. Außerdem wirkt er fiebersenkend, krampf- und schleimlösend sowie belebend. Hieraus ergeben sich wirklich viele Anwendungsmöglichkeiten zwischen Küche, Medizin und Duftherstellung.

WICHTIG **Vorsicht!**

Größere Mengen wirken auf das Nervenzentrum. Eukalyptus sollte deswegen nicht von Kindern inhaliert werden.

Eukalyptusblätter sollten möglichst frisch geerntet, vorsichtig getrocknet und geschnitten oder gebrochen verarbeitet werden, was uns in Deutschland vermutlich nur selten möglich sein wird. Sollten Sie aber während eines Urlaubs im Süden einige Eukalyptusbäume entdecken, dann scheuen Sie sich nicht, die frischen Blätter abzuernten, in der Sonne zu trocknen und zum Destillieren mit nach Hause zu nehmen. Transportieren Sie frischen Eukalyptus nicht in einer Tüte, durch die Feuchtigkeit neigt er sonst zu Schimmelbildung. Zum Trocknen sollten die Blätter locker und luftig geschichtet werden.

Eukalyptus ist **relativ stark ölhaltig**. Sie können je nach Qualität etwa mit 1 bis zu 2 g ätherischem Öl je 100 g Blattmaterial rechnen. Das ist eine

Menge, die sich durchaus sehen lassen kann. Aber Eukalyptus kann noch mehr, denn auch das Hydrolat wirkt noch antibakteriell und eignet sich deswegen hervorragend zur Reinigung von Krankenzimmern oder Bädern. Für 100 ml eines perfekten Hydrolats destillieren Sie 100 g frisch zerschnittene Eukalyptusblätter mit 300 ml Wasser direkt im Kessel.

Fenchel

Der Fenchel ist dem Anis sehr ähnlich und wird oft gemeinsam mit Anis in verschiedenen Likören und Schnäpsen, aber auch in Naturheilmitteln verwendet. Fenchel wirkt medizinisch vor allem antibakteriell, entschlackend, appetitanregend, harntreibend und gegen Blähungen, lässt sich aber auch beim Kochen als Gewürz gut mitverwenden. Fenchel eignet sich gut zum Destillieren, weil man ihn das ganze Jahr über getrocknet als Gewürz kaufen und destillieren kann.

Mögen Sie Fenchel? Dann destillieren Sie ihn sicher auch gerne.

Auch beim Destillieren gelten die gleichen Grundlagen wie schon beim Anis. Normalerweise wird Fenchel durch **Dampfdestillation** gewonnen. Die Samen sollten für einen höheren Ertrag leicht angemörsert oder kurz mit der Küchenmaschine gecrusht werden. Fenchel ist relativ ergiebig. Sie können pro 100 g bis zu 2 g Öl destillieren und dazu ein leckeres Hydrolat gewinnen. Ein gutes Mischungsverhältnis sind 200 g Fenchel auf 300 ml Wasser, falls Sie nicht durch Dampf destillieren und diese Menge noch in den Brennkessel Ihrer Destille passt, ohne dass sie überkocht.

Das Hydrolat verwenden Sie großzügig in der Küche als Würze zum Brotbacken ebenso wie für Suppen, Soßen oder Eintöpfe. Kosmetisch wirkt Fenchelwasser auch zusammenziehend und eignet sich daher zum Hautstraffen und zum Auftragen auf müde Augenlider, dank der antiseptischen Wirkung ist er auch ideal zum Auswischen bei entzündeten Augen zu gebrauchen.

Fichtennadeln

Fichtennadeln sind allgemein bekannt für wohltuende und entspannende Bäder oder Inhalationen bei Erkältungen und Husten. Die angenehm sanft nach Wald duftenden Hydrolate und ätherischen Öle können sehr vielseitig, innerlich wie äußerlich, eingesetzt werden und wirken allesamt positiv auf die Atemwege ebenso wie auf die Gelenke bei Rheuma oder Gicht und auf unser Wohlbefinden. Wenn wir uns etwas genauer umsehen, beispielsweise in Österreich, finden wir auch Fichtennadelliköre und Schnäpse. Sie sehen, es lohnt sich schnell, bei einem Waldspaziergang ein paar Fichtenzweige mitzubringen und damit zu experimentieren. Sie können kaum etwas falsch

Heimatliches Wunder – einfach zu finden und zu destillieren

Hier bin ich beim Schneiden der Fichtennadeln in meiner Küche ...

machen, die Fichte wächst in unseren Breiten in rauen Mengen und die Nadeln sind leicht zu ernten und zu verarbeiten, am besten durch **Dampfdestillation der angetrockneten, geschnittenen Nadeln**.

Ingwer

Mein persönliches Lieblingsgewürz: der Ingwer

Ingwer ist aus verschiedenen Gründen mein Lieblingsgewürz, vor allem aber weil ich das kräftige Aroma in den Speisen und im Tee wirklich sehr liebe. Dank den schleimlösenden, desinfizierenden und entzündungshemmenden Eigenschaften schätze ich Ingwer aber auch an Erkältungstagen. Dann bereite ich mir einen frischen Tee aus geraspeltem Ingwer, den ich einige Minuten kochen lasse und dann vor dem Servieren noch mit einer Prise Pfeffer, viel Zitrone und etwas Honig abschmecke.

Beim Destillieren hat Ingwer einen Vorteil, denn man kann ihn sehr gut **auch getrocknet destillieren**. Ingwer ist dann relativ ergiebig und es sollte uns möglich sein, aus 50 g fein geschnittenem Ingwer bis zu 2 ml feinstes Ingweröl zu destillieren. Das Hydrolat eignet sich gut als aufbauendes Tonikum zum Abtupfen der Haut, wenn Sie sich gestresst, verunsichert oder verärgert fühlen. Ingwer verhilft Ihnen zu neuem Mut und innerem

Gleichgewicht. Ingwer stimuliert den Geist und stärkt den Körper. Alternativ können Sie das Hydrolat auch in die Duftlampe geben und vielleicht mit einigen Tropfen Zitrusöl zusammen zur klärenden und die Kreativität fördernden Raumbeduftung verwenden.

Himbeeren

Lecker und leicht zu sammeln

Diese Beeren sind eine wahre Freude im Garten, und zwar nicht nur für leckere Kompotte und Marmeladen. Vor allem bei der Alkoholdestillation machen uns Himbeeren, mit ihrem feinen und gut in den Brand übertragbaren Aromen, eine Menge Spaß. Probieren Sie es aus. Himbeeren sind einfach zu bekommen und ebenso einfach in einen **feinen Geist** zu übernehmen. Die Himbeere bietet aber mehr, denn auch die Blätter können beispielsweise fein geschnitten und getrocknet als Ersatz für schwarzen Tee zum Einsatz kommen. Dank der krampflösenden Wirkung sind Himbeerblätter vor allem auch bei Hebammen in der Geburtshilfe sehr beliebt. Himbeerblütenöle sind uns leider unmöglich zu destillieren, sie werden aber in der Parfumindustrie gerne wegen des feinen angenehmen Dufts mit verwendet.

Kamille

Die Kamille kennen wir alle gut als Kamillentee, den wir gerne bei Bauchschmerzen trinken. Aber auch die entzündungshemmende Wirkung der

... und hier habe ich ein Glas frische Himbeeren mit Wodka angesetzt.

Kamille ist enorm. Wir sollten aber wissen, dass wir mehrere Kamillenarten kennen und diese sich in Inhaltsstoffen und Wirkungsweise stark unterscheiden. Die sogenannte Deutsche Kamille gibt ein eher dickflüssiges, blaues ätherisches Öl, welches wir im Hobbybereich ebenso wie die meisten anderen Blütenöle aber kaum selber gewinnen können. Auch die Öle der Römischen Kamille benötigen deutlich größere Mengen an Pflanzenmaterial, als wir mit unseren kleinen Tischdestillen destillieren könnten. Wir müssen uns also auf die **Hydrolate** beschränken, die wir vor allem in Mischung mit anderen Blütenhydrolaten wie Rose oder Veilchen als beruhigendes Gesichtswasser verwenden können. Für die medizinische Anwendung, wie beispielsweise bei der Wundreinigung, ist ein frisch aufgebrühter und lange gezogener Tee oder ein Mazerat (ein Kaltwasserauszug) meistens besser geeignet als das Hydrolat.

Kümmel

Meine Empfehlung: Brennen Sie einen Kümmelgeist. Sie werden be-„geistert" sein!

Kümmel als Getränk ist eine vor allem in Deutschland beliebte Spezialität, die Sie genauso wie einen „Anis" herstellen können und die gut bei Verdauungsproblemen helfen kann. Für uns im Hobbybereich ist Kümmelschnaps ein Geist, weil wir die Aromen mit Alkohol entgeisten. Laut EU-Verordnung ist ein Kümmel aber eine Spirituose, die sich auch nur „Kümmel" nennen darf, solange sie aus nichts anderem als Kümmel (und Dill) besteht und der Kümmelgeschmack dominiert. Probieren Sie es einfach aus, es ist relativ einfach, einen neutralen Korn oder Wodka mit Kümmel anzusetzen und zu einem feinen Kümmel zu destillieren.

Kümmelhydrolat in der 0,5-Liter-Kolonne

Ebenso einfach ist es auch, aus Kümmel **ätherische Öle und kräftige Hydrolate** zu gewinnen. Kümmel ist relativ **stark ölhaltig** und je nach Qualität sollte es Ihnen möglich sein, auch mit einer legalen Tischdestille ätherische Öle in nützlichen Mengen herstellen zu können. Rechnen Sie etwa mit 1 bis 2 ml ätherischem Öl je 40 g Kümmel und befüllen Sie Ihre Destille nicht zu stark, denn die Samen quellen beim Destillieren auf. Kümmelhydrolate eignen sich sehr gut zum Würzen und wirken ebenso wie der Kümmelschnaps verdauungsanregend und appetitfördernd.

Lavendel

Der Lavendel ist der Freund aller Destillateure. Eine Pflanze, die wir lieben und die sich dank der relativ **hohen Konzentration an ätherischen Ölen** auch gut destillieren lässt. Zur Herstellung ätherischer Öle und Hydrolate verwenden Sie am besten das klein geschnittene, angetrocknete Kraut und destillieren Sie durch Wasserdampf im Aromakorb Ihrer Destille. Sicher werden Sie ein kräftiges Hydrolat erhalten und je nach Möglichkeiten Ihrer Destille auch einige Tropfen obenauf schwimmende helle, eventuell leicht gelbliche ätherische Öle. Für ein gut abgestimmtes Hydrolat destillieren Sie nur die ersten 50 ml aus einer Mischung von 50 g Lavendelblüten mit 300 ml Wasser direkt aus dem Brennkessel.

Lavendel destillieren Sie am besten mit Wasserdampf.

Lavendel wirkt antibakteriell und entzündungshemmend, aber auch anregend, zugleich beruhigend und das Selbstbewusstsein stärkend. Das Hydrolat eignet sich gut als Zusatz im Putzwasser, aber auch in allerlei kosmetischen Anwendungen, pur als Wohltat für Ihre Haut oder als Zugabe ins Badewasser. Beim Kochen oder im Alkoholbereich spielt Lavendel kaum eine Rolle, auch wenn er als feine Beigabe für manche Gin-Sorten oder Kräuterschnäpse und in einigen wenigen Likören mitverwendet wird.

Lindenblüten

Mein Tipp: selbst gemachtes Hautwasser aus Lindenblüten

Diese Blüten sind in unseren Breiten leicht zu entdecken und die heilkräftige Wirkung ist schon seit Urzeiten bekannt. Lindenblüten wirken beruhigend, entspannend, harntreibend und entzündungshemmend. Bevor Sie sich aber an das Ernten machen, sollten Sie sich vergewissern, dass der Besitzer des Baumes damit einverstanden ist, wenn Sie seine Blüten zupfen. Davon benötigen Sie dann 50 g auf 300 ml Wasser, um die ersten 50 ml der Destillation als feines Hydrolat zu bewahren. Das **Lindenblütenhydrolat** eignet sich in Kombination mit Rosen- und Kamillenhydrolaten perfekt vor allem als sanftes Hautwasser mit beruhigender Wirkung, aber auch als sanftes Massagemittelchen bei Muskelverspannungen.

Lorbeer

Lorbeer wächst vielleicht bei Ihnen im Garten als kleines Bäumchen? Dann haben Sie Glück und können gleich ein paar der Blätter **frisch ernten und destillieren**. Es genügen 50 g der fein geschnittenen, frischen (oder getrockneten) Blätter auf 300 ml Wasser, um 50 ml eines hervorragenden Hydrolats zu gewinnen. Wenn Sie ätherische Öle destillieren möchten, versuchen Sie es mit einer maximalen Menge an Blättern und durch Wasserdampfdestillation. Lorbeer ist sehr vielseitig einsetzbar und zeigt sich trotz der hohen antiseptischen Wirkung sehr gut hautverträglich. Außerdem wirkt er vitalisierend sowie verdauungs- und durchblutungsfördernd und stärkt unser Selbstvertrauen.

Edles Öl mit Tradition

In der Küche ist Lorbeer wohlbekannt als feine Würze für allerlei Speisen. Mit dem selbst destillierten Hydrolat können Sie ebenfalls gut nachwürzen und Ihre Gerichte nachträglich „aufpeppen". Geben Sie Lorbeerhydrolat oder Öl in die Duftlampe und vertreiben Sie einen Großteil der umherschwirrenden Insekten mit dem aufströmenden Duft. Alternativ können Sie das Hydrolat direkt mit einem weichen Tuch oder Schwamm auf die Haut auftragen und so zugleich Insekten in Ihrem Umfeld vertreiben und Ihrer Haut Gutes tun.

Majoran

Majoran: nicht nur zum Kochen

Majoran ist ebenfalls ein völlig unterschätztes Kraut mit vielfältigen Anwendungs- und Wirkungsweisen sowohl in der Küche als auch im medizinischen Bereich und in der Naturkosmetik. Majoran wirkt aufheiternd, entspannend und entkrampfend und zugleich durchblutungsfördernd und schmerzlindernd. Für ein kräftiges und heilsames Majoranhydrolat destillieren Sie 80 g Majoran mit 300 ml Wasser. Destillieren Sie so lange, bis Sie 80 ml gewonnen haben und brechen Sie die Destillation dann ab. Mit etwas Glück schwimmt obenauf das eine oder andere Tröpfchen ätherischen Majoranöles, das Sie getrost einfach dort belassen können. Verwenden Sie das frische Hydrolat zum morgendlichen Stimmungsaufhellen bei Winterdepressionen als Basis mit ein oder zwei Tropfen Bergamotte und Lavendel in der Duftlampe. Das **Hydrolat** kann aber auch gut **als zusätzliches Würzmittel beim Kochen** verwendet werden. Probieren Sie es einfach aus!

Melisse

Die Melisse wird oftmals wenig gewürdigt, obwohl es sich um eine angenehme und vielseitig verwendbare freundliche Pflanze handelt. Ätherische Öle aus frischer Melisse selber herzustellen wird schwierig, Melisse ist leider nicht allzu ölhaltig. Vielleicht entdecken Sie den einen oder anderen Tropfen

Melissendestillation im Aromamuseum

schwimmend auf Ihrem Hydrolat. Das Hydrolat selbst ist dafür besonders **vielseitig einsetzbar** und zeichnet sich durch seine anerkannten beruhigenden und hautfreundlichen Eigenschaften aus. Zur Destillation verwenden Sie am besten frisch geerntete Blätter. Versuchen Sie 50 g geschnittene Blätter auf 300 ml Wasser und destillieren Sie 50 bis 100 ml von einem starken angenehm duftigen Melissenhydrolat.

Minze

Die Minze: starke Wirkung auch als Heilmittel

Die Minze oder Pfefferminze ist wegen des gesundheitsfördernden Aromas schon als Tee, zum Inhalieren, aber auch in Hustenbonbons oder Heilmitteln (japanisches Heilöl) sehr beliebt. Zugleich kennen wir Minze auch aus allerlei Süßigkeiten und erfrischenden Sommergetränken. Der Hauptinhaltsstoff Menthol wirkt wohltuend bei Schnupfen und Erkältungen und kann in kleinen Mengen auch als Hydrolat selbst destilliert werden. Ätherische Öle sind in der frischen, aber auch in getrockneter Pfefferminze in relativ großen Mengen enthalten. Aufgrund des **hohen Volumens der Pflanzenteile** kann es trotzdem schwierig sein, eigene Öle in einer Minidestille zu destillieren. Ich empfehle Ihnen, aus 60 g der zerkleinerten Blätter mit 300 ml Wasser ca. 60 ml von einem erfrischenden Hydrolat zu destillieren. Probieren Sie den Unterschied zwischen der Dampfdestillation und einer herkömmlichen Destillation mit den Blättern im Brennkessel aus.

Nelken

Sehr einfach zu destillieren – mit extrem starker Wirkung!

Nelken sind nicht nur in der Weihnachtsbäckerei oder in allerlei Likören und Schnäpsen eine aromatische und stark aromatragende Besonderheit. Nelken sind eines der ölhaltigsten Gewürze überhaupt und deswegen auch einfach zu destillieren. Am besten gelingt uns das durch eine **Wasserdampfdestillation** mit einer geeigneten Destillieranlage. Auf dem nächsten Bild können Sie gut sehen, welche Mengen Sie auch mit einer kleinen Destillieranlage herstellen können. Vielleicht versuchen Sie sich bei Ihren ersten Experimenten gleich mit Nelkenöl, denn dieses ist nicht nur einfach herzustellen, sondern auch auffällig gut weiterzuverwenden.

WICHTIG **Achtung!**

Nelken ergeben beim Destillieren ein sehr starkes ätherisches Öl und ein beinahe ebenso starkes Hydrolat, welches stark antiseptisch wirkt und in reiner Form sehr sparsam verwendet werden muss. Sie sollten Nelkenöl von Kindern fernhalten, es nicht in die Augen oder Schleimhäute geben und bei innerlicher Anwendung nur verdünnt einnehmen.

50 g Nelken ergeben 100 ml Hydrolat oder 2 ml Nelkenöl.

Edles Nelkenöl aus der Minidestille

Äußerlich ist es dafür ein starkes antibakterielles Wundermittel und kann ebenso wie das sanftere Hydrolat zur Wundheilung und Desinfektion bei allen Hautkrankheiten verwendet werden. Nelkenöl hilft gut bei Zahnschmerzen, denn es besitzt die Kraft, die Stelle, auf die es mit einem Wattestäbchen aufgetupft wird, nahezu innerhalb von Sekunden zu betäuben. Daneben ist auch das Hydrolat sehr vielseitig, beispielsweise zur Desinfektion oder als Mundspülung, verwendbar. Sie können Nelkenhydrolat aber auch in der Küche zur Aromatisierung von Kraut und Soßen oder in der Lebkuchenbäckerei bestens verwenden. Und wenn Sie noch einen Tipp möchten, geben Sie das Hydrolat mit etwas Orangenöl in eine Duftlampe und es entfaltet sich schnell ein wunderbarer weihnachtlicher Duft in Ihrer Umgebung.

HINWEIS **Öl abtrennen**

Nelkenöl setzt sich beim Destillieren nach unten ab, da es im Gegensatz zu den meisten anderen ätherischen Ölen schwerer als das wässrige Hydrolat ist. Mit einer feinen Pipette können wir es nach einer kurzen Ruhezeit bequem vom Boden eines Reagenzglases entnehmen und vom milchig trüben Hydrolat abtrennen.

Orangenöl ist relativ einfach zu gewinnen.

Orangen

Bei den Orangen sitzen die **ätherischen Öle** direkt in den feinen Poren der Außenschale und werden normalerweise **kalt abgepresst**. Ein Grund, warum ätherische Orangenöle, ebenso wie andere Zitrusöle, oftmals deutlich günstiger zu beschaffen sind und als „billige" Grundlage für allerlei Duftmischungen verwendet werden. Orangen sind einfach zu beschaffen, in relativ großen Mengen vorhanden und das Öl ist noch einfacher zu gewinnen. Mit einem Zestenreißer oder einem guten Messer können Sie gerne versuchen, die obere Orangenschale in feine Streifen zu schneiden und diese zu destillieren. Sie haben gute Chancen, auch den einen oder anderen Tropfen des ätherischen Öls durch die Destillation zu gewinnen.

Bei der Orange verwenden wir aber noch wesentlich mehr, allen voran natürlich den leckeren Saft, den wir pur trinken oder als Grundlage für allerlei Liköre verwenden. Ich habe in meinen spanischen Zeiten den frisch gepressten Saft auch schon mit Zucker angereichert und mit Backhefe vergoren, um frische leichte Orangenweine zu erhalten. Die getrockneten Schalen geben uns wichtige Bitterstoffe und weitere Aromen, die ebenfalls eine wichtige Zutat in der Likörherstellung ebenso wie in der Weihnachtsbäckerei darstellen.

Orangen als Wunderfrucht?

Fast würde ich Orangen als vielseitige Wunderfrucht bezeichnen wollen und jedem Destillateur nahelegen, würden sie in unseren eigenen Gärten wachsen. So sind wir darauf beschränkt, Orangen im Supermarkt relativ teuer einzukaufen, was unsere Möglichkeiten zu freien Experimenten leider deutlich schmälert. Achten Sie darauf, ungespritzte, möglichst in Bio-Qualität verfügbare Orangen zu erwerben, wenn Sie die Schalen mit verarbeiten, denn wer weiß schon, was da alles aufgespritzt wurde.

Orangenöle sind hautreizend und sollten deswegen äußerlich nur sparsam angewendet werden. Zusätzlich wirken sie belebend, appetitanregend und die Abwehrkräfte stärkend. Es ist nicht nur das in großen Mengen vorhandene Vitamin C im Saft, welches bei der Orange wirkt, auch der Duft alleine ist schon gut geeignet, um unser Selbstbewusstsein zu stärken und uns mit neuer Energie zu versorgen.

Aus den Orangenblüten kennen wir ebenfalls ein feines ätherisches Öl, das aber für uns im Hobbybereich kaum herzustellen ist. In der Industrie wird es, wie viele andere Blütenöle, mit dem Lösungsmittel Hexan extrahiert.

Rosen

Die edle Königin unter den Duftpflanzen

Rosen dürfen hier natürlich nicht fehlen, vor allem weil das Rosenöl eine edle Kostbarkeit ist, was wir schnell verstehen, wenn wir einmal versuchen, welches zu destillieren. Es wird uns, wie auch bei den anderen zarten Blütenölen, nicht möglich sein, im Hobbybereich auch nur einen einzigen Tropfen zu gewinnen. Hierzu wären wesentlich größere Mengen an frischen Blütenblättern nötig, als wir in unsere Tischdestillen füllen könnten.

Für ein fantastisch **intensives Rosenwasser** destillieren Sie direkt im Brennkessel die ersten 50 ml aus einer Mischung von 300 ml Wasser mit 50 g frisch geernteten Rosenblättern. Sie erhalten ein edles und die Haut beruhigendes Gesichtswasser, welches sich auch in einer Mischung mit Salbei- oder Thymianhydrolat als Mundwasser mischen lässt. Rosenwasser wirkt antiviral und antiseptisch. Natürlich können Sie das Rosenwasser auch traditionell in der Küche verwenden, sicher entdecken Sie schnell leckere Rezepte mit Rosenwasser, wenn Sie erst einmal danach suchen.

WICHTIG | **Rosen direkt in den Kessel**

Rosen werden nicht im Dampfbereich Ihrer Destille, sondern direkt aus dem Kessel heraus destilliert. Die Blütenblätter geben eine feine wachsartige Schicht ab und können untereinander verkleben, wenn Sie sie durch Dampf destillieren. Im schlimmsten Fall könnte Ihre Destille dadurch verstopfen, Druck aufbauen und unerwartet heißen Dampf ablassen. Das feine Aroma der Rose können Sie bei einer Destillation aus dem Kessel heraus auch besser einfangen, bei der Dampfdestillation wird das Aroma leicht krautig.

Hobbydestille „Italia" im Rosengarten

Rosmarin

Ergiebiger und vielseitiger Rosmarin

Diese Pflanze ist wie Thymian oder Lavendel relativ **stark ölhaltig** und es sollte Ihnen möglich sein, ohne Probleme schon bei einem kleinen 100-ml-Hydrolat aus 80 g frischen, geschnittenen Rosmarinblättern auf 300 ml Wasser auch zehn bis 20 Tropfen von einem stark duftigen Rosmarinöl zu gewinnen. Der Rosmarin wirkt durchblutungsfördernd, entzündungshemmend, schleimlösend und entkrampfend und eignet sich daher ebenfalls sehr gut für allerlei Mischungen, vor allem zur Linderung von Husten und Erkältungskrankheiten. In hohen Dosierungen kann Rosmarinöl auch Hautreizungen auslösen, weshalb die ätherischen Öle äußerlich am besten nur als Mischungen mit Lavendel oder anderen Ölen aufgetragen werden. Das Hydrolat können Sie direkt als Haarwasser oder als erfrischendes und zugleich reinigendes Gesichtswasser bei unreiner Haut verwenden.

In der Küche ist Rosmarin kaum wegzudenken und so ist es nur logisch, dass Sie das Hydrolat auch zum Würzen von allerlei Suppen, Soßen oder anderen Speisen verwenden können. Und wenn Sie sich kurz alle möglichen Kräuterschnäpse verinnerlichen, werden Sie sicher schnell feststellen, dass auch hier der Rosmarin oft eine tragende Rolle spielen darf. Ich verdampfe übrigens gerade eben zwei Tropfen Rosmarinöl mit etwas Minzöl und Thymian in der Duftlampe an meinem Schreibtisch. Das regt auch an einem langen Arbeitstag noch einmal die grauen Zellen an und steigert die Konzentration.

Salbei

Salbei ist Ihnen sicher auch schon lange bekannt als Beigabe in Hustenbonbons oder allerlei Tees und wohltuenden Mischungen bei Husten und Erkältungen. Kein Wunder, denn Salbei schmeckt nicht nur, er ist auch noch hochwirksam antibakteriell und pilzabtötend. Dazu ist Salbeiöl noch relativ **einfach zu destillieren**. Auch bei unseren Kleinstmengen sollte es Ihnen ohne allzu große Komplikationen möglich sein, bei einer Wasserdampfdes-

Frisch geernteter Salbei kurz vor der Destillation

tillation 1 bis 2 ml echtes ätherisches Salbeiöl zu gewinnen. Und wenn nicht? Machen Sie sich nichts daraus, auch das Hydrolat ist hochwirksam und kann hervorragend als Gurgelwasser bei Halsentzündungen eingesetzt werden. Zusätzlich dient es auch als Grundlage für kosmetische Anwendungen, beispielsweise als Rasierwasser, als Gesichts- oder Haarwasser und als Deodorant.

WICHTIG **Vorsicht!**

Bitte gehen Sie stets sorgfältig mit Ihren Destillaten um. Salbei erscheint uns vielleicht auch wegen des lockeren Umgangs mit Tees und leckeren Bonbons als harmloser, als er ist. Dabei enthält Salbei das Nervengift Thujon, das nicht nur Halluzinationen und Verwirrungen auslösen kann, sondern tatsächlich Ihre Nerven auch nachhaltig schädigen und zu Epilepsie führen kann. Thujon war früher ein wichtiger Bestandteil in dem Kultgetränk Absinth und wird heute auch in diesem Getränk nur noch in winzigen Mengen erlaubt. Salbeiöl kann bis zu 60 % Thujon enthalten! In Ländern wie Frankreich oder Großbritannien ist der Verkauf von Salbeiöl daher verboten oder nur zu medizinischen Zwecken verschreibungspflichtig über Apotheken erlaubt. Bitte bewahren Sie sich dieses Wissen und gehen Sie immer sorgfältig mit Ihren Destillaten um. Ätherische Öle sind hochwirksame, konzentrierte Pflanzensubstanzen und dürfen nicht unterschätzt werden!

Wichtig zu wissen: Salbei kann Halluzinationen auslösen und Ihre Nerven schädigen.

Schlehdorn

Schlehen sind bekannt für leckere Winterliköre, vor allem weil man zumeist nur die Früchte nutzt und diese erst nach dem ersten Frost geerntet und verarbeitet werden sollen. Auch hierzu gibt es jede Menge leckere Re-

Frisch geerntete Schlehenblüten in der 2-Liter-Arabia-Destille

zepte, bei denen die Früchte mit allerlei Gewürzen und Alkohol mazeriert und wieder ausgepresst werden. Sehr lecker, auch wenn dabei nur wenig destilliert wird.

Spannender ist es, die **Blüten zu destillieren**. Der Schlehdorn wächst in unseren Breiten an vielen Stellen und wird oft auch wegen des stabilisierenden Wurzelwerks zur Hang- und Uferbefestigung gepflanzt. Destillieren Sie die feinen frisch geernteten Blüten für ein sehr feines, mandelartig duftendes Hydrolat. Wir lieben es als erfrischendes Haut- und Gesichtswasser, der feine Mandelton stammt von der in den Schlehen enthaltenen Blausäure.

Schnittlauch

Schnittlauch nur in geringen Mengen Likören beimischen, damit die Schärfe nicht zu dominant wird.

Er ist ein allseits beliebtes Würzkraut und in unserer Küche kaum wegzudenken. Schnittlauch verhilft aber nicht nur zu leckeren Gerichten, sondern wirkt auch medizinisch als Heilpflanze bei Appetitlosigkeit, Blähungen, Husten, Frühjahrsmüdigkeit, Bluthochdruck und Magenentzündungen. Aufgrund der vielfältigen Wirkungsweisen eignet sich Schnittlauch gut als Beimischung in Heillikören und Kräuterschnäpsen, allerdings sollten Sie mit der Dosierung aufpassen, damit der dominante, scharfe Zwiebelgeschmack nicht zu stark wird.

Thymian

Thymian ist eines der Kräuter, die ich selber sehr gut leiden kann und als Duft intensiv in Erinnerung habe. Thymian erinnert mich an meine frühen Jahre in den heißen Bergtälern Andalusiens, wo der intensive Thymianduft die gesamte Umgebung erfüllte. Damals wusste ich noch nicht, wie gut man Thymian auch destillieren kann. Wir hatten nur unsere selbst gemachten Käse und andere Speisen damit gewürzt. Der spanische Thymian ist wesentlich milder als der „normale", weil ihm der Inhaltsstoff Thymol fehlt, er lässt sich aber ebenso gut verwenden. Die Wirkungen sind relativ bekannt, so wird Thymian meistens in schleimlösenden Mischungen bei Husten und Erkältungen, auch für Kinder, und zum Inhalieren verwendet. Zugleich wirkt Thymian aber auch schmerzlindernd, hautfreundlich und beruhigend.

Neben Hydrolat können Sie auch ein wenig ätherisches Öl durch die Destillation gewinnen.

Wenn Sie 150 g der **frisch abgerebelten Blätter** mit 300 g Wasser destillieren, erhalten Sie sicher 150 ml eines sehr hochwertigen Thymiandestillats, welches Sie sofort verwenden können. Mit hoher Wahrscheinlichkeit schwimmen obenauf auch einige Tropfen ätherisches Öl, denn Thymian ist relativ stark ölhaltig. Wenn Sie auf die ätherischen Öle abzielen, so sollte es möglich sein, auch mit einer 2-Liter-Destille eine brauchbare Menge zu gewinnen. Probieren Sie es aus. Thymian kann auch getrocknet destilliert werden, allerdings verlieren die Blätter durch die Lagerzeit einiges an ätherischem Öl, was Sie dann an der geringen Ausbeute merken.

Vanille

Die Vanille ist uns vom Duft her wohlbekannt und wird meistens von Kindheit an geliebt. Vom Aroma her erscheint Vanille extrem süßlich wohlduftend und wird für allerlei kosmetische, medizinische und ganz besonders auch kulinarische Anwendungen benutzt. Das einzige Problem, das uns vom „Selbermachen" abhält, ist der relativ hohe Anschaffungspreis der „frischen" Vanilleschoten. Das ätherische Öl der leider wenig ergiebigen Schoten ist sehr schwer abzudestillieren, weshalb das im Handel angebotene ätherische Vanilleöl meistens mit Alkohol herausgewaschen wird. Streng genommen sind gekaufte Vanilleöle deswegen keine ätherischen Öle, sondern Alkohollösungen, die bis zu 24 verschiedene Aromen der Vanilleschoten enthalten. Nichtsdestotrotz, köstlich sind sie trotzdem.

Vanille: Geliebter Duft, den wir besser nicht selber destillieren.

Weil Vanille schwer zu destillieren ist, empfehle ich, sie lieber **als Zutat in angesetzten** (Vanillewodka) oder **zum Verfeinern in überdestillierten Bränden** (Gin) zu verwenden. Falls Sie es sich leisten möchten, können Sie auch ein feines Vanillewasser herstellen, wobei Sie hierbei deutlich größere Mengen Vanille benötigen, als wenn Sie die Schoten nur als Beigabe oder zum Würzen verwenden. Verwenden Sie Vanillewasser überall da, wo Sie sonst Rosenwasser in der Küche verwenden würden. Vanille wirkt übrigens appetit- und kaufanregend, aber auch harmonisch stimmend, aphrodisierend und konzentrationsfördernd.

Veilchen

Diese kleinen Pflanzen wachsen in unseren Breiten auch an jedem Waldrand und sind daher im Frühjahr während der Blütezeit unkompliziert zu ernten. Für 50 ml von einem feinen, frischen Veilchenhydrolat genügt es schon, 50 g der **frischen Blüten** mit 300 ml Wasser anzusetzen und zu destillieren. Den eigentlichen, sehr feinen Veilchenduft oder die ätherischen Öle können wir im Hobbybereich leider kaum selbst gewinnen. Die frischen Veilchen eignen sich aber gut für Experimente, um zu sehen, ob man nicht doch etwas von dem Duft durch Alkohol, Wasser oder Fett extrahieren kann. In der Industrie werden Veilchen durch das Lösungsmittel Hexan extrahiert. Eine Methode, die ich für uns im Privaten nicht empfehlen möchte. Das Hydrolat können Sie unbedenklich als Gesichtswasser verwenden, gerne auch in einer feinen 50-%-Prozent Mischung mit Kamillen- oder Rosenhydrolat, allesamt sehr hautverträglich und tonisierend. Bei gekauften Veilchenextrakten und -ölen wäre ich wegen der Chemikalien lieber etwas zurückhaltender.

Veilchen als Hydrolat

Wacholder

Wacholder: die Lieblingspflanze der Destillateure

Wacholder ist in unseren Breiten einfach zu beschaffen und alleine deswegen schon kostbar für uns Hobbybrenner. Achten Sie bei Ihrem nächsten Spaziergang darauf, Wacholderbäumchen werden oft schon als Hecken zwischen die Grundstücke in unseren modernen Siedlungen gepflanzt. Wacholder ist einmalig vielseitig. Selbst das Holz mancher Wacholderarten duftet noch Jahre lang und kann in Scheiben geschnitten wunderschön dekorativ zur Raumbeduftung dienen. Wacholder ist ein wahrer Freund, denn wir können damit unsere Speisen würzen, allerlei edle Getränke herstellen und ihn vielseitig zu medizinischen und kosmetischen Zwecken verwenden. Je nach Sorte können wir sowohl ätherische Öle in kleineren Mengen als auch feine Hydrolate selber herstellen, wobei man nur die **zerkleinerten Beeren** verwenden sollte. Wacholderöl wirkt kräftigend und aufbauend und bietet darüber hinaus noch eine starke Reinigungswirkung sowohl auf die Seele als auch auf die Haut, weswegen Wacholderdestillate gerne auch in Hautcremes verwendet werden. Aber Achtung: In größeren Mengen kann reines Wacholderöl auch hautreizend wirken! Das Hydrolat können Sie dagegen direkt als desinfizierendes Gesichtswasser verwenden. Für ein gutes Hydrolat zerkleinern Sie 125 g Wacholderbeeren und übergießen sie mit 200 ml Wasser. Nach einer kurzen Ruhezeit destillieren Sie 100 ml vom feinsten Wacholderwasser für verschiedenste Anwendungen, bevor Sie die Destillation abbrechen.

Zimt

Weihnachtliche Stimmung kommt und geht mit Zimt.

Zimt ist wie die Vanille ein sehr bekanntes und beliebtes Aroma in der Küche und eindeutig zu erkennen. Außerhalb der Küche wird er zumeist in Verbindung mit anderen Düften und Aromen verwendet. Zimt bietet starke entzündungshemmende, antibakterielle Eigenschaften und ist auch aus diesem Grund mit Vorsicht zu verwenden. Ein direktes Auftragen auf die Haut kann zu starken Hautreizungen führen, als Duft- oder Heilmittel genügen einzelne Tropfen, die am besten mit einem Trägeröl oder anderen ätherischen Ölen vermischt werden. Leider ist Zimt bei der Destillation **nicht so ergiebig**, wie wir es gerne hätten. Mit einer Minidestille wird es daher schon schwierig, ätherische Zimtöle in brauchbarer Menge selbst herzustellen. Wie bei den Nelken sinkt das ätherische Öl nach unten. Destillieren können Sie die gesamte Pflanze, in unseren Breiten werden Sie aber am ehesten auf die Rinde des Zimtbaumes zurückgreifen. Das Hydrolat eignet sich gut als Basis in einer Duftlampe. Vor allem in der Weihnachtszeit können Sie mit einigen zusätzlichen Tropfen Orangen- oder Vanilleöl in der Duftlampe so schnell ein heimelig-wärmendes Ambiente erzeugen.

Allerlei verschiedene Rezepte

Spaghetti mit Basilikum-Thymian-Soße

Geben Sie zwei Sardellenfilets, zwei Esslöffel Joghurt, 15 Basilikumblätter, die grünen Blätter von drei Thymianstängeln, eine Knoblauchzehe, 100 ml Basilikumhydrolat und 100 ml Thymianhydrolat zusammen in eine Küchenmaschine und pürieren Sie alles kräftig durch.

Diese Soße wird direkt mit den bissfest gekochten, heißen Nudeln verrührt und sofort serviert.

Melisse-Rosmarin-Gesichtswasser

Destillieren Sie 20 g frische Melisse, 10 g Thymian, 10 g Rosmarin und 10 g Minze zusammen mit 300 ml Wasser. Das Hydrolat ist ein hervorragendes Hautwasser mit pflegender und stimulierender Wirkung.

Minze-Salbei-Hautwasser

Ein erfrischendes Ganzkörperhautwasser mit stimulierender Wirkung für müde Beine destillieren Sie einfach, indem Sie 30 g Minze mit je 10 g Salbei und Rosmarin destillieren. Bei einem Wasserzusatz von 300 ml destillieren Sie 50 ml zur direkten Verwendung. Sehr gut auch aus getrocknetem Pflanzenmaterial.

TIPP | **Variation**

Als Hautwasser gegen fettige Haut verwenden Sie Veilchen anstelle der erfrischenden Minze.

des senteurs
aux parfums
ROSEN

Mundwasser bei Zahnschmerzen

Mischen Sie drei Teile Majoranhydrolat mit einem Teil Nelkenhydrolat und spülen Sie Ihre Zähne dreimal täglich kräftig damit durch. Bei starken Schmerzen verwenden Sie die gleiche Mischung aus Öl und tupfen es mit einem Wattestäbchen auf die schmerzende Stelle am Zahn. Bei sehr starken Schmerzen erhöhen Sie den Anteil an Nelkenöl.

Mundwasser zum Gurgeln bei Entzündungen

Mischen Sie 40 ml Kamillenhydrolat mit je 30 ml Lavendel- und Minzhydrolat für ein entzündungshemmendes Mundwasser zum morgendlichen Gurgeln.

Waschtonikum für den Intimbereich

Mischen Sie 50 ml Rosenwasser mit der gleichen Menge Salbeihydrolat für ein zartes Reinigungswasser für die intimen Bereiche Ihres Körpers.

Husten- und Halstee

Wenn Sie einmal den Hals so richtig voll haben, dann empfehle ich Ihnen einen kräftigen Pfefferminztee mit einigen wenigen Tröpfchen Pfefferminzöl. Wenn Ihre Destille zu klein ist, um eigenes Minzöl zu destillieren, dann kaufen Sie sich einfach ein Fläschchen japanisches Heilöl oder noch besser ein Pfefferminzöl in Bio-Qualität. Die befreiende Wirkung merken Sie bei jedem Schluck – und noch mehr beim Inhalieren der frischen Minzdämpfe über der Tasse.

Anti-Stress-Hydrolat

Mischen Sie zu gleichen Teilen Basilikum- und Rosmarinhydrolat für ein stärkendes Wundermittel, von dem Sie in stressigen Zeiten gleich nach dem Aufwachen jeweils drei Teelöffel voll langsam und bewusst zu sich nehmen.

Nervenstärkendes Pflanzenwasser

Mischen Sie 40 ml Melissenhydrolat mit jeweils 30 ml Minz- und Lindenblütenhydrolat und nehmen Sie morgens zum Frühstück je drei Teelöffel zu sich.

Verdauungsförderndes Tonikum

Genießen Sie zum Mittagessen einen Esslöffel von diesem wirksamen Tonikum, um Magen- und Verdauungsprobleme innerhalb weniger Tage zu lösen. 40 ml Anishydrolat mit jeweils 30 ml Fenchel- und 30 ml Salbeihydrolat mischen und im Kühlschrank aufbewahren.

Inhalationsmischung für die Atemwege

Zum Inhalieren geben Sie zu gleichen Teilen das dampfend aufgeheizte Hydrolat von Basilikum, Minze und Salbei in eine Schüssel und atmen Sie den Dampf ein. Auch für Kinder geeignet – und als Raumduft für die Aromalampe in Erkältungszeiten.

Fichtennadelbadesalz

Verwenden Sie leicht angetrocknete und in Stücke zerschnittene Fichtennadeln und geben Sie möglichst viele davon in den Dampfraum Ihrer Destille. Zusätzlich füllen Sie den Brennkessel etwa zur Hälfte mit Fichtennadeln und füllen dann mit Wasser auf.

Beim Destillieren erhalten Sie ein fein duftendes Hydrolat mit ein wenig obenauf schwimmendem ätherischen Öl. Geben Sie einige Tropfen grüne Lebensmittelfarbe dazu, damit es später auch schön aussieht. Je nach Menge, die Ihnen an Hydrolat zur Verfügung steht, lösen Sie möglichst viel feines Salz auf. Pro 100 ml können Sie etwa 35 g bei Zimmertemperatur auflösen. Das Hydrolat sollte nach Möglichkeit nicht über 40 °C erhitzt werden, damit das gute Aroma der Fichtennadeln erhalten bleibt. Nach dem Auflösen des Salzes muss die Feuchtigkeit unter Rühren im Laufe mehrerer Tage langsam verdunsten. Das, was am Ende übrig bleibt, ist ein trockenes grünes Salz mit Fichtennadelaroma.

Kurz vor der Destillation des Fichtenhydrolates

Franzbranntwein

Für einen eigenen Franzbranntwein destillieren Sie zunächst eine Flasche Weißwein[26]. Sie sollten dabei mindestens 100 ml Weingeist in einer Stärke von über 40 Vol.-% erhalten, bevor Sie die Destillation beenden. Geben Sie jeweils 20 Tropfen Fichtennadel- und Salbeiöl sowie 40 Tropfen Rosmarin-, Kiefern- und Minzöl dazu. Das sind Mengen, die Sie mit einer Dampfdestille auch im Miniaturformat mit etwas Geduld an einem Tag destillieren können, da die Pflanzen allesamt recht ergiebig sind. Alternativ können Sie natürlich auch gekauftes ätherisches Öl verwenden, wobei ich Ihnen zu Bio-Qualität raten würde. Das Pfefferminzöl können Sie auch mit 1 g gekauften Menthol-Kristallen ersetzen. Es ist ebenfalls eine spannende Erfahrung, es mit reinem Menthol zu probieren.

Franzbranntwein wirkt belebend, kühlend sowie durchblutungsfördernd und ist sehr gut geeignet, um müde Beine einzureiben. Außerdem lindert Franzbranntwein die Symptome bei Prellungen, Verstauchungen, Muskelschmerzen und Zerrungen ebenso wie bei schlechter Durchblutung. Geben Sie noch eine Zwiebel dazu und lassen Sie das Ganze 14 Tage ziehen, erhalten Sie ein hervorragendes Kopfhaut- und Haartonikum.

TIPP **Schreiben Sie alles auf!**

Auch wenn es Ihnen schwerfällt, sollten Sie sich Ihre Versuchsaufbauten, Mengenverhältnisse und Mischungen in ein Destillierbuch schreiben. Nur wenn Sie sich angewöhnen, alles von Anfang an sorgfältig aufzuschreiben, können Sie Abweichungen oder Besonderheiten später recherchieren und Fehler herausfinden.

Stellen Sie sich vor, Sie erfinden einen außergewöhnlich leckeren Gin, ein einmaliges Jahrhundertrezept, bemerken es aber erst ein Jahr später, wenn Sie erneut aus der schon fast vergessenen Flasche nippen. Könnten Sie sich dann noch an die Zusammenstellung erinnern und das Rezept rekonstruieren? Sie werden es kaum glauben, aber sehr viele Getränke sind durch Zufall entstanden und teilweise brauchte man Jahrzehnte, um zu erkennen, warum ausgerechnet dieses Getränk so besonders schmackhaft wurde. Beispielsweise wurde Wein gebrannt, um das Volumen zu reduzieren. Nur so

[26] Schon Paracelsus sagte, man solle für medizinische Anwendungen immer nur Weingeist verwenden. Ich sage, er hat recht! Heutzutage wäre es angebracht, einen Bio-Wein zu verwenden, wenn Sie es wirklich gut mit sich meinen.

Hydrolate im Kühlschrank

konnte man kostengünstig größere Mengen als Handelsware nach Übersee verschiffen. Dort sollte der Branntwein dann wieder mit Wasser zurück in Wein verdünnt und verkauft werden. Die lange Lagerung im Holzfass veränderte aber das Aroma deutlich und eine neue Spezialität war geboren: der Brandy. Ähnliches gilt sicher auch für den Rum und natürlich den Aquavit, der angeblich heute noch einmal um die Welt geschifft wird, um zu reifen.

Bitte alles beschriften!

Aber zurück zu den Notizen. Beschriften Sie auch Ihre Flaschen und Destillate! Anfangs mag es noch leichtfallen, diese am Geruch zu unterscheiden und sich an die jeweilige Destillation zu erinnern. Ich kann Ihnen aber versprechen, dass Sie schnell Zweifel beim Unterscheiden der einzelnen Destillate bekommen werden, dabei wäre die Lösung ganz einfach. Führen Sie Tagebuch, schreiben Sie alles auf, etikettieren und beschriften Sie sorgfältig. So können Sie immer alles mit Sicherheit bestimmen. Vertrauen Sie mir, denn ich spreche aus Erfahrung. Es geht Ihnen sonst so wie mir in meinem Kühlschrank, wo ich diverse Hydrolate als Würze zum Kochen aufbewahren wollte und dachte, ich könnte mir das Beschriften wegen der kleinen Fläschchen sparen. Ein Fehler ...

Weiterführende Empfehlungen

Ich hoffe, Ihnen mit diesem Buch ein wenig den Spaß am Destillieren vermittelt zu haben. Es war mir ein wichtiges Anliegen aufzuzeigen, wie einfach und unkompliziert das Destillieren eigentlich ist. Ich hoffe, das ist mir gelungen. Letztendlich geht es nur darum, es dann auch zu tun! Destillieren Sie, wann immer Ihnen danach ist. Das geht immer, auch nebenbei und zwischendurch. Ich habe eben gerade nur aus Spaß nebenbei wieder eine Destille ohne Kühler angeheizt und Wasser mit Orangenschalen und Nelken in den Raum verdampft. Letztendlich ist das nicht komplizierter, als ein Teelicht unter eine Aromalampe zu stellen, auch wenn die Flamme ein wenig größer ist. Mit etwas Erfahrung werden Sie in kürzester Zeit schon ein gutes Gefühl dafür entwickeln, was zusammenpasst, was möglich ist und bei welcher Destillation es sich lohnt, das Destillat aufzubewahren und zu lagern – und welche Destillation Sie nur aus Spaß und Interesse nebenbei laufenlassen. Das TUN ist es letztendlich, was uns vom Erfolg trennt. Der Unterschied zwischen dem Loslegen, dem Anfangen, dem Tun – was immer auf ein Ergebnis hinausläuft – und im Gegensatz zu dem eher verzögernden „Nochmal-darüber-Nachdenken" oder Abwarten. Tun Sie es einfach, Sie haben dabei nichts zu verlieren. Im schlimmsten Fall wird Ihr Destillat nicht schmecken und Sie haben ein paar Euro verloren. Was soll's, dafür haben Sie etwas gelernt und sind bereit für den nächsten Versuch.

Ich würde Ihnen aber in jedem Fall empfehlen, sich weiter zu informieren und an den richtigen Stellen mit Zubehör einzudecken. Finden Sie den Kräuter-, Hefen-, Obst- und Zubehörhändler Ihres Vertrauens. Vor allem wenn Sie Ihre Destillate benutzen möchten, ist es egal, ob Sie eine edle Spirituose zum Trinken, ein Aromahydrolat zum Kochen oder ein Kosmetik- oder Heilmittel zur äußerlichen Anwendung herstellen. Geben Sie Acht auf hochwertige und edle Zutaten, möglichst in Bio-Qualität, denn Sie sollten sich selbst immer das Beste gönnen. Es gibt Sie ja nur ein einziges Mal. Wozu an sich selber sparen?

Und es ist durchaus sinnvoll und empfehlenswert, sich weiter zu informieren. Zu manchen Themen ist das Internet eine großartige Quelle. Beispielsweise wenn Sie mehr über **ätherische Öle** und deren Herstellung oder Anwendungen wissen möchten.

TIPP **Empfehlung**

Ich empfehle ich Ihnen die folgende Seite der Aromakollegin Andrea Stark: www.satureja.de

Insgesamt ist etwas Kräuterkunde als Fachwissen beim Destillieren sehr ratsam. Sie können von allen Kräutern rückschließen auf die Wirksamkeit und das Aroma, eventuell auch auf eine vielleicht vorhandene Gefahr bei Überdosierungen, auch wenn Sie diese selber noch nicht kennen. Dieses Kräuterwissen hilft Ihnen bei der Beurteilung der Hydrolate ebenso wie bei der Herstellung von wirksamen, kosmetischen Produkten und Heilmitteln und nicht zuletzt beim Herstellen eigener Liköre und Schnäpse.

TIPP **Empfehlung**

Ich empfehle Ihnen gerne die sorgfältig zusammengestellte Internetseite von Peter Baumann: www.kraeuter-verzeichnis.de

Als Einkaufsquelle für Zutaten und **Kräuter** würde ich Ihnen gerne einen Händler in Ihrer Region empfehlen. In den meisten etwas größeren Städten kann man gut sortierte Kräutergeschäfte mit fachkundiger Beratung finden. Der Händler hilft Ihnen sicher auch gerne beim Zusammenstellen guter Mischungen zu bestimmten Ideen und Zwecken und wird Ihren Destillierversuchen gegenüber aufgeschlossen sein. Gleiches gilt für frische Zutaten zum Destillieren, allen voran natürlich die **Lebendhefen** zum Einmaischen von frischem Obst während der Saison. Vor allem im Württembergischen, aber auch im Fränkischen und Hessischen gehören Sie vielleicht zu den Glücklichen, die einen Hersteller in ihrer Umgebung sitzen haben? Achten Sie beim Kauf von Lebendhefekulturen darauf, ob diese entsprechend gekühlt gelagert werden. Falls die Hefen im Schaufenster in der Sonne stehen, sollten Sie diese lieber nicht nehmen, Hefen sind temperaturempfindlich und können bei zu hohen Temperaturen absterben. Und es wäre ja doch ärgerlich, wenn die liebevoll eingemaischte Spezialität wegen der Hefe kaputtgeht. Im Idealfall sollten Hefen im Kühlschrank gelagert werden. Die Hefen der Zuchtanstalten „Arauner" aus Kitzungen oder „Schlag" aus Aalen werden teilweise deutschlandweit in Apotheken, Garten- und Baumärkten oder anderen Fachgeschäften angeboten und sind auch online erhältlich. Wichtig ist nur, dass Sie Ihrem Händler vertrauen. Wenn Sie bei sich vor Ort keinen Händler finden, dann bestellen Sie im Internet. Im Wesentlichen kann man heute davon ausgehen, dass der Markt sich bereinigt hat und nur die „seriösen" Händler geblieben sind. Achten Sie auch hier auf Qualität und Zuverlässigkeit und Sie können sich sicher sein, dass Ihr Zubehör Sie innerhalb kurzer Zeit in bester frischer Qualität erreichen wird. Oftmals sind Lieferungen durch Internethändler wegen des schnelleren Warenumschlages sogar frischer als bei kleinen regionalen Händlern.

Kaufen Sie Zubehör bei einem Händler, dem Sie vertrauen!

TIPP **Empfehlung**

Die folgenden beiden Händler sind wahrscheinlich die erste Wahl für alles Zubehör rund um die Destillation. Der dritte im Bunde ist mehr auf das Bierbrauen spezialisiert:
www.destillatio.com
www.holzeis.com
www.brouwland.com

Falls Sie noch eine **Destille** suchen, ist das Internet sicher die beste Wahl. Ich versuche in diesem Buch neutral zu bleiben und empfehle Ihnen, sich gut bei Ebay, bei Amazon, aber auch bei uns, bei Destillatio.com, umzusehen und die Angebote zu vergleichen. Sie sollten das, was Sie gelernt haben, mit Ihrem Bauchgefühl abgleichen und dann die für Sie optimale Destille kaufen. Falls Sie in Kürze tiefer in Ihr neues Hobby „Destillation" eintauchen, dann werden Sie sich früher oder später noch für eine Zweitdestille entscheiden. Gerne dürfen Sie dann auch eine der anderen Möglichkeiten ausprobieren. Falls Sie mit dem Gedanken spielen trotzdem privat mit größeren Destillieranlagen zu destillieren, dann empfehle ich Ihnen ein Ferienhaus in Ungarn. Dort wird das private Brennen sehr großzügig gehandhabt und Sie dürfen legal und ohne Anmeldung bei den Behörden Destillen bis zu 100 Litern kaufen. Gerne empfehle ich einen deutschsprachigen Händler in Budapest unter www.destillen-aus-ungarn.de

Weiterführende Lektüre

Zum Ende bleiben mir noch die **Buchempfehlungen**, deren es im Bereich der Destillation doch einige gibt. Sehr gerne empfehlen möchte ich Ihnen als Ergänzung zu diesem Buch mein Buch „Die hohe Kunst des Destillierens", welches ebenfalls im Stocker Verlag erschienen ist und sehr ausführlich die vielen Möglichkeiten beim Destillieren aufzeigt. Speziell zur Destillation ätherischer Öle empfehle ich Ihnen das Buch „Ätherische Öle selbst herstellen", welches im Verlag „Die Werkstatt" erschienen und das einzige mir bekannte Buch zur Destillation ätherischer Öle ist. Zur Herstellung von Hydrolaten empfehle ich das Werk „Hydrolate" von Ingrid Kleindienst-John aus dem Freya Verlag. Zur richtigen Verwendung und Einschätzung der Wirksamkeit ätherischer Öle und Hydrolate würde ich das Buch von Eliane Zimmermann „Aromatherapie: Die Heilkraft ätherischer Pflanzenöle" empfehlen ebenso wie auch ihr Hydrolate-Buch, wobei auch die Bücher von Susanne Fischer-Rizzi unbedingt lesenswert sind. Probieren Sie es mit dem großartigen Buch „Das große Buch der Pflanzenwässer", Sie werden begeistert sein und sicher noch einiges Neues erfahren, das Sie selber beim Destillieren brauchen können. Im ursprünglichen Original vergriffen, aber glücklicherweise im AT Verlag neu aufgelegt und erweitert wurde das großartige „Praktische Handbuch der Pflanzenalchemie" von Manfred M. Junius. Ein hervorragendes Buch rund um die Spagyrik und die Destillation ätherischer Öle mit wertvollen Hinweisen.

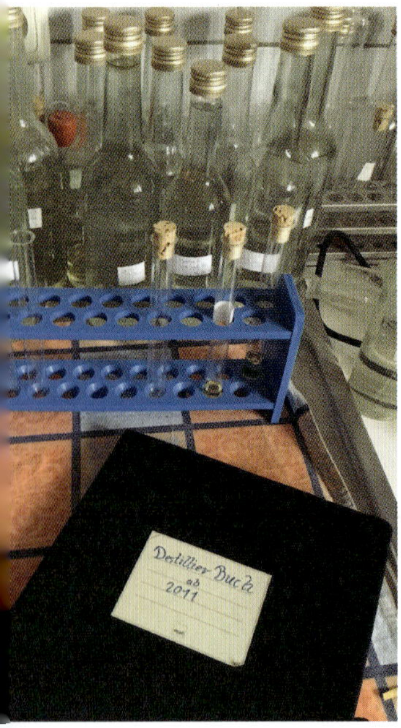

Legen Sie sich Ihr eigenes Destillierbuch an.

Wenn wir zur Alkoholherstellung überschwenken, wird es im legalen Bereich etwas schwieriger. Die meisten Bücher rund um das Schnapsbrennen wenden sich an gewerbliche Brenner und haben wenig zu tun mit unseren Tischdestillen. Trotzdem gibt es Licht am Horizont. Als Praxisbuch mit vielen Anregungen und Rezepten empfehle ich gerne das Buch „Schnapsbrennen als Hobby" aus dem Werkstatt-Verlag. Ein Buch, das eigentlich jeder Hobbybrenner gelesen haben sollte und das gut auf die in Österreich legale 2-Liter-Anlage eingeht. Aus dem Leopold Stocker Verlag stammt dann noch das Buch „Whisky selbst gemacht". Noch besser geeignet für unsere Zwecke ist das „Handbuch für Whiskybrenner" von Dirk Gasser, weil es sich genau mit unseren Kleinstmengen auseinandersetzt und beschreibt, wie man trotzdem echten Whisky brennen kann. Die meisten anderen Bücher beziehen sich leider auf deutliche größere Mengen und sind daher eher uninteressant für unsere Zwecke. Zum Einmaischen unterschiedlichster Früchte könnte ich Ihnen höchstens noch das Buch „Von der Frucht zum Destillat" von Wilm Bartels nahelegen. Auch wenn es hier ebenfalls meistens um größere Mengen geht, bietet das Buch doch einen sehr guten Überblick.

Rechtliches

Schweiz

Österreich

Deutschland

Zu guter Letzt ist es mir noch ein wichtiges Anliegen, Sie über die herrschenden Gesetze aufzuklären. Obwohl die rechtliche Situation für uns Hobbydestillateure sehr wichtig ist und wir einiges beachten müssen, wollte ich Sie nicht gleich am Anfang des Buches mit Bürokratie belasten oder gar erschrecken. Leider sind unsere Verwaltungen nicht allzu großzügig im Umgang mit privaten Destillationen. Das trifft vor allem auf Deutschland, aber auch auf Österreich und die Schweiz zu, selbst wenn einzelne Bereiche unterschiedlich gehandhabt werden.

Am besten beginne ich zur Abwechslung mit der Schweiz, denn dort ist die Sachlage am einfachsten zu verstehen und aufgrund der klaren Abgrenzung von der EU auch für die Schweizer Beamten am einfachsten durchzusetzen.

Schweiz

Insgesamt scheinen die Behörden in der Schweiz uns privaten Brennern gegenüber aufgeschlossen. Wer gewerblich brennen möchte und entsprechende Genehmigungen zur Herstellung gewerblicher Mengen anfragt, erhält zumeist relativ unkompliziert eine Konzession und kann dann legal im Rahmen der eidgenössischen Gesetze arbeiten. Als wichtiges Kriterium zählt die Handlungsfähigkeit. Die Behörde muss Sie als entsprechend „zuverlässig" einschätzen, damit eine Brennerlaubnis erteilt werden kann. In der Schweiz wird eindeutig die Möglichkeit einer Hausbrennerei oder einer landwirtschaftlichen Brennerei mit Brennblasen bis zu 150 Litern eingeräumt. Falls Sie also im Besitz einer Obstwiese sein sollten, können Sie sicher eine landwirtschaftliche Brennerei beantragen und sollten diese auch genehmigt bekommen.

Sind Sie als zuverlässig einzustufen?

Privates Brennen oder private Brennblasen werden dagegen in der Alkoholverordnung nicht explizit erwähnt, was leider bedeutet, dass es generell verboten ist. Trotzdem steht unter Artikel 16 Punkt C.2. etwas von Kleinproduzenten, die als Private zählen, insofern die Jahresproduktion 100 Liter reinen Alkohol nicht übersteigt. Am besten erkunden Sie sich bei der Eidgenössischen Alkoholverwaltung in Bern nach Ihren Möglichkeiten und was dieser Steuer-Absatz mit den „Privaten" für Sie bedeutet. Mit etwas Glück erhalten Sie eine Genehmigung und dürfen legal im kleinen Rahmen destillieren und ein paar Franken als Steuer entrichten.

Unkompliziert in der Schweiz: der Erwerb einer Destille mit bis zu 3 Liter Brennkesselvolumen

Neben alledem bleibt mir noch eine sehr gute Nachricht für alle, die in der Schweiz leben, zu vermelden. Sie dürfen legal und ohne spezielle Anmeldung eine Destille mit bis zu 3-Liter-Brennkesseln zur Herstellung ätherischer Öle erwerben und benutzen! Solange die Destille nicht mehr als die erlaubten drei Liter fasst, dürfen Sie diese auch im Ausland bestellen und in die Schweiz importieren. Damit ist die Schweiz deutlich großzügiger als Österreich oder Deutschland – und wenn Sie die Destille erst einmal zu Hause stehen haben, wer will dann noch kontrollieren, ob Sie nun ätherische Öle und Hydrolate oder doch etwa Geiste und Obstbrände destilliert haben. Der Übergang ist fließend, denn immerhin benötigt man auch bei den Parfums und Heilmitteln ebenso wie bei den ätherischen Ölen einen Alkohol als Grundlage oder zum Haltbarmachen.

TIPP **Webadressen**

Den aktuellen Gesetzestext finden Sie unter dem folgenden Link: https://www.admin.ch/opc/de/classified-compilation/19320035/index.html
Und die Eidgenössische Alkoholverwaltung unter diesem hier: www.eav.admin.ch/

Interessant ist vielleicht auch der achte Abschnitt mit den Strafbestimmungen. Demnach kann jemand, der unberechtigterweise „gebranntes Wasser" herstellt, mit bis zu sechs Monaten Gefängnis und Geldstrafen bis zu 20.000 Franken bestraft werden. Einen Abschnitt weiter kann der Erwerb oder der Bau einer Destillieranlage mit einer Geldstrafe von bis zu 10.000 Franken bestraft werden. Das klingt extrem teuer, soll aber in erster Linie abschrecken. Wer im Hobbybereich nur ein paar einzelne Liter zum Eigenbedarf brennt, kann sich sicher fühlen. Diese drakonischen Strafen richten sich gegen gewerbliches Hintergehen der Steuergesetze und sollen diejenigen treffen, die Tausende Liter vom Schwarzgebrannten in Umlauf bringen und sich dabei massiv bereichern.

Österreich

Laut dem Alkoholsteuergesetz der Alpenrepublik Österreich dürfen Sie gewerblich ähnlich wie in Deutschland nur mit einem durch die regional zuständigen Zollämter zugeteilten Brennrecht destillieren. Man scheint in Österreich aber auch großzügiger zu verfahren als in Deutschland und gewerbliche Brennrechte bei Anfrage zu erteilen.

TIPP **Webadresse**

Die genauen Texte zum Erlangen einer legal zugelassenen Abfindungsbrennerei finden Sie unter § 60 im Alkoholsteuergesetz, welches Sie unter dem nachstehenden Link einsehen können: https://www.ris.bka.gv.at/GeltendeFassung.wxe?Abfrage=Bundesnormen&Gesetzesnummer=10004876

Als abfindungsberechtigter Brenner dürfen Sie in Österreich einen Anteil Ihrer Brände als Hausbrand für Sie und Ihre Familienmitglieder einbehalten.

Eindeutig festgelegt: Sie dürfen in Österreich mit Destillieranlagen bis zu 2 Liter Brennkesselvolumen auch ohne Anmeldung Alkohol brennen!

Auch im Bereich privater Destillationsanlagen zeigt sich Österreich wesentlich toleranter als Deutschland und klammert in § 85 explizit Destillieranlagen mit bis zu 2-Liter-Brennkesseln aus der Überwachung und Meldepflicht aus. Mit der Beschränkung auf die 2-Liter-Größe ist Österreich zwar etwas „geiziger“ als die benachbarte Schweiz, dafür bleibt aber auch die Herstellung von Alkohol erlaubt. So gesehen zeigt sich Österreich hier vorbildlich und lässt uns Hobbybrennern wenigstens etwas Spielraum. Ein geduldiger Brenner kann sich hier tatsächlich schon das eine oder andere kleine Fässchen füllen. Für einzelne Flaschen genügt es ganz sicher.

WICHTIG **Keine illegalen Käufe**

Seit Mitte 2015 leiten die deutschen Behörden alle Verkäufe von größeren Destillieranlagen an die zuständigen Behörden in Österreich weiter. Es ist daher nicht mehr möglich, größere Destillieranlagen als zwei Liter umfassende ohne Genehmigung der Alkoholverwaltung im Ausland zu bestellen.

Deutschland

In Deutschland hat sich viel geändert und nicht alles steht eindeutig im Gesetzestext. Bis zum 31. Dezember 2017 herrschte das alte Branntweinmonopolgesetz aus dem Jahre 1922, welches die gewerblichen Genehmigungen, je nach Bundesland unterschiedlich, auf insgesamt etwa 40.000 deutschlandweit beschränkte.

Dank einer kleinen Freiheit im früheren Branntweinmonopolgesetz war es Hobbybrennern möglich, mit 0,5-Liter-Destillieranlagen zu destillieren. Auch Alkohol. Die 0,5-Liter-Grenze war ursprünglich dazu gedacht, den Kontrollbeamten das Leben zu vereinfachen und übermäßige Bürokratie zu vermeiden. Gewerbliche Brenner sollten mit diesen Minidestillen ohne Anmeldung bei den Behörden Probe-, Kontroll- oder Bestimmungsdestillationen[27] durchführen können, ohne dass gleich ein Zollbeamter zum Beaufsichtigen dabei sein musste. Diese kleine Lücke erlaubte uns viele Jahre lang, vermutlich von offizieller Seite gar nicht so gerne gesehen, die ansonsten streng verbotene private Destillation in Deutschland, wenn auch nur im sehr eingeschränkten Rahmen der 0,5-Liter-Minidestillen. Mit Blick auf diese Gesetzgebung hatte ich im Jahre 2016 dieses Buch für Sie geschrieben.

Seit dem 1.1.2018 ist alles anders!

Private Destillen werden nicht explizit erwähnt.

Mit der Einführung des neuen Alkoholsteuergesetzes ist etwas Unvorstellbares geschehen. Die Rechtslage wurde im Bereich der Hobbybrenner noch unsicherer und erlaubt mehr Interpretationsspielraum als je zuvor. Private Destillen wurden trotz meiner Petitionen und meiner vielen Bitten, das Gesetz eindeutig zu halten, völlig vergessen und ausgeklammert. Für mich schockierend ist dabei auch die völlige Unwissenheit der eigentlichen Kontrollbeamten. Tatsächlich wurde das Gesetz selber schon sehr früh festgelegt, die Beamten, die am Ende für die Durchführung verantwortlich sind, wurden aber bis heute nicht offiziell über die Auslegung der unklaren Texte informiert.

Bereits im Juni 2013 wurde das sehr „deutsch" klingende „Branntweinmonopolabschaffungsgesetz" veröffentlicht und das dazu gehörige neue „Alkoholsteuergesetz" festgelegt. Da sind seither über fünf Jahre ins Land gezogen, das Gesetz ist seit fast einem Jahr in Kraft – und noch immer wurden die einzelnen Zollstellen nicht informiert, inwieweit das Gesetz den Umgang mit Kleindestillen betrifft und verändert. Unglaublich.

[27] Man kann mit einer Probedestillation auch den Alkoholgehalt eines Liköres feststellen, was aufgrund des zugesetzten Zuckers mit einem Alkoholmeter nicht möglich wäre.

Eines der Hauptprobleme bleibt dabei, dass die „private" Destillation im Denken der Verantwortlichen in Berlin offenbar gar nicht existiert. Nicht einmal wenn man beizeiten darauf aufmerksam macht und mit Briefen und offiziellen Petitionen auf die Missstände hinweist. Ich hatte bereits 2012, nach der Veröffentlichung der ersten Gesetzesentwürfe, die zuständigen Referenten kontaktiert und um Klarstellung der Probleme rund um die private Destillation gebeten. Leider wurde jedes einzelne meiner Schreiben abgeschmettert und die Klärung ins Jahr 2018 geschoben.

Obwohl das Alkoholsteuergesetz nun seit Anfang 2018 alles rund um die Destillation und den Besitz von Destillieranlagen regeln soll, regelt es letztendlich nur, wer gewerblich destillieren darf und klammert uns private Destillateure erst einmal aus. Wir wurden vergessen oder eigentlich noch viel schlimmer – wir dürfen gar nicht mehr destillieren. Zumindest keinen Alkohol.

Das neue Gesetz regelt die gewerbliche Destillation.

Wieder einmal gilt es den Gesetzestext genau zu studieren und eigenständig die Lücken herauszufinden. Im Frühjahr 2017 gab es noch einmal eine offizielle Stellungnahme des Gesetzgebers, aber leider kein einziges Wort zum Umgang mit privaten Destillieranlagen. Aufgrund dieser „letzten" Erklärung sollten dann alle zuständigen Beamten richtig handeln können. Ein Albtraum für uns als Händler und Betroffene, denn tatsächlich hatten wir absolut keinen offiziellen Rückhalt bei dem, was wir tun mussten, um mit unserem Warenlager ins Jahr 2018 zu gehen. Ein hohes Risiko, denn wir wussten nicht, ob wir uns mit dem 1.1.2018 strafbar machen würden und inwieweit unser Sortiment illegal werden würde. Am liebsten wären wir ausgewandert …

Es galt dringend die folgenden Fragen zu beantworten:

Fragen über Fragen …

1. Dürfen private Destillieranlagen weiterhin in Deutschland verkauft werden? In welcher Größe?
2. Macht man sich strafbar, wenn man eine der früher erlaubten 0,5-Liter-Destillen besitzt oder benutzt?
3. Darf man zugekauften, also bereits versteuerten Alkohol destillieren, um einen Geist oder Gin herzustellen?
4. Wird es erlaubt sein, destilliertes Wasser, ätherische Öle oder Hydrolate privat herzustellen?
5. In welcher Form wird es Ausnahmen geben und wer kann diese beantragen? Der Händler oder der Käufer?

Vom für uns zuständigen Zollamt wurde uns endlich die Klärung für November 2018 versprochen. Auf einer internen „aufklärenden" Zollversammlung wurde unser Thema erneut ausgeklammert. Unsere Zollbeamten durften nicht einmal Fragen an die Vortragenden stellen und tappten genau wie wir weiterhin im Dunkeln.

Als Händler hatten wir zwischenzeitlich das Gesetz selber interpretiert und unsere Rückschlüsse bei unserem Zollamt eingereicht. Dazwischen hatten wir hoch gepokert und ohne Freigabe der Behörden unsere Produktion umgestellt. Wir bereiteten uns darauf vor, zukünftig Destillen in der 2-Liter-Größe anbieten zu können und verlangsamten den Verkauf der 0,5-Liter-Destillen.

Glücklicherweise hatte unser hessisches Hauptzollamt ein Einsehen und unsere Vorgehensweise „last minute" schriftlich bestätigt. Am 23. Dezember erreichte uns ein Schreiben, laut dem unsere Interpretationen der Gesetzeslage für korrekt anerkannt und das Folgende schriftlich zugesprochen wurde.

Gleich vorneweg, es ist nicht alles schlechter geworden und ich beginne mit den guten Nachrichten, denn nach dem neuen Gesetz sind Destillen bis zu 2 Liter Brennkesselvolumen anmeldefrei.

Die aktuelle Gesetzeslage seit dem 1.1.2018

1. Jeder kann eine Destille bis zu 2 Liter Brennkesselvolumen kaufen und besitzen. Destillen bis zu maximal 2 Liter Brennkesselvolumen unterliegen nicht mehr der Meldepflicht.
2. Wer Wasser, ätherische Öle, Parfums, Naturkosmetik, Heilmittel, Hydrolate, Treibstoffe, spagyrische Elixiere oder für alchemistische Experimente destillieren will, der darf seit dem 1.1.2018 auch mit einer größeren Destille hantieren, vorausgesetzt, diese wird innerhalb von drei Tagen nach der Anlieferung beim zuständigen Zollamt angemeldet. Die frühere 5-Liter-Grenze zwischen privater und gewerblicher Destillation gibt es nicht mehr!
   Jeder kann eine Destille in beliebiger Größe über 2 Liter privat erwerben, solange die Destille nicht zur Herstellung von Alkohol gedacht ist und vom Händler ebenso wie vom Käufer beim Zoll angemeldet wird! Dazu genügt es, ein einfaches Schreiben an den Zoll mit der Adresse des Käufers sowie dem vorgesehenen Standort und der Verwendung der Destille zu verfassen und an das jeweils regional zuständige Zollamt zu senden.

3. Wer legal Alkohol destillieren möchte, der muss ein Gewerbe anmelden und einen gewerblichen Grund nachweisen, warum er brennen möchte. Es genügt beispielsweise, eine große Streuobstwiese zu besitzen. Brennrechte werden nicht mehr eingeschränkt verteilt. Jeder kann eines beantragen und bekommen, sofern er einen wirtschaftlichen Grund dazu angeben kann.

Wer Alkohol destillieren will, darf dies nur noch gewerblich machen.

Auch die Geistdestillation kann für Gewerbetreibende unkompliziert genehmigt werden. Wer also gewerblich Gin oder einen Geist destillieren will, der bekommt auch das Recht dafür.

Was ist ab 2018 verboten?

Die Destillation von Alkohol ist für private Personen seit dem 1.1.2018 komplett (!) verboten und Händler sind verpflichtet, jeden Kunden beim Kauf einer meldefreien Destillieranlage darauf hinzuweisen! Es ist wahr! Selbst mit den jahrzehntelang legalen 0,5-Liter-Destillen darf ab 2018 privat kein Alkohol mehr hergestellt werden!

Die private Alkoholdestillation ist in Deutschland verboten.

Dabei war mir unklar geblieben, ob das auch die Geistdestillation mit gekauftem, also bereits versteuertem Alkohol betrifft. Sie sehen, ich suche immer die Lücken. Nach früherer Auslegung der Behörden wurde eine Destillation als die Herstellung und Reinigung von Alkohol bezeichnet. Und genau diese ist im neuen Gesetz verboten. Bei der Herstellung eines Geistes wird aber aromatisiert und kein Alkohol hergestellt oder gereinigt. Erneut befragte ich das für uns zuständige Zollamt und bekam leider auch ein schriftliches „Aus" für die Geistdestillation.

Nach meinem heutigen Wissensstand (August 2018) und den mir vorliegenden schriftlichen Aussagen der Behörden ist tatsächlich nicht nur das Brennen, Herstellen und Reinigen von Alkohol für Privatpersonen verboten, sondern auch die Geistherstellung. Die einzige Lücke, die im Bereich Alkohol bleibt, ist ein schwammig formulierter Hinweis, der es erlaubt, „mit gekauftem Alkohol Parfums etc. herzustellen". Das „etc." steckt den Bereich glücklicherweise etwas weiter ab und wir können tatsächlich nötigenfalls darauf berufen, ein Anis-, Wacholder- oder Haselnussparfum destilliert zu haben. Da unser „Parfum" dank dem gekauften Alkohol nicht vergällt ist, könnte man es sowohl als Duft als auch zum Trinken einsetzen. Die Parfumflasche als Flachmann.

Auch die Geistherstellung fällt unter das Verbot.

Nun ich will niemanden zum „Schwarzbrennen" animieren. Das Gute am neuen Gesetz ist trotzdem, dass niemand weiß, ob Sie eine Destille besitzen

Viermal mehr Volumen im Vergleich zu früher für Öle und Hydrolate.

und was Sie damit anstellen. Die Destille ist legal und bis zu 2 Liter Brennkesselvolumen meldefrei. Klare Aussage: Wir dürfen nun in Deutschland vierfach größere Destillen als früher besitzen, aber keinen Alkohol damit herstellen.

Die Strafen bei Verstößen sind voraussichtlich gering. Im vorliegenden Text heißt es: „Geräte, hinsichtlich derer gegen § 32 Absatz 2 AlkStG verstoßen worden ist, können nach § 34 AlkStG sichergestellt und eingezogen werden."

Händlern und Herstellern ist es zukünftig verboten, Destillen, die zur Herstellung von Alkohol bestimmt sind, anzupreisen oder zu verkaufen. Glücklicherweise sind das nur sehr wenige einzelne Sammlermodelle – die meisten Destillen in Deutschland sind der Bestimmung nach für Hydrolate oder ätherische Öle gedacht.

HINWEIS **Fazit**

Wir alle können legal größere Destillen kaufen, dürfen uns aber nicht beim „Schwarzbrennen" von Alkohol erwischen lassen. Damit rutschten deutsche „Moonshiner" vom früheren Status eines Geheimbrenners in den Status eines Schwarzbrenners. Schwarzbrenner brennen mit einer legalen Destille mehr oder etwas anderes als erlaubt. Ein Geheimbrenner brennt mit einer verbotenen Destille. Die Schwarzbrennerei zählt als Steuerhinterziehung, weil man Alkohol herstellt, ohne diesen ordnungsgemäß zu versteuern, selbst wenn man gerne würde. Je nach der gebrannten Menge fällt das spätere Urteil in Relation zu der hinterzogenen Alkoholsteuer schwerer oder weniger schwer aus. Im Hobbybereich, wo es nur wenige 100 ml sind, wird kaum eine hohe Strafe zusammenkommen.

Was bleibt unklar ab 2018?

Die Destillation von Geisten im Hobbybereich ist noch nicht geklärt! Laut früherer Auffassung des Zollamtes zählt als Herstellung die Reinigung von Alkohol aus einer Maische, einem Bier oder einem Wein. Das ist sicher zukünftig verboten.

Nach unserer Meinung müsste auch im neuen Alkoholsteuergesetz die Destillation mit bereits versteuertem Alkohol, beispielsweise einem gekauften Korn oder Wodka, legal bleiben. Wir geben nicht auf und kämpfen weiter. Vielleicht dürfen wir wenigstens Gin oder Himbeergeist zukünftig legal destillieren.

Wir bleiben dran ...

Im September 2017 hatte ich noch eine Petition eingereicht und um endgültige Klärung und Stellungnahme zum neuen Alkoholsteuergesetz gebeten. Die Petition wurde abgelehnt mit der Begründung, Deutschland müsse sich an die EU-Gesetze anpassen und dürfe deswegen keine privaten Destillationen erlauben. Das ist aber Blödsinn, denn in Ungarn beispielsweise darf privat pro Person im Haushalt bis zu 100 Liter reiner Alkohol hergestellt werden. Ungarn ist auch ein EU-Land und schon im benachbarten Österreich darf man mit den gleichen Destillen auch Alkohol herstellen. Ich habe Einspruch gegen die Ablehnung eingelegt, aber leider bis zum heutigen Zeitpunkt keine Antwort erhalten.

So oder so bin ich nicht zufrieden mit dem Ergebnis des neuen Alkoholsteuergesetzes! So wie es aussieht, sind wir vom Regen in die Traufe gekommen ...

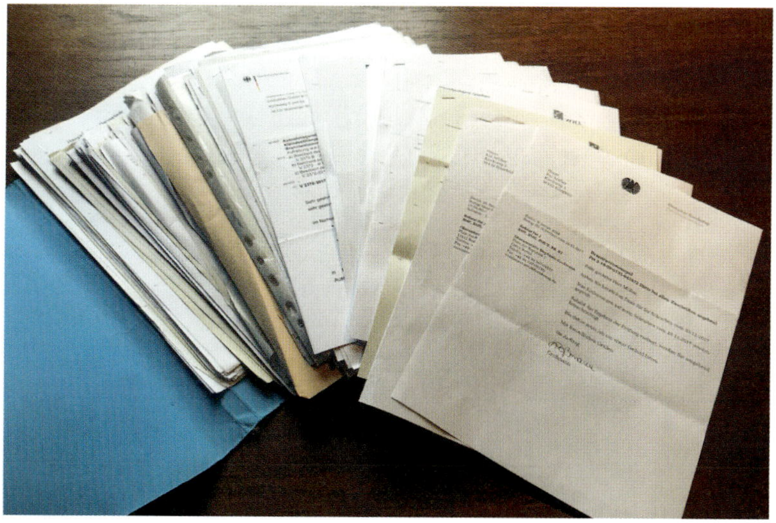

Bürokratie verursacht viel Papierkram. Ich werde weiterhin für mehr Freiheiten im Bereich der Hobbydestillation kämpfen.

Schlusswort

An dieser Stelle möchte ich das Buch beenden, mich aber noch vielmals bei meiner Familie, meinen Freunden, Mitarbeitern und dem Leopold Stocker Verlag bedanken.

Falls Sie Fragen zum Destillieren haben, scheuen Sie sich nicht, mich zu fragen. Ich bin gerne für Sie da. Sie finden mich sicher leicht bei Facebook. Alternativ dürfen Sie mir gerne auch eine Mail an frage@destillatio.com schreiben, die ich gerne beantworten werde.

Ich wünsche Ihnen viel Spaß bei allen Destillationen,

Ihr Kai Möller

Hefereinzucht | Schlag GmbH | Langertstraße 92 | D-73431 Aalen
Tel. +49 (0) 73 61 - 3 29 45 | Fax +49 (0) 73 61 - 3 10 86
bestellung@vina-reinhefen.de | www.vina-reinhefen.de

VINA
REINHEFEN

erst fest
dann flüssig
dann Flasche

Bei uns findet der Brenner, Winzer, Safthersteller, wie auch alle, die als Hobby und aus Leidenschaft „Selbstgemachtes" aus Obst, Beeren, Kräutern kreieren – zum Selbstgenießen oder zum Verschenken an Freunde und Verwandte – ein umfangreiches Produktsortiment zur Vermarktung von Edelbränden, Spirituosen, Liköre, Weine, Säfte, Essige, Öle, Konfitüren, Trockenfrüchten. Des Weiteren bieten wir ein ausgesuchtes Sortiment an Ölen, Essigen, Likören, Limes, Grappas, Whiskys, Fassweinen, Pestos, sowie Alba-Öl-Produkten an.

Öffnungszeiten:
Montag – Freitag 8.30 – 12.00 Uhr
Mo, Di, Do, Fr 13.00 – 17.30 Uhr
Mittwochnachmittag geschlossen
Samstag 9.00 – 12.30 Uhr

Lassen Sie Ihre Augen in unserem Brennerei- und Kellereiparadies spazieren gehen...

rekru

Rekru GmbH | Brennerei-Kellereibedarf | D-88079 Kressbronn | Betznauer Straße 28
team@rekru.de | Telefon +49 (0) 75 43 - 77 44 | Telefax +49 (0) 75 43 - 51 35
www.rekru.de | www.seegusto.de | www.rekru-albaoel.de

Aus unserem Programm

ISBN 978-3-7020-1488-9

ISBN 978-3-7020-1764-4

ISBN 978-3-7020-1945-7

ISBN 978-3-7020-1925-9

Leopold Stocker Verlag

www.stocker-verlag.com

Graz – Stuttgart

- **Schnapsbrennen als Hobby**
- **Ätherische Öle destillieren**
- **Essig selbst herstellen**

Seminare *(Sie destillieren bzw. gären selbst),* ***Buch, Destillen, Essigreaktor,*** *Zubehör*

www.schnapsbrennen.at
www.aetherischesoel.at
www.essigherstellung.at

Dr. Bettina Malle, Dr. Helge Schmickl
A-9020 Klagenfurt
Tel. + Fax: +43 / (0)463 / 437786

Heimat …
mit jedem Schluck!

hochprozentig, einzigartig – selbstgemacht. Oder trinken Sie auch gerne Saft, Wein, Likör und Schaumwein? Möchten Sie Ihr eigenes Bier brauen oder Marmelade, Käse und Essig selbst machen?
Eine große Auswahl an Reinzuchthefen, Pressen, Mühlen, Zutaten, Filter, Flaschen und Gläsern und vieles mehr gibt es bei

VIERKA Friedrich Sauer
Gratiskatalog: 0049 97 61 / 91 88-0
oder mail@vierka.de

Tradition seit 1912 bis heute
WWW.VIERKA.DE

Der gute Weingeist

Ihr Partner für ALLES rund um die häusliche
Wein-, Saft- und Bierbereitung

Fruchtverarbeitung leicht gemacht mit unserer
Hydro Para-Press
Onlineshop:
www.arauner.com
Art.Nr.: 423

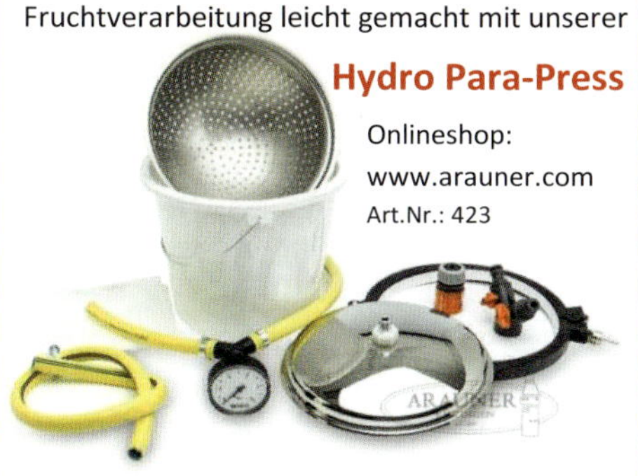

PAUL ARAUNER GmbH & Co.KG
Wörthstraße 34/36 · D-97318 Kitzingen
Tel. +49(0)9321-1350-0 · Fax 1350-41
info@arauner.com · www.arauner.com
LIKE US ON: facebook.com/arauner.kitzingen

SCHLIESSMANN
SCHWÄBISCH HALL

Weintechnologie und -analytik

Unsere Vorteile für Sie

- schneller Versand auf Rechnung
- viele Produkte auch in Kleingebinden
- kompetente Fachberatung
- umfangreiches Sortiment
- eigenes Getränkelabor
- Erfahrung **„seit 1929"**
- Ersatzteilservice

Gleich anfordern unter:
service@c-schliessmann.de
☎ +49 791 971 91-0

Aus unserem Programm

ISBN 978-3-7020-1694-4

ISBN 978-3-7020-1398-1

ISBN 978-3-7020-1289-2

ISBN 978-3-7020-1530-5

Leopold Stocker Verlag

www.stocker-verlag.com

Graz – Stuttgart

ISBN 978-3-7020-1131-4

ISBN 978-3-7020-0820-8

BRELU

DER BRENNEREIBEDARF MIT FACHBERATUNG

Luchner Andrea
A-6135 Stans, Schlagturn29
0043-5242-63242
Email: brelu@brelu.at
Onlinekatalog www.brelu.at

Neu Filiale Deutschlandsberg
Hauptplatz 13
8530 Deutschlandberg
Tel. 0043-3462-34306

NATÜRLICH HOLZ

Bringt Qualität und Gesundheit ins Haus

SEIT 1819

Fassbinderei
EILETZ

A-8720 Knittelfeld
Bahnstraße / Seckauer Straße 3

Telefon: (0 35 12) 82 4 97
Fax: (0 35 12) 82 49 74
E-Mail: fassbinderei.eiletz@aon.at
Internet: www.fassbinderei-eiletz.at

Fässer ab 2 Liter, Bottiche, Barriquefässer, Reparaturen

Korbwaren – Holzwaren – Geschenke

Destillatio

Besuchen Sie unseren wunderbaren Verkaufsladen in der Rhön. Wir beantworten Ihre Fragen direkt an der Destille. Live Destillation jeden Freitag ab 14:00 Uhr.

Ist Ihnen die Anfahrt zu weit? Kein Problem: laden Sie unsere App oder besuchen Sie uns im Internet. Wir sind gerne für Sie da. Ihr Destillatio.com Team

Adresse:
UNICOBRES GmbH & Co.KG
Hersfelder Strasse 16
36132 Eiterfeld - Buchenau

www.Destillatio.com